通商戦略の論点
―世界貿易の潮流を読む―

馬田啓一・木村福成 編著

文眞堂

はしがき

　世界貿易の潮流に大きな変化が生じているなか，日本の通商戦略も大きな転機を迎えている。日本経済再生のカギを握る新たな通商戦略。日本は今，いかなる問題に直面しているのか。本書は，貿易と投資を中心に，日本が直面する焦眉の通商上の問題を様々な視点から取り上げ，その現状と課題などを分析し，日本の新通商戦略の方向性を示している。

　本書の主たる論点は，次の3点である。まず第1に，アジア太平洋の新たな通商秩序の構築に向け，日本はどう対応すべきか。国際生産ネットワークの拡がりに伴い，21世紀型の貿易ルールづくりが求められるなか，その主役は今やWTOではなく，メガFTA（自由貿易協定）である。アジア太平洋は新たなルールづくりを目指すメガFTA交渉の主戦場となっている。TPP（環太平洋経済連携協定）やRCEP（東アジア地域包括的経済連携），日中韓FTAの交渉が進むなか，日本はどのような通商戦略を展開していくべきか。

　メガFTAへの参加を通じてアジア太平洋地域の活力を取り込むことが，日本の成長戦略にとってきわめて重要である。中長期的にみれば，日本の人口減少によって国内市場が縮小していくなか，海外市場の獲得に活路を見出すべきであろう。

　第2に，日本が目指すべき新たな通商立国の条件は何か。21世紀に入って最も顕著な貿易変化は，グローバル・サプライチェーン（供給網）の発展である。企業のグローバル化が進み，国際生産ネットワークの構築によって貿易と投資の一体化が進んだ。今や原材料・部品の調達から生産，販売まで，サプライチェーンの効率化が企業の競争力を左右する。

　このため，21世紀型貿易のルールづくりでは，従来の枠を超えて，国際生産ネットワークの結びつきを妨げる措置や制度はすべて貿易障壁となった。ルールの重点は，国境措置（on the border）から国内措置（behind the border）へとシフトしている。サービス貿易や投資の自由化，競争政策なども，

この文脈でとらえねばならない。

　第3に，日本が重点的に取り組むべき次世代型の通商課題は何か。資源小国の宿命として，資源エネルギー，食糧安全保障，環境問題への対応は，日本にとり死活問題である。日本は積極的な通商戦略によって安価で安定的な資源確保を図り，その脆弱性をカバーしていかねばならない。

　しかし，現状は東日本大震災による福島の原発事故の影響で，日本の資源エネルギー戦略も大きく揺さぶられている。CO_2 などの温室効果ガス削減に向けた日本の取り組みも，現実主義的な観点から再検討を余儀なくされている。米国のシェールガス革命で世界のエネルギー地図も塗り替わろうとしているが，シェールガスは日本のエネルギー調達の救世主になれるのか。他方，アフリカの資源獲得をめぐっては日本が中国との競争で大きく出遅れているとの指摘がある。急成長のアフリカに熱い視線が集まるなか，日本の対アフリカ戦略は今後どうあるべきか。

　本書は，以上のような問題意識の下に，気鋭の研究者たちが世界貿易と日本の通商戦略における目下焦眉の諸問題を論点に取り上げ，その現状や問題点，課題などについて考察したものである。3部14章から構成される本書の内容は以下のとおりである。

　第Ⅰ部（第1章～第4章）は，アジア太平洋における新たな通商秩序をめぐる問題について取り上げている。国際生産ネットワークの拡がりに伴い，21世紀型の貿易ルールづくりが求められている。第1章では，今やその主役となったメガFTA，とりわけTPPに対して日本が戦略的にどう対応すべきかを明らかにしている。

　米主導のTPPを警戒する中国は，非TPPの枠組みとしてRCEPの実現を目指す。第2章では，米中の相克が懸念されるなか，TPPとRCEPの競争と補完について考察している。

　企業のグローバル化が進むなか，貿易コストの面からサプライチェーンの効率化に企業の関心が集まっている。第3章では，貿易円滑化の促進における制度上の問題について検証している。

　TPPなどFTA戦略の成否は，国内の利害調整能力にかかっている。第4章では，貿易自由化の負の側面に対処する手段として，日本版TAA（貿易調

整支援）の導入の意義と課題について論じている．

　第Ⅱ部（第5章〜第9章）は，日本が新たな通商立国の道を目指すための条件について，いくつかの視点から検証している．21世紀型貿易の特徴は，生産工程レベルの国際分業である．第5章では，機械産業を中心とした国際生産ネットワークに着目し，東アジアの国際分業体制がどこまで深化し，今後さらに発展するために必要な要素を明らかにしている．

　日本の貿易黒字は赤字に転落，所得収支が黒字となっている．第6章は，投資立国となった日本の投資所得の現状を把握し，投資収益率を引き上げるための方策を検討している．

　最近の実証研究によれば，企業の海外進出支援と輸出促進政策は，国内の生産性向上と産業競争力の強化につながると期待される．第7章では，貿易の拡大が企業の雇用や生産性に及ぼす影響について考察している．

　貿易自由化の焦点はモノからサービスに移りつつある．それに伴い，貿易障壁の撤廃も国境措置から国内の規制措置へと変化している．第8章では，そうしたサービス貿易自由化の現状と課題を明らかにしている．

　日本が新たな通商立国へと脱皮することができるか，アベノミクスの成否がそのカギを握っている．しかし，一部の国からはアベノミクスが円安誘導策であるとか，通貨安競争を招くとの批判にさらされた．第9章では，これらの議論を検証している．

　第Ⅲ部（第10章〜第14章）は，日本が直面する次世代型の通商課題，すなわち，資源エネルギー，食糧安全保障，環境問題への対応について取り上げている．急成長を遂げるアフリカで，資源獲得のための積極的な外交，貿易・投資活動で大きな存在感を示しているのが中国である．資源獲得競争での遅れを取り戻すべきだとする議論もあるなか，第10章では，アフリカに対して日本が取るべき通商戦略のあり方を考察している．

　地球温暖化対策に関する国際的交渉が難航するなか，温室効果ガス削減に向けた日本の取り組みは，東日本大震災による福島第一原発の事故で大きく後退した．第11章では，日本の地球温暖化対策の現状と課題を述べている．

　2008年の世界食糧危機では世界各地で暴動が起きたが，すべてが途上国であった．第12章では，食糧危機を回避し，持続可能な開発につながる農産物

貿易のあり方について考察している。

　日本の農業（とくにコメ）は，TPP 交渉によって大きな分岐点に立たされている。第 13 章では，日本の TPP 参加と食料自給率確保の両立のために，農業保護の手段を関税から直接支払いへ切り替えるべきだと議論している。

　液化天然ガス（LNG）の輸入拡大に伴う調達コスト増に懸念が高まるなか，安価な LNG の安定的確保が，日本にとって喫緊の課題である。第 14 章では，シェールガス革命とエネルギー調達のための通商戦略を論じている。

　以上のように，本書は，通商戦略の具体的な論点として，TPP や RCEP などの経済連携の動き，日本版 TAA の導入，日本企業による国際生産ネットワークの拡大，貿易立国から投資立国への移行，サービス貿易の自由化，日本の地球温暖化対策，食糧安全保障，日本のエネルギー通商戦略など，世界貿易と通商戦略における最新かつ重要な問題を数多く取り上げた。

　日本の通商戦略の課題は何か，言いかえれば，世界貿易においてどのような問題が起きているのか，読者が世界貿易の潮流を理解する上で，本書がいささかなりとも寄与することになれば幸甚である。

　なお，本書と合わせて，馬田啓一・木村福成編著『国際経済の論点』文眞堂（2012 年 10 月発行，本体 2800 円）もご高覧いただきたい。世界貿易の現状に関して，なお一層理解が深まるものと確信している。

　最後に，本書の刊行を快諾し，編集の労をとっていただいた文眞堂の前野弘氏と前野隆氏に，執筆者一同心からお礼を申し上げたい。

　2014 年 4 月

編著者

目　次

はしがき

第Ⅰ部　アジア太平洋の新通商秩序

第1章　経済連携の潮流と日本の通商戦略……………（木村　福成）…3

はじめに …………………………………………………………………… 3
第1節　グローバリゼーションと開発格差 …………………………… 4
第2節　国際的生産ネットワークのメカニズム ……………………… 6
第3節　メガFTAsの時代 ……………………………………………… 8
第4節　メガFTAs間の競争と国際ルール構築 ……………………… 10
第5節　日本が目指すべき新国際経済秩序 …………………………… 13

第2章　TPPとRCEP：米中の相克と日本 …………（三浦　秀之）…16

はじめに …………………………………………………………………… 16
第1節　2010年までの東アジアのFTA競争 ………………………… 17
第2節　米国の外交戦略とTPP ………………………………………… 19
第3節　中国の外交戦略とRCEP ……………………………………… 22
第4節　TPPとRCEPの競争 …………………………………………… 25
第5節　おわりに ………………………………………………………… 26

第3章　国際制度の標準化と貿易円滑化の促進
　　　　　―MRA協定と貿易コストの関連性― ……（前野　高章）…30

はじめに …………………………………………………………………… 30
第1節　関税障壁と非関税障壁に関する一連の研究 ………………… 31

第2節　WCOの貿易円滑化への取り組みとAEO制度……………33
　第3節　MRA協定と貿易コストの関連性　………………………38
　第4節　むすび　………………………………………………………44

第4章　TPP締結後の補償・調整支援措置……………（久野　新）…48
　　　　―日本版貿易調整支援（TAA）導入の意義と課題―

　はじめに　………………………………………………………………48
　第1節　TAAの正統性をめぐる議論　………………………………51
　第2節　諸外国におけるTAAの取り組み　…………………………56
　第3節　TAAをめぐる日本の有権者の認識　………………………62
　第4節　日本版TAA導入の意義と課題　……………………………64

第II部　新たな通商立国の条件

第5章　東アジアの生産ネットワーク……………（安藤　光代）…73
　　　　―域内でのさらなる深化と他地域との結びつき―

　はじめに　………………………………………………………………73
　第1節　東アジア域内での深化　………………………………………74
　第2節　北米の生産ネットワークとのリンク　………………………78
　第3節　ヨーロッパの生産ネットワークとのリンク　………………81
　第4節　最後に　………………………………………………………83

第6章　日本の国際収支：貿易立国から投資立国へ（遠藤　正寛）…85

　はじめに　………………………………………………………………85
　第1節　国際収支統計　…………………………………………………85
　第2節　主要国の対外資産・負債　……………………………………91
　第3節　主要国の対外・対内投資収益率　……………………………95

第7章　貿易が雇用・生産性に及ぼす影響……………（松浦　寿幸）…99

　はじめに　………………………………………………………………99

第1節　輸入の拡大と雇用……………………………………………100
　第2節　輸出と雇用……………………………………………………102
　第3節　輸出企業と国内企業の生産性格差…………………………103
　第4節　むすびにかえて………………………………………………108

第8章　サービス貿易の自由化：現状と課題 ………（渥美　利弘）…111

　はじめに…………………………………………………………………111
　第1節　サービス貿易の動向…………………………………………112
　第2節　サービス貿易自由化の現状…………………………………114
　第3節　サービス貿易自由化の課題…………………………………121

第9章　アベノミクスと通貨戦争の虚実 ………………（西　　孝）…125

　はじめに…………………………………………………………………125
　第1節　円安誘導か？…………………………………………………126
　第2節　通貨戦争か？そしてそれは悪か？…………………………131

第Ⅲ部　次世代型の通商課題

第10章　アフリカの資源をめぐる貿易・投資と貧困削減
　………………………………………………………（大東　一郎）…141

　はじめに…………………………………………………………………141
　第1節　日本の対アフリカ通商戦略を考察するためのアプローチ……141
　第2節　アフリカ経済の発展基盤：栄養・健康・教育の改善と
　　　　　資源利用の世代間公平性……………………………………145
　第3節　貧困削減の鍵としての穀物土地生産性の向上……………148
　第4節　アフリカ経済の構造理解のための理論的枠組み…………153

第11章　日本における地球温暖化対策の苦悩 …（小野田　欣也）…158

　はじめに…………………………………………………………………158
　第1節　日本における京都議定書の達成状況………………………158

第2節　温室効果ガス削減に向けた国内対策…………………………164

第12章　世界食糧危機と農産物貿易…………（吉竹　広次）…171

はじめに………………………………………………………………171
第1節　世界食糧危機……………………………………………171
第2節　グローバル・フードレジーム…………………………174
第3節　不平等な農産物貿易システム…………………………177
第4節　岐路に立つグローバル農業・食糧システム…………179
第5節　結語………………………………………………………182

第13章　日本の食料保障政策：関税から直接支払いへ
　　　　………………………………………………（岩田　伸人）…185

はじめに………………………………………………………………185
第1節　我国農業の内外情勢……………………………………186
第2節　日本農業の分岐点………………………………………187
第3節　重要5分野とTPP交渉…………………………………189
第4節　我国の食料自給率とTPP………………………………190
第5節　政府発表「試算」をどう見るか………………………193
第6節　WTO農業協定と直接支払い…………………………195
第7節　自由貿易体制と直接支払い……………………………197
第8節　日本型直接支払い制度…………………………………199

第14章　日本のエネルギー通商戦略の課題…………（馬田　啓一）…202
　　　　―シェールガス革命への対応―

はじめに………………………………………………………………202
第1節　塗り替わる世界のエネルギー地図……………………202
第2節　シェールガスの対日輸出解禁：変わる戦略の軸足…203
第3節　割高なLNG輸入価格：原油連動からの脱却…………205
第4節　LNG調達先の多様化：価格交渉のカード……………207
第5節　焦るロシア：LNG調達で日本に好機到来か…………208

第6節　エネルギー調達でアジアは連携できるか……………………210
結びにかえて：ウクライナ危機の影響………………………………211
索引 …………………………………………………………………………215

第Ⅰ部
アジア太平洋の新通商秩序

第1章

経済連携の潮流と日本の通商戦略

はじめに

　2013年12月，インドネシアのバリ島で開催された第9回世界貿易機関（WTO）閣僚会議において，ドーハ開発アジェンダ交渉の対象分野の一部に関する「バリ・パッケージ」が妥結に至った[1]。その内容は，貿易円滑化，農業分野の一部，開発の3分野から成り，ドーハ開発アジェンダ初の具体的な成果として歓迎された。しかしその交渉過程では，多角主義（multilateralism）の限界，とりわけ1国でも反対すれば全体交渉をブロックできてしまうという問題が，改めて浮き彫りになった。ドーハ開発アジェンダに委ねられている農業，非農業市場アクセス，サービスという3分野の自由化については，妥結の見通しも立っていない。ましてや，グローバリゼーションに対応してWTOが関与する政策モードを拡張すべきとの要請に応えるのは極めて困難な状況にある。国際通商政策の世界は，名実ともに，地域主義（regionalism）の時代に入った。

　国際経済秩序は，関税削減を中心とする20世紀型貿易政策の時代から，高度の自由化と国際ルール作りをめざす21世紀型国際通商政策の時代へと，大きく変貌を遂げつつある。目下の主役はメガFTAsである。現在，環太平洋戦略的経済連携協定（TPP），東アジア地域包括的経済連携（RCEP），日中韓（CJK）FTA，日EU FTA，アメリカとEUの間の環大西洋貿易投資パートナーシップ（TTIP）の交渉が並行して走っている（第1-1図参照）。そこでは，二国間FTAsで前面に出ていた排他の論理が相対的に後退し，新たな国際経済秩序構築をめぐる競争が始まっている。

第1部 アジア太平洋の新通商秩序

第1-1図 東アジア，アジア・太平洋地域におけるメガFTAs構想

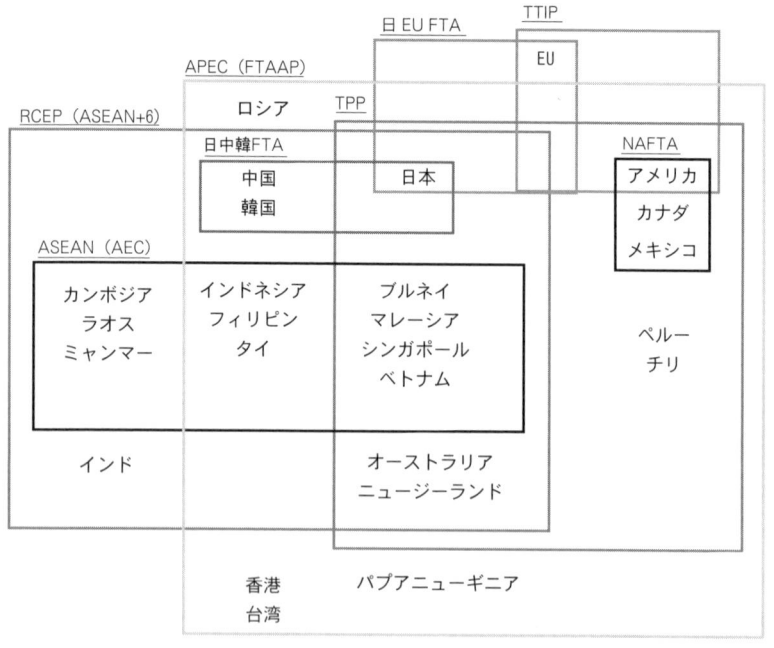

RCEP (ASEAN+6)	APEC (FTAAP)	日EU FTA / TTIP
	ロシア	EU
	TPP	
日中韓FTA		NAFTA
中国 / 韓国	日本	アメリカ / カナダ / メキシコ
ASEAN (AEC)		
カンボジア / ラオス / ミャンマー	インドネシア / フィリピン / タイ	ブルネイ / マレーシア / シンガポール / ベトナム	ペルー / チリ
インド		オーストラリア / ニュージーランド
	香港 / 台湾	パプアニューギニア

（出所）著者作成。

その背景には，国際分業メカニズムの変貌がある。新しい国際分業は，国際的生産ネットワーク（Ando and Kimura (2005)）あるいは第2のアンバンドリング（Baldwin (2011)）と呼ばれる。新しい国際分業のための新たな国際経済秩序の構築が世界大の課題となっている。

そこで日本に何ができるのか。どうすべきなのか。狭隘な国内政治にとらわれることなく，戦略的に行動していくことが，今の日本にとって極めて大切である。

第1節　グローバリゼーションと開発格差

実物経済において経済統合あるいはグローバリゼーションがもたらすもの

は，「空間と時間の圧縮」である。空間の圧縮とは，地理的距離の克服を意味する。かつては遠くてとても行けなかったような所に行けるようになる。時間的にも金銭的にも移動コストが低減する。モノ，ヒトはもとより，さまざまなものの移動性が高まる。これが空間の圧縮である。一方，時間の圧縮とは，たとえば，経済社会の変化の速度が高まることである。情報発信・入手費用が劇的に下がり，また隣国の成功と失敗を目の当たりにすることによって，工業化・経済成長のスピードは速まり，また人間自身も驚くほど速く変われるようになってくる。

空間の圧縮については，国際貿易理論においても，経済統合研究の文脈で議論されてきた。Helpman and Krugman (1985) は「統合された世界経済均衡 (integrated world economy equilibria)」という概念を提示した。これは，世界が「点」となった場合と同等の均衡を意味する。Helpman and Krugman の文脈では，ヘクシャー＝オリーン・モデルにおいて一定の条件が満たされれば，財貿易が自由になるだけで「統合された世界経済均衡」が達成されうる（要素価格均等化定理）というものであった。現実にはもちろん，このような純粋な経済統合が実現するわけではない。この理論を起点として経済統合度を計測するのであれば，そういった理論上の均衡にどこまで近づけたかで判断することになる。そこでは2つのアプローチがありえる。1つは，経済統合の「過程」に注目して，モノ，サービス，投資，技術，人などさまざまなものの移動性がどこまで高まったかで評価する方法である。もう1つは，経済統合の「結果」として，それらのものの価格がどこまで均等化したかを計測する。

そのような視点から現在のグローバリゼーションあるいは経済統合の度合いを評価するならば，まだら模様に圧縮が進んだ状態ということになろう。とりわけ開発格差の残存が非均一性を高めている。開発格差は，不均一な要素価格，技術水準を意味する。モデルの設定にもよるが，1つの解釈としては，開発ギャップは「統合された世界経済均衡」からの乖離をもたらすものと考えることができる。

もちろん，どこまで経済統合が進んだとしても，最終的にある程度の距離が残り，集積と分散のメカニズムが働くことは，新経済地理学の教えるところで

ある。西ヨーロッパや先進国国内の分業はそのような世界に近づいていると解釈できる。しかし，東アジアをはじめとする発展途上地域を含めた世界全体を見渡せば，いまだに大きな開発格差が存在しており，統合された世界からはほど遠い。

開発格差は大きく 2 つに分別することができる。第 1 は「地理的 (geographical) 開発格差」である。これは，先進国と発展途上国，1 国内の都市部と農村部など，地理的に隔てられた場所の間の開発格差である。第 2 は「産業面での (industrial) 開発格差」である。1 つの地域の中でも，多国籍企業と地場企業，大企業と中小企業，製造業と非製造業などの間には開発格差が存在する。これら 2 つの開発格差が，生産要素価格等の不均一を生み出し，技術格差を作り出している。

ここでおもしろいのは，1980 年代半ばから本格化した生産工程・タスク単位の新しい国際分業は，その不均一な空間・時間の圧縮に喚起され，それを巧妙に利用するものとなっていることである。そしてまた，新しい国際分業は 2 種の開発ギャップを縮小させる方向に働く潜在力を有している。

第 2 節　国際的生産ネットワークのメカニズム

国際的生産ネットワークまたは第 2 のアンバンドリングとは，産業・業種単位ではなく生産工程・タスク単位の国際分業のことである。それは，伝統的な産業・業種単位の比較優位に基づく国際分業とどこが異なるのか。

フラグメンテーション理論 (Jones and Kierzkowski (1990)) の示唆するところによれば，新しい国際分業の特徴は，第 1 に生産ブロックの設計における柔軟性，第 2 にサービス・リンク・コストの重要性にある。前者については，次のように考えられる。伝統的な比較優位理論の場合であっても，国際間の違いを利用して国際分業を行うという点は共通である。しかし，産業・業種よりも細かい生産工程・タスク単位での国際分業を行う点，その分業が多国籍企業によって綿密に設計・管理される点が異なる。そこから，産業・業種・企業により異なる柔軟な集中・分散戦略の展開が可能となり，また新興国・発展

途上国側としてはとりあえず多次元でニッチを狙う立地の優位性を整えればよいことになる。産業・業種単位で丸ごと立地・育成することを考えるよりははるかに弾力的に創造力を生かしながら，生産体制を組めることになる。後者については，単なる金銭的貿易費用が問題となるのではなく，時間費用，ロジスティックスの信頼性も決定的に重要となること，モノ以外のさまざまなものの移動性も同時に大事となってくる点が，特徴的である。

　さらに，2次元のフラグメンテーション（Kimura and Ando (2005)）の枠組みでは，地理的次元に加え，ディスインテグレーション（企業内 vs.企業間）の次元のフラグメンテーションも考える。これにより，企業間分業に喚起される産業集積形成のメカニズムも明らかとなる。この点も伝統的な比較優位理論に基づくアプローチでは欠落していた視点である。

　それらの特徴の帰結として，地理的次元のフラグメンテーションによって後発国の工業化の開始が容易となり，結果として経済活動の一部が後発国に移り，地理的開発ギャップの縮小に資することとなる。また，産業集積内での地場系企業の多国籍企業との連携が，発展途上国における産業高度化の鍵になる。産業面での開発ギャップを縮小し，中進国の罠を克服するためには，そこが焦点と認識されるようになってきた。

　そして，新しい国際分業が拡がっていく中で，生産ネットワークに参加できる国とできない国が出てきた（Ando and Kimura (2005)）。もっとも重要な機械産業についての国際的生産ネットワークは現在，北米，欧州，東アジアという3つの地域のみに存在している（Ando and Kimura (2013a, 2013b)）。メキシコ，コスタリカ以外のラテンアメリカ諸国，サブサハラアフリカ，中東などにこの種の生産ネットワークは存在しない。生産ネットワークに参加できるかどうかは，立地の優位性を生かし，サービス・リンク・コストを低下させられるかどうかに拠ってくる。

　新しい国際分業の登場で，発展途上国の開発戦略も大きく変貌しつつある。かつての幼稚産業保護や輸入代替型工業化戦略は影を潜め，国内経済から隔離された輸出加工区による単純な輸出振興の限界も明らかとなった。後発国にとってはいかにして国際的生産ネットワークに参加するか，さらに中進国にとってはどうやって効率的な産業集積を形成するかが，開発戦略の中心に据え

られるようになってきた。

このところ,「グローバル・ヴァリュー・チェーン (global value chains)」あるいは「付加価値貿易 (trade in value added)」が世界中で盛んに議論されるようになってきた (Elms and Low (2013), Mattoo, Wang, and Wei (2013))。しかし,ただ国際産業連関でつながっているだけでは,ここで言う国際的生産ネットワークあるいは第2のアンバンドリングとは呼べない。グローバル・ヴァリュー・チェーンには,典型的な衣料産業のオペレーションのように2週間に1回原材料が入ってきて製品が出荷されるといったゆっくりとした取引関係も含まれる。これは第1のアンバンドリングに属するものである。第2のアンバンドリングでは,生産ブロック間を結ぶサービス・リンクが緊密でなくてはならない。たとえば製造業であれば数多くの部品・中間財がタイミングを合わせて納入されて来なくてはならないし,そのためのロジスティックスにおいては金銭的コストだけでなく時間コストや信頼性も重要となる。そこでは一段上の貿易・投資環境あるいは政策環境が必要となってくる。

今なぜ多くの国が貿易自由化と国際ルール作りに熱心なのか。それは,第2のアンバンドリングという新しい国際分業を支える新たな国際経済秩序の構築が急務であるためである (Baldwin (2011))。特に,新興国・発展途上国側の政策環境の改善が課題となる。TPP, RCEP, CJK FTA, 日EU FTA, TTIPなどのメガFTAs構想の出現はこの文脈で理解すべきである。

第3節　メガFTAsの時代

メガFTAsは従来からの二国間FTAsとどこが異なるのか。二国間FTAsにおいては,第3国より先行して優遇された待遇を受けようとの意図がしばしば存在する。そこでは,貿易転換の利用,またそれへの警戒心により,二国間FTAs締結競争へと駆り立てられるという意味でのドミノ効果が見られる。特に関税あるいはモノの貿易についての特恵的待遇の獲得が念頭にある。それに対しメガFTAsでは,参加国の貿易自由化がかなり進んでおり,関税撤廃はすでにほぼ完了している。交渉はモノ以外の自由化や国際ルール作りにより重

きを置くようになってくる。したがって，参加国と非参加国を差別する部分のウェイトは必然的に下がる。また，メガFTAsでは，将来における参加国の増加を想定しているケースが多い。たとえばTPPやRCEPでは，後から参加してくる国をどのように加入させるかについて，規程を設けることになる。TTIPの場合も，将来的には非参加国にも影響を与えるような国際ルール作りを標榜しているという意味で，二国間FTAsとは一線を画する。CJK FTA, 日EU FTAの場合，そのような性格は希薄であるが，本来，国際ルール作りを意図して戦略的に展開すべきものである。

　メガFTAsは，EUのような関税同盟とも異なる。自由貿易地域と関税同盟の違いは，域外関税を共通化する必要があるかないかにある。そのため，関税同盟の場合には，いったんその参加国となってしまうと単独で第3国とFTAを結ぶことが許されなくなる。すなわち，関税同盟の方がコミットメントのレベルが高く，ある意味では排他性が強い。自由貿易地域では，いつまでも原産地規則がついて回って国境を完全に撤廃してしまうのは難しい。しかし一方で，イシューごとに弾力的に参加国を選択しながら競争的に国際ルール作りを進めていける。現在のメガFTAsの林立・競争状況は，各国がその強みを生かした結果と解釈することもできる。

　メガFTAsには2つの大きな目標がある。1つは高度の貿易自由化である。関税撤廃はすでに前世紀の課題であり，モノの貿易についての非効率な国内の政治経済学の克服はかなりの程度終わっている。たとえばTPP交渉参加国の場合，日本を除けば，過去に締結されたFTAsにおいてほぼ100％の関税撤廃を約束した経験がある。ごくわずかな品目について関税が残存しているケースもあるが，農産品をはじめとして広範な関税が残っている日本のような状況の国はない。自由化の焦点は，モノからサービスや投資へと移ってきている。

　もう1つは国際ルール作りである。ここでは，基準・認証，知財保護，競争，人の移動，政府調達，紛争解決などが対象となる。これらのほとんどは国内政策に踏み込むものであり，また関連する政策・規制の多くは内外無差別的である。これらのうち特に企業活動の国際化，国際的生産ネットワークの展開をサポートするものから優先的に，国際ルール作りが進んできている。

第4節　メガFTAs間の競争と国際ルール構築

　本章の執筆時点では，メガFTAsに向けての動き，とりわけTPP交渉の進捗は予断を許さない局面にある。TPP交渉が妥結に至るかどうかが，他のメガFTAs交渉の進捗速度と内容にも影響し，今後の行方を大きく左右することとなる。

　TPPで成し遂げうることは多岐にわたる。交渉の進捗状況については新聞報道以上の情報はないが，いまだに交渉の見通しの立たない分野は関税，知財保護，競争の3分野と伝えられる。逆に言えば，その他の分野については，妥結に近づいているということだろう。これは大変な成果である。TPPがまとまれば，自由化については関税撤廃，サービス・投資の自由化が促進され，高いレベルの合意が実現する。国際ルール作りについても，特に知財保護，競争，政府調達，紛争解決で成果が期待される。

　TTIP交渉はTPP交渉の進捗によってどのように影響されるだろうか。交渉の全貌は明らかでないが，欧米両側の研究者に話を聞くと，TTIP交渉の進捗は思わしくないとの見方が強い。国際ルール作りの難しさの例としてよく挙がってくるのが，遺伝子組み換え食品に対する考え方の違いである。しかし，TPP交渉がまとまりそうな状況になってくれば，EU側ももっと真剣に交渉に取り組むだろう。欧米諸国の歴史・文化の親和度はもとより高いわけで，合意の難しい部分さえとりはずせば，共有できる範囲は広い。日本としても，TTIPはまとまらないと安心してしまうのではなく，よく状況をフォローし，国際ルール作りの競争に負けないようにしなければならない。

　RCEPはどんな状況だろうか。RCEPは東アジア全域とりわけ中国とインドを含んでおり，国際的生産ネットワークが展開されている地域全体を包括しているところが大きな強みである。また，関税撤廃において一括譲許方式（参加国全てに同じ関税譲許を適用）がとられ，また原産地規則も使い勝手の良いものとなりそうなことも，TPPよりも優れた点と評価できる。そして，交渉対象分野そのものは，TPPよりも極端に狭いわけではない。政府調達，労働，

環境以外は一応カバーしている。問題はそれぞれをどこまで深掘りできるかにある。

交渉は2015年末までにまとめるというペースで進んでいる。TPPの交渉の速さと比べるとだいぶゆっくりしているように見えるが，通常のFTAs交渉より遅いわけではない。しかし，交渉を先導すべきASEANがやや受け身で，主導権をとる立場にある日本もTPP交渉の進捗を見つつそれほど積極的に関わっていないように見える。ASEANは，TPP交渉参加国が4カ国，非参加国が6カ国と分断されており，自らの経済統合のモメンタムを維持するには，2015年末のASEAN経済共同体（AEC）完成とRCEP交渉終了という2つの目標をしっかりと実現しなければならない。そして，TPP交渉が進めば，当然，RCEPの質も問われることになる。

ASEANはすでに日中韓，オーストラリア，ニュージーランド，インドのそれぞれとASEAN＋1 FTAsを結んでいる。したがって，既存のASEAN＋1 FTAsと同じ自由化レベルのRCEPを作っても，これまでFTAで結ばれていない日中韓などで貿易が盛んになるばかりで，むしろ貿易転換が起きてASEANの厚生は下がってしまうかも知れない。ASEANがRCEPによって厚生を向上させようとするのであれば，ASEAN＋1 FTAsよりも高い自由化，ASEAN自身の経済統合を出発点とする高いレベルの自由化を志向しなければならない。もしASEANの政治指導者が合理的であれば，当然そのように行動するはずである。私がチーフエコノミストを務めている東アジア・アセアン経済研究センター（ERIA）では，このラインに沿ったデータサポートや政策提言をASEANに対して行っている。

しかし，ASEAN諸国は，積極的な経済統合を推進するには難しい状況を迎えている。インドネシアは2014年7月に大統領選挙を迎える。マレーシアではナジブ政権の弱体化が見られる。タイは深刻な政治的混乱に陥っている。そうした中，ポピュリズムにおもねる人気取り政策が横行し，大局を語る貿易自由化はなかなか表舞台に出てこられない。何とかこの局面を打開してもらいたいものである。

CJK FTAと日EU FTAはいずれも，高い潜在的戦略性を有しているにもかかわらず，積極的に利用していく動きが見られないのが残念である。CJK

FTAは、現在の非常に難しい日韓、日中の政治状況の中でも交渉が開始されたわけで、TPP交渉の進捗がいかに大きなインパクトを持ちうるのかを示す例となっている。韓国も遅ればせながらTPP交渉への参加を希望している。それがすんなりと認められるかどうかはともかくとして、日韓で協力し、中国に対してTPPとは独立した国際ルール作りを働きかける余地は大いにある。中韓FTAはまとまるにしても、日韓の企業は、中国の投資環境に対し、共通の利益を有しているはずである。また韓国では、これまでのFTA戦略が大企業すなわち財閥ばかりを利してきたとの批判がある。メガFTAsによる国際ルール作りは、単独で現地政府と渡り合えない中小企業にこそ有利である。これまで二国間FTAsの展開に集中してきた韓国の戦略転換を促すには、この論理が有効である。このタイミングで戦略的に行動することができず、発展性のない政治問題に足を取られてしまっている日韓関係は、実に残念である。日EU FTAもまた、国際ルール作りという視点を日本とEUで共有できるのであれば、いろいろな使い道があるはずである。

　WTOの苦悩は深い。FTAsを結びたくても相手にしてもらえないような世界の発展途上小国を手当てするためにも、いずれは多角主義へと戻ってくるべきと主張する論者は多い。しかし、現実に新しい国際分業に対応する国際経済秩序構築がメガFTAsをベースとして進んでいる以上、まずは地域主義の先行を認め、その多角化（multilateralization）を目指していくことが、現実的な選択であろう。Horn, Mavroidis, and Sapir (2010)は、FTAs等において取り上げられている政策分野を、WTO＋、すなわちWTOがカバーしている政策分野であるがそれをさらに深掘りする分野と、WTO－x、すなわちWTOがカバーしていない分野とに分類・整理している。現在、このWTO＋やWTO－xの部分が、メガFTAs同士の競争の中で、どんどん先に走っていっている。

　現実に起きていることは、WTOの下で一部の国のみが参加するプルリ（多数国間）協定が結ばれていく状況に極めて近い[2]。WTOの問題点は、1カ国でも反対すれば議事が滞ってしまう意志決定ルール、そしてラウンド交渉において基本とされている一括受諾（single undertaking）方式である。それぞれ経緯があって出来上がってきた枠組みであるが、新たな国際ルールが求めら

れている中，WTO が創造力に支えられた貢献をしにくい理由の 1 つとなっている。競争の中で国際ルールを構築しようとしているメガ FTAs をむしろ積極的に利用していくところに，地域主義をマルチ化（multilateralization）する鍵があるのかも知れない。

いずれにせよ，遅れた国にペースを合わせたり，WTO の改革を待っている余裕はない。そんなことをすれば，全体が遅れてしまう。特に日本は，スピードこそが自らの利点を生かす道であることをよく自覚する必要がある。

第 5 節　日本が目指すべき新国際経済秩序

日本と東アジアは，製造業における第 2 のアンバンドリングを世界に先駆けて展開してきた。そして今，その新しい国際分業を支える新たな国際経済秩序の構築が始まっている。メガ FTAs をいかに有効に使っていくかが問われている。とりわけ，複数のメガ FTAs の交渉に同時参加している日本は，その利点を戦略的に生かすべきである。

TPP およびその他メガ FTAs に対する日本国民の支持は厚い。反対論が強く見える TPP の場合にも，過去に行われた多くの世論調査では常に賛成が反対を上回ってきた[3]。日本国民の多くは，日本企業の海外進出とりわけ東アジアにおける国際的生産ネットワークの展開が，日本企業の国際競争力を強化するのみならず，日本国内の経済活動も拡大・維持することにつながることを，直観的に理解している。Ando and Kimura (2012) が 1998〜2009 年の『企業活動基本調査』の個票データを用いて行った実証研究によれば，東アジアで海外子会社を増加させている企業は，そうでない企業に比べ，日本国内の雇用を増加あるいは維持してきた（第 1-1 表参照）。欧米のジャーナリズムの論調を見ると，発展途上国に工場を新設する際には，先進国側では工場閉鎖と労働者の解雇が行われるものと思い込んでいる節がある。しかし，少なくともこれまでの日本の製造業については，企業ベースで見る限り，そうはなっていないことがわかる。だからこそ，企業活動のグローバル化および新興国・発展途上国の投資環境改善が，大企業のみならず，中小企業，地方自治体，労働組合か

らも支持されるのである。

第 1-1 表　日本の製造業企業による対外直接投資と国内雇用：
東アジアにおける子会社数の変化と国内雇用の変化

		1998-2002 年	2002-2006 年	2007-2009 年
東アジアにおける子会社数を	増加させた企業（初めての直接投資を含む）	4.3%***	6.6%***	3.6%***
	一定数に保った企業	−1.5%	−0.4%	−0.6%
	減少させた企業（撤退を含む）	0.5%	−0.8%	−3.3%***

（注）『企業活動基本調査』の個票データを用いた回帰分析結果の一部。それぞれの期について，東アジアに子会社を持っていない企業をベースとしてどれだけ追加的に国内雇用を創出したかを示したもの。***は符号が1%水準で有意であることを示す。
（出所）　Ando and Kimura（2012）。

　TPP 交渉の行方は未だに見えない。特に，最後のアメリカ国内政治の壁は高そうである。しかし，日本としては，まず自らの宿題を片付けるべきである。日本は，TPP 交渉の早期妥結から多くの利益を得る。そのためには，農業主要5品目の関税を保持したまま TPP 交渉の妥結に至るのは不可能であることを，よく自覚しなければならない。日本が交渉で粘るべき所はそこではない。日本が関税撤廃という前世紀からの宿題を片付けられるかどうかが，当面の課題である。

（木村　福成）

注
1）　http://www.mofa.go.jp/mofaj/press/page4_000312.html
2）　プルリ協定については中富（2012）参照。
3）　たとえば，フジニュースネットワーク（FNN）が2014年1月4日(土)～1月5日(日)に，全国から無作為抽出された満20歳以上の1000人を対象に，電話による対話形式で行った世論調査では，「農業分野も含めて，原則関税を撤廃し，アジア太平洋の国々との貿易を大幅に自由化する協定「TPP（環太平洋経済連携協定）」に日本が参加することに賛成ですか，反対ですか。」という問いに対し，賛成 55.6%，反対 30.2%，わからない・どちらともいえない 7.4% との結果が得られている（http://www.fnn-news.com/archives/yoron/inquiry140106.html）（久野新氏のご教示による）。

参考文献

Ando, Mitsuyo and Kimura, Fukunari (2005), "The Formation of International Production and Distribution Networks in East Asia," Takatoshi Ito and Andrew K. Rose, eds., *International Trade in East Asia (NBER-East Asia Seminar on Economics, Volume 14)*, Chicago: The University of Chicago Press, pp.177-213.

Ando, Mitsuyo and Kimura, Fukunari (2012), "International Production Networks and Domestic Operations by Japanese Manufacturing Firms: Normal Periods and the Global Financial Crisis," RIETI Discussion Paper Series 12-E-047. (http://www.rieti.go.jp/jp/publications/act_dp.html).

Ando, Mitsuyo and Kimura, Fukunari (2013a), "Production Linkage of Asia and Europe via Central and Eastern Europe," *Journal of Economic Integration*, Vol. 28, No. 2 (June), pp.204-240.

Ando, Mitsuyo and Kimura, Fukunari (2013b), "From Regional to Global Production Networks: Linkage of North America with East Asia," Forthcoming in *Asian Economic Papers*.

Baldwin, Richard (2011), "21st Century Regionalism: Filling the Gap between 21st Century Trade and 20th Century Trade Rules," Centre for Economic Policy Research Policy Insight No. 56 (May) (http://www.cepr.org).

Elms, Deborah K. and Low, Patrick, eds. (2013), *Global Value Chains in a Changing World*. Geneva: The World Trade Organisation.

Helpman, Elhanan and Krugman, Paul R. (1985), *Market Structure and Foreign Trade: Increasing Returns, Imperfect Competition, and the International Economy*. Cambridge: The MIT Press.

Horn, H; Mavroidis, P.C.; and Sapir, A. (2010), "Beyond the WTO? An Anatomy of EU and US Preferential Trade Agreements," *The World Economy*, 33(11), pp.1565-1588.

Jones, R. W. and Kierzkowski, H. (1990), "The Role of Service in Production and International Trade: A Theoretical Framework," *The Political Economy of International Trade: Essays in Honor of Robert E. Baldwin*, edited by in R. W. Jones and A. O. Krueger. Oxford: Basil Blackwell.

Kimura, Fukunari and Ando, Mitsuyo (2005), "Two-dimensional Fragmentation in East Asia: Conceptual Framework and Empirics," *International Review of Economics and Finance (special issue on "Outsourcing and Fragmentation: Blessing or Threat" edited by Henryk Kierzkowski)*, 14, Issue 3, pp.317-348.

Mattoo, Aaditya; Wang, Zhi; and Wei, Shang-Jin, eds. (2013), *Trade in Value Added: Developing New Measures of Cross-border Trade*, Washington, DC: The World Bank.

中富道隆 (2012)「プルリの貿易ルールについての検討 (ITA と ACTA の実例を踏まえて)」。RIETI Policy Discussion Paper Series 12-P-002.

第 2 章

TPP と RCEP：米中の相克と日本

はじめに

　21 世紀に入り，アジア太平洋地域における地域経済統合は，二国間と ASEAN（東南アジア諸国連合）をハブとする FTA（自由貿易協定）の形成を中心に実質的な進展を遂げてきた。一方，その地域経済統合の枠組みから米国は排除され，また，自由化レベル，関税スケジュール，原産地規則など多様な制度が一様でないことにより課題が生じていた。2010 年以降，アジア太平洋地域では，二国間 FTA から広域 FTA を構築すべく本格的な交渉に入った。しかし，そのイニシアティブをめぐり，米国と中国という大国による競争が生じている。

　米国は，アジアで影響力を膨張させる中国に対抗し，米国抜きの地域経済統合の動きを牽制すべく，TPP（環太平洋パートナーシップ協定）を標榜し，それを梃子にして FTAAP（アジア太平洋自由貿易圏）の実現を意図している。一方，中国は，当初，ASEAN＋3 の枠組みによる EAFTA（東アジア自由貿易圏）を追求し，日本が提案する ASEAN＋6 の枠組みによる CEPEA（東アジア包括的経済連携）には消極姿勢であった。TPP の様子にも静観していたが，日本の TPP 参加表明をきっかけに焦りを示し始めた。そして中国は，2011 年に，「EAFTA 及び CEPEA 構築を加速化させるためのイニシアティブ」を日本と共同で提案した。同構想に危機感を覚えた ASEAN は，RCEP（地域包括的経済連携）構想を打ち出し，現在，ASEAN と中国が同構想実現のために強力にイニシアティブを発揮している。

　アジア太平洋地域では，経済的相互依存が深化したことにより域内の貿易量は飛躍的に高まっているが，一方で，広域 FTA の構築をめぐり，米国主導の

TPP と中国主導の RCEP という二通りの道筋で，地域経済統合の枠組みの主導権をめぐる競争が生じている。アジア太平洋地域の構造的変化をみるうえで，経済的要因のみならず，中国の台頭により規定される米国から中国への「力の移行」（パワー・トランジッション）が，同地域にいかなる変容をもたらしているのかという政治的要因を考察することも重要である。本章では，TPP と RCEP がいかなるアジア太平洋地域における国際関係の構造的変化のもとに始まったのか，それぞれ特徴が異なる広域 FTA の構築をめぐりいかなる競争が生じているのか，そして日本がいかなる関係と立場にあるのかを考察する。

第1節　2010年までの東アジアの FTA 競争

　新世紀に入る頃に東アジア諸国では，FTA 締結の推進により，貿易や投資の拡大を制度的に保障しようとする動きが顕著になった。日本のシンガポールや韓国との二国間 FTA に刺激を受けた中国は，2001 年 11 月，ASEAN と FTA 交渉を進めることで合意した。この報せに衝撃を受けたのは日本の経済産業省であった（Munakata, 2006: 122）。その結果，ASEAN 諸国を歴訪した小泉純一郎首相（当時）は，2002 年 1 月 14 日，「日・ASEAN 包括的経済連携構想」を提唱した（外務省，2002）。この日本の動きが東アジアにおける ASEAN＋1FTA の拡散につながる（寺田，2013: 92）。韓国，インド，豪州・ニュージーランド連合も日本の動きを追従し，結果として ASEAN は 5 つの ASEAN＋1 FTA を締結するに至り，現在の ASEAN＋3 と ASEAN＋6 の枠組みでの東アジア統合に向けた動きにつながっている。中国が 2004 年に提案した EAFTA は，ASEAN＋3 の枠組みで検討が進められ，一方，2006 年に日本が提案した CEPEA は，EAS（東アジアサミット）メンバーによる ASEAN＋6 の枠組みで進められてきた。これら 2 つの広域 FTA の主導権をめぐり，日本と中国は，競争を繰り広げてきた。

　東アジアにおける広域 FTA が検討されるなかで，超大国である米国は東アジアの地域制度構築に関与していなかった。米国にとって東アジア地域との唯

一の接点であるAPEC（アジア太平洋経済協力会議）で1999年にEVSL（早期自主的分野別自由化）協議が頓挫して以降，地域的枠組みの中での貿易自由化の希求は低下していった（三浦，2011）。元通産審議官の畠山襄は，米国は地理的に東アジアに属していないため東アジアFTAへの米国の参加は難しくなるとの見方を示していた（畠山，2007: 3）。しかし，日本と中国により広域FTAをめぐる検討が推進されるようになると，米国はこの動きから排除されていることに懸念を示し始めた。実際，2006年8月，クアラルンプールで開催されたASEAN＋3経済閣僚会合の際，日本の二階経済産業大臣がCEPEAを提案したことを受け，米国が東アジア地域から外されていたことを「二階ショック」と称したことからも米国の外交政策に与えた影響は大きかったことがうかがえる。この問題を重視したワイルダーNSCアジア上級部長が先頭となって対策を練り，マハリックAPEC担当大使のアジア諸国訪問が活発化した（『日本経済新聞』2006年11月12日）。結果的に，2006年11月にベトナムで開催したAPEC首脳会談で，米国は，差別的で法的拘束力を持つAPEC加盟国21カ国による市場統合を目指すFTAAPを提案した。寺田はこうした状況を，APECにおいて長らく標榜されてきた域内自由化を域外にも適応する「開かれた地域主義」が実質上，「閉じられた地域主義」とも称せられる地域統合規範にとって代わられたと論じている（寺田，2011）。

　FTAAPが提案されてからも，いかにその道筋をつけるかという方向性は示されていなかったが，こうしたなかで，2010年以降，新たな地域統合の動きが新たなFTA形成のダイナミックな動きを引き起こしている（石川，2012: 82）。2008年に米国がFTAAPに至る道筋としてTPPを利用することを決定し，2010年3月，米国が加わったアジア太平洋の初めての広域FTA交渉であるTPP交渉が開始した。2010年10月，日本の菅直人首相が，「所信表明演説」で，TPP交渉への参加を検討すると表明し，各国に衝撃を与えた（首相官邸，2010）。その後，菅政権と野田政権では国内調整が難しく明確なTPP交渉参加を表明できなかったが，2013年3月15日，安倍晋三首相が「TPPに向けた交渉に参加する決断をした」と表明したことにより，TPPの注目度はさらに高まった（首相官邸，2013）。これを受けて，それまでEAFTAを主導していた中国がCEPEAを受け入れる姿勢を示すようになり，そして中国は，

2011年8月のASEAN+6経済相会議で,「EAFTA及びCEPEA構築を加速化させるためのイニシアティブ」を日本とともに共同提案した(経済産業省,2011)。また,中国は,日中韓FTAにも積極的な姿勢を示すようになり,2012年11月のASEAN関連首脳会議の機会に,日中韓貿易大臣会合で日中韓FTA交渉の開始が宣言された(外務省,2012)。一連の流れに最も危機感を示したのは,これまでASEANの中心性と一体性の維持に力を尽くしてきたASEAN諸国であった。その結果,ASEANは,2011年11月のASEAN首脳会議でRCEP構想を打ち出した(ASEAN, 2011)。ASEANが,これまで躊躇していた東アジア広域FTAに踏み出した背景には,アジア太平洋地域の広域FTA構想が現実味を帯びてきたことがある(助川, 2013: 72)。現在,中国は,東アジアの地域経済統合で主導権を維持したいASEANとともにRCEPでイニシアティブを示すようになった。

第2節　米国の外交戦略とTPP

　米国は,前述のように,2000年代初頭,東アジアで起こっていた地域経済統合の流れに対して比較的無関心であった。その理由として,東アジア地域主義が結果重視ではなく過程重視であること,特に拘束力のない緩やかな統治方法であるASEANウェイで主導された組織運営に対する米国の期待が薄かったことにある(モリソン, 2009)。また,アジアにおける中国の影響力が拡大する一方で,米国は,イラクやアフガニスタンなどにおける対テロ戦争に忙殺されていたことも一因である(Chin and Stubbs, 2011)。そうした中で,東アジア地域では,米国をメンバーとしないEAFTAとCEPEAの議論が着実に進んでいた。米国の関与できない地域経済統合が東アジアで確立し,国家主導的経済システムを推進する中国がアジアにおける覇権を握ることで,米国が締め出されることに懸念が高まった(馬田, 2012)。ここにきて,米国政府内で,パワー・トランジッションを念頭におき,国際制度・地域制度の行方を検討するようになる(大矢根, 2012a: 176)。

　2006年11月,ブッシュ政権は,ベトナムで開催されたAPEC首脳会議で

FTAAPを追求する方針を表明した。そこには，東アジアにおける影響力の低下のみならずWTOドーハ・ラウンドが遅々として進展せず，政権末期で中南米諸国とのFTAの審議が進まないことに憂慮した，USTR（米国通商代表部）の意向が反映されていた（Inside U.S. Trade, 26 September 2006）。FTAAPに向けた動きはすぐに動く気配はなかったが，2008年，ブッシュ政権は，FTAAPに至る道筋として，2005年にシンガポールなどAPEC加盟4カ国（P4）が調印した既存のFTA（TPPの前身）に参加する意向を議会に示した[1]。P4FTAへの参加決断は，アジアで芽生え始めた貿易の枠組みからはじき出されるのを避けたいという強い意志の表れであった（ソリース，2013: 30）。ただしブッシュ政権の任期終了が間近であったため，具体的な交渉は民主党から選出されたオバマ政権に委ねられることになった。2008年9月，バラク・オバマ大統領は，議会で既存の加盟国と交渉を進める意思を示した[2]。既に4カ国間で形成された市場は小さく，米国が，それら市場への関心が高いわけでなく，広域FTA，すなわちFTAAPへの布石と考えられた。なにより，TPPは，オバマ政権が追求しているアジア太平洋地域における外交上の関与という，より大きな戦略の一環といえる（ソリース，2013: 31）。

　米国がTPPに関心を示した後，2008年11月，ペルーにおけるAPEC閣僚会議後に，豪州，ペルー，ベトナムも参加を表明した。そして2009年11月，オバマ大統領は，日本における演説で，広範な加盟国と高水準の地域協定の形成を目標として，TPP交渉に参加すると表明した（White House, 2009）。TPPは，2010年3月に，P4に，米国，豪州，ペルー，ベトナムを加えた8カ国で第1回交渉を開始した。2010年10月に，ブルネイで開催された第3回交渉では，マレーシアが交渉に参加した。この結果，2010年までには，APECの目標とするFTAAPの形成に至る道として，中国の提唱するASEAN+3，日本の提案したASEAN+6と並んでTPPが浮上した。2011年11月，ハワイで開催されたAPEC首脳会議では，日本，カナダ，メキシコがTPP交渉参加協議の意思表明を行なった。2012年10月にメキシコとカナダが交渉に参加し，2013年7月に日本が第18回交渉会合に参加し現在12カ国で交渉が進められている。

　TPPは，他に規定がある場合を除いて，発効と同時に他の締約国の原産品

に対する全ての関税を撤廃することを原則としている。さらに，TPPは，極めて包括的な協定であり，物品の貿易，サービス貿易，電子商取引，競争，税関手続き，投資，貿易の技術的障害と衛生植物検疫，政府調達，知的財産権など，世界貿易機関（WTO）の枠組みを超えた規定がなされている。米国は，高水準の貿易自由化かつ広範な分野で進められているTPPを「21世紀型」と表現し，TPPを通じて，アジア太平洋地域における新たな貿易ルールづくりを展開しようとしている。中国のような国家主導的な経済運営が各国の支持を集めることを憂慮した米国は，TPPによる中国包囲網を形成し，最終的に投資や知的財産権，政府調達などで問題の多い中国にルール順守を迫る狙いがある（馬田，2012）。

　米国は，2005年9月にロバート・ゼーリック国務副長官が「責任あるステークホルダー」という概念を示し，米国と中国が対等のパートナーとして国際的責任を果たすべきだとする，いわゆるG2論に基づく対中政策がオバマ政権発足当初に専門家によって論じられた（Bergsten, 2009）。しかし2010年頃になると，次節で論じるように，中国がしばしば強硬な方針を示すようになり，米国もより強い態度で牽制する場面が増え対中政策を転換した。結果的に，オバマ政権は，2011年11月頃から，アジアへの「ピボット（旋回）」ないし「アジア太平洋地域に重心を置いてバランスをとる」といった言及をし始め，アジア太平洋地域への米国の関与を拡大と強化しようとする姿勢を鮮明に打ち出した。オバマ大統領が，オーストラリア議会で行った「オバマ・ドクトリン」と呼ばれる演説では，米国のアジア再関与政策の基本にある考え方を，「米国は太平洋国家である。米国はアジア太平洋の平和と安定のために，日本，韓国における軍事的プレゼンスをはじめとして地域協力機構にも関与する」，また，「自由，公平で開かれた国際経済システムの維持・発展を目指す。TPPはそのモデルとなる」と論じた（White House, 2011）。白石は，この演説の要諦は，「安全保障においても，通商においても自由で，公平で，透明度の高い，開かれたルール作り，制度作りを提唱するもので，その意味で，米国におけるリベラル・リアリズムの伝統を継承したものと考えた方がよい」と論じている（白石・カロライン，2012: 30）。2012年には，「米国のグローバル主導権の維持」という方針を発表し，米国が，経済的衰退や財政赤字を踏まえつつ

も，アジア太平洋で米国以外の国が地域的覇権を確立する事態を防ぐ目標に掲げた（大矢根, 2012b: 37）。米国は同盟国との関係を緊密化し，広域FTAを含む地域レジームによって地域協力を進め，その同盟関係を補完する方針をとっている（U.S. Department of Defense, 2012）。クリントン国務長官がシンガポールで行った演説の中で，「アジアにおける我が国の戦略上および安全保障上の側面での取り組みは良く知られている。しかし，同様に重要でありながら語られていないのは，我が国の経済的関与だ」「この地域における我々の戦略的指導力を維持すべく，米国は経済的指導力も強化する」と言及している（U.S. Department of States, 2012）。以上の点は，米国が地域秩序を安定させる上で安全保障と経済外交が密接不可分の関係にあると考えていることの証左である。結果的に，中国の経済的台頭に伴いパワー・トランジッションが生じるなかで，米国は，TPPにおける貿易ルールづくりを主導することで域内における通商秩序構築に関与するとともに，戦略的ポジションを確保することで，中国の政治的行動を抑止することを標榜していると考えられる。

第3節　中国の外交戦略とRCEP

1989年以降，中国の外交方針は，鄧小平が示した「韜光養晦」（力を隠して時を稼ぐ）あるいは（低姿勢），「有所作為」（なすべきことをなして成果をあげる）という言葉に沿う形で展開されてきた。しかし，2000年代に入り，中国は，経済的な台頭とともに，「大国外交」への関心が言及されるようになった（北野, 2011: 52）。一方で，周辺国のなかで，中国脅威論の考えが浮上してきた。中国脅威論に対する手当の方策として提起されたのが，胡錦濤総書記が示した「平和的発展」や「和諧世界」という理念であった（佐藤, 2011: 144）。世界秩序の変動と，中国の台頭とともに浮上してきた中国脅威論を念頭に置きつつ，自らのスタンスが平和的であり，建設的であることを強調し，その懐柔策として地域協力を推進してきた（川島, 2012: 41）。東南アジアにおいては，特にASEANとの関係を中心に，東アジアの地域的アキテクチャーへ積極的に関与していった（清水, 2007）。ASEAN・中国FTAはその典型例であろ

う。

　しかし，北京大学国際関係学院副院長の王逸舟教授によると，中国が金融危機を各国に先駆けて克服し，「突如，大国になった自分を発見した」ことで，外交路線見直しの気運が高まったという（清水，2011: 1）。2009 年 7 月に開催された第 11 回在外使節会議において，胡錦濤国家主席は，「韜光養晦」「有所作為」の方針に修正を加え，「堅持韜光養晦」「積極有所作為」を新たな外交方針として提起した。「韜光養晦」を「堅持」しつつ，「有所作為」に「積極」的に取り組むことを求めるものであり，修正の重点は明らかに「有所作為」の強調に置かれている（飯田，2013: 45）。同時に発表された外交上の戦略目標は，政治の影響力，経済の競争力，イメージの親和力，道義の感化力を強めることであった（高原，2011: 1）。期を同じくして，中国の主権や利益を前面に打ち出す場面が増え，南シナ海や尖閣諸島などでは領有権をめぐって周辺国との軋轢も辞さなかった。米中戦略・経済対話においても，中国が自国の「死活的利益」を承認するように，米国に迫る場面もあった。こうした背景には，経済力が拡大して世界第 2 位の GDP に達し，軍事力も拡大して空母の建造にも踏み切るなどして，中国政府や国内の大国意識が高まっていたことにあると考えられる。前述のように，中国の台頭とともに，オバマ政権は，アジア太平洋地域への米国の関与を拡大と強化をしようとする姿勢を鮮明に打ち出し，これに伴い中国も米国に対抗する姿勢を打ち出している。これらの動きは，中国の外交戦略が，米国が求める「責任あるステークホルダー」というよりは，米国の封じ込めを回避し「中国的秩序」を形成することに重きを置いていることを示している。これは安全保障のみならず経済外交からも伺うことが出来る。

　しかし，2011 年に，TPP へ日本が参加表明したことで，中国は地域経済統合の流れに懸念を示し始めた。中国社会科学院の張蘊嶺・国際研究部長は，中国が TPP に「非常に注目」した理由として「日本の参加で（TPP の）規模も質も歴然と変わる」からだとし，これを機に東アジア諸国も TPP 参加に傾けば「中国政府もいずれ対応を考えなければならない」としている（『朝日新聞』2011 年 12 月 13 日）。さらに，張蘊嶺と沈銘輝は，中国は，TPP から除外されて神経質になり，TPP 交渉を推し進める米国の真の目的にきわめて懐疑的であると論じている。また，中国現代国際関係研究院の季志業副所長は，TPP

は，米国のアジア太平洋地域への回帰という戦略に向けて，実質的に踏み出しつつあるという事実を反映していると指摘する（Mengzi, 2012）。一方で，中国には，持続的な成長潜在力と特有な競争力に起因する独自の強みがあるため，TPP は中国にほとんど影響を及ぼさず，中国は東アジアに対して最大マーケットとしての公共財を提供するであろうという指摘もある（Song and Yuan, 2012）。

　TPP は，投資や知的財産権，政府調達に関する基準を強化する条項を含むことから，国家主導的な経済運営を進める中国が現段階で TPP に参加するのは難しく，中国が望む経済ルールが反映されにくい。そこで中国は，投資や知的財産権，政府調達などを避けた，より緩やかな統合規範に基づく東アジア統合，すなわち東アジア諸国との広域 FTA を推進する方が自国にとって有利と判断した。自らのイニシアティブが発揮できない貿易・投資ルールを推進する TPP 交渉が本格化してきたことに懸念を感じた中国が，それまで CEPEA に関心を示さなかった頑なな態度を崩し，「EAFTA と CEPEA の構築を加速するためのイニシアティブ」を日本と共同提案した。ASEAN はこれに素早く反応し，2011 年 11 月，新たに RCEP の作業部会の設置を提案した。スリン ASEAN 事務総長は，RCEP は「貿易と経済協力に関する域内の枠組みを再構築するもの」とし，そこには ASEAN の「主導権を保つことができる」構想であることが重要で，ASEAN＋3 や ASEAN＋6 の枠組みに限定せず，EAS の参加国である米ロの参加も視野に入れていることを明言している（『日本経済新聞』2011 年 11 月 20 日）。ここでの重要な点は，日中主導を避け，ASEAN 主導を訴えている点である。RCEP では，物品貿易，サービス，投資の 3 分野での自由化のあり方を検討するための作業部会の設置が決定された。2012 年の ASEAN 経済閣僚会議の際に RCEP の指針は承認され，同年末の EAS 会議では，ASEAN＋6 の全ての国・地域が RCEP を全面的に支持した。2013 年 5 月ブルネイで 1 回目の交渉が行われている。

　張蘊嶺と沈銘輝によると，中国は，RCEP 交渉の促進では，積極的な姿勢を担い，交渉では前向きかつ現実的な政策を採ろうという意図があるという（張・沈, 2013: 45）。両氏によると，中国が地域統合の選択肢として RCEP に注目する一つの理由は，TPP が中国を排除する可能性があるためであるとい

う．さらに中国は，増大する経済力を背景として，地域統合と制度構築において重要な役割を果たそうとしていると述べている．張薀嶺と沈銘輝は，中国政府は，TPPによって隅に追いやられるというリスクを考慮して，自身のFTA戦略にいっそう重点を置いていく可能性があると論じている（張・沈，2013: 48）．

第4節　TPPとRCEPの競争

　2013年に，RCEP交渉が始まり，米国と中国のどちらがアジア太平洋地域と東アジア地域における通商規範の形成でイニシアティブを取るのか熾烈な競争を展開している．中国は従来，TPPについて「研究している」（陳徳銘前商務相）としていたが，2013年3月に日本が正式に参加表明後，中国政府は，TPPへの参加に前向きな姿勢を示し始めた．5月30日，習近平国家主席とオバマ米大統領との首脳会談前に，中国商務省の沈丹陽報道官がTPPに参加する「可能性を分析する」と表明し，外務省の洪磊副報道局長も「TPP交渉に関心を持ち続けている」と発表した（『日本経済新聞』2013年6月1日）．米中首脳会談では，習近平国家主席がオバマ大統領に「TPP交渉の進展に合わせた情報提供」を求めた（『日本経済新聞』2013年6月10日）．中国がTPPに関心を示した背景には，アジア太平洋地域での広域FTAが中国抜きで進むことを牽制する狙いがあると考えられる．

　ただ，TPP交渉も順風満帆とは言い難い．米国と新興国の間では，知的財産，環境規制強化，国有企業の優遇規制などの扱いをめぐり激しい交渉が繰り広げられていた．そうした中で，2013年4月にインドネシアにおいて開催されたTPP閣僚会合の共同声明において，交渉参加各国は，難航3分野での解決策を見出し，2013年内に妥結することを目標に据えた．しかし，2013年10月17日にインドネシアのバリ島で開催したAPEC首脳会議では，米国の連邦政府の窓口閉鎖に発展した財政問題がこじれたことを受け，議会との交渉を優先し，オバマ大統領が直前に出席をキャンセルした．同会議では，センシティブな懸案事項で妥協点を見出しTPPの年内妥結に向け大筋合意を目指していたが，まとめ役のオバマ大統領の欠席で各国の利害対立が先鋭化し先送りと

なった。マレーシアのナジブ首相は,「オバマ大統領は対アジア外交を強化する黄金の機会を逃した」と論じるなど米国に対して冷ややかな空気が流れた(『日本経済新聞』2013年10月9日)。

　一方で，中国は，オバマ大統領が欠席し米国の存在感が低下する中で，同首脳会議で猛烈な首脳外交を展開した。習国家主席は,「自由貿易を推進する」と述べ，域内でのFTAの締結に積極的に取り組む方針を示した(『日本経済新聞』2013年10月8日)。さらに，ASEANに低利で資金を供与する「アジア・インフラ銀行」の創設や，中国語の普及を提唱し，各国にさまざまな協力や共同事業を示し，RCEPの求心力を高め，TPPの求心力を弱めるような動きを示した。実際，首脳会議では，中国が進めるRCEPは，TPPより期待が大きかったという(『日本経済新聞』2013年10月11日)。ただ，同時に中国は，上海に自由貿易試験区の設置を決めるなど，将来の自由化に備えた動きも展開している。そうした中で，韓国のヒョン・オソク経済副首相兼企画財政相が2013年11月29日，政府の対外経済閣僚会議でTPP交渉参加国と個別協議を行う方針を表明した。これまで韓国はTPP参加に消極的な姿勢を示していたが，この方針を転換するもので，今後のアジア太平洋における地域経済統合の行く末にあらたな影響を与えるものと考えられる。

第5節　おわりに

　中国は経済的台頭とともに「積極有所作為」という新たな外交方針を掲げた。この結果，中国自らが，東アジア地域の地域経済統合と制度構築において重要な役割を果たそうとするようになった。注意すべき点は，これら外交方針の転換が起きた背景が，外的要因のみならず，経済的台頭によって自信を深めた国内世論による内的要因も大きいということである。

　増大する経済力は，米国から中国へのパワー・トランジッションをもたらし，アジア太平洋地域における通商秩序に構造的な緊張を高めた。米国は経済成長著しい東アジア地域から締め出されないよう関与を模索し，TPPを通じたアジア太平洋地域の通商秩序の構築を企図しているといえる。その一方で，

中国が実際に TPP 交渉に参加するのは容易ではない。TPP は知的財産分野などで高いレベルの自由化をめざしており，国有企業が多い中国が入るのは難しい。ただし，RCEP は関税の自由化率などは TPP と比べて劣る見通しである。こうした情勢を踏まえ，中国は，TPP を牽制しつつも，RCEP を推進し，また上海に自由貿易区を設置するなど，TPP をにらんだ動きも見せている。米国主導で TPP が進むと，中国を排除する形になりかねず，中国は交渉参加をちらつかせながら，自国に不利な経済圏作りが一方的に進む事態を食い止める狙いを持っていると考えられる。結果的に，米中の地域統合をめぐる競争は，それぞれが主導する地域経済統合の動きを牽制しつつ，その動きから排除されないよう進められていると考えることができる。

そうした中で生じた米中の地域経済統合の枠組みの主導権をめぐる競争をどのように捉えることが出来るであろうか。キッシンジャーは米中関係について「米中関係は協力関係というよりも相互進化だろう。両国とも可能な領域では協力しながら自国の課題解決に取り組み，対立を最小限に抑えるようにお互いの関係を調整するということだ。ともに相手の目標を全て受け入れるわけではなく，利害の完全な一致も考えには入れないが，補完できる利害を特定し育成していくことになろう。どちらも相手に支配されるには大きすぎる」（キッシンジャー，2012）と論じている。

TPP では完成度の高い関税撤廃と野心的なルール作りが期待されている。これに対し，RCEP では，発展途上国であるカンボジア，ラオス，ミャンマーの発展レベルを引き上げ，域内経済格差を縮小することが期待されている。カンボジアのような発展途上国が当初から TPP に参加することは難しく，RCEP を経て TPP へ進む段階的自由化が現実的である。すなわち，RCEP と TPP は相互に補完的な役割を果たしていると考えられる。日本は，RCEP と TPP の両方に参加をしている。米中大国による地域経済統合の枠組みをめぐる競争が激化する中，日本が両者を橋渡しすることで，TPP 成果を RCEP に引き継ぐことで高水準の統合が達成可能になる。TPP と RCEP への日本の積極的なイニシアティブの発揮が不可欠である。

（三浦　秀之）

注

1) 2002年のメキシコのロス・カボスで開催したAPEC首脳会議において，シンガポール，ニュージーランド，チリの3カ国は，TPPの前身となる，太平洋3カ国経済緊密化パートナーシップ(P3CEP[1])交渉を開始することで合意した。P3CEPの交渉は，2003年9月にシンガポールで開始した。2005年4月に，韓国済州島で行われた最終交渉においてブルネイも参加し，TPSEAとして合意した。
2) 米国は，この時点で，既にシンガポールとチリとはFTAを結んでいた。

参考文献

ASEAN (2011), "ASEAN Community in a Global Community of Nations," Chairman's Statement of the 6th East Asia Summit Bali, Indonesia, 19 November 2011.

Chin, Gregory and Richard Stubbs (2011), "China, Region Building and the China ASEAN Free Trade Area," *Review of International Political Economy*, 18 (3), pp. 277-298.

Fred Bergsten, "Two's Company," *Foreign Affairs*, Vol.88, No.5 (September/October 2009).

Jiemian, Yang (2012), "The Change of America's Power and Re-structure of International System," *International Studies*< No.2, p. 57.

Liping, Huangpu (2011), "The Real Intention Behind the United States' Proactive Promotion of TPP," *Outlook*, December 6, 2011, p. 58.

Mengzi, Fu (2012), "TPP, the Adjustment of America's Asia-Pacific Strategy, and Its Influence on China," *China Review*, March 2012.

Munakata, Naoko (2006), *Transforming East Asia : The Evolution of Regional Economic Integration*, Brooking Institution Press.

Song, Guoyou and Wen Jin Yuan (2012), "China's Free Trade Agreement Strategies," *Washington Quarterly, Center for Strategic and International Studies* (*CSIS*), Vol. 35, No. 4, pp. 110-111.

U.S. Department of Defense (2012), "Sustaining U.S. Global Leadership: Priorities for 21st Century Defense," January 2012.

U.S. Department of States (2012), "Delivering on Promise of Economic Statecraft," 17 November 2012.

White House, Office of the Press Secretary (2009), "Remarks by President Barack Obama at Suntory Hall," Suntory Hall, Tokyo, Japan, November 14, 2009. "The United States will also be engaging with the Trans-Pacific Partnership countries with the goal of shaping a regional agreement that will have broad-based membership and the high standards worthy of a 21st century trade agreement."

White House (2010), "National Security Strategy," May 2010.

White House (2011), "Remarks By President Obama to the Australian Parliament," November 17, 2011.

飯田将史 (2013)「日中関係と今後の中国外交-「韜光養晦」の終焉？」『国際問題』No.620, 2013年4月。

石川幸一 (2012)「TPPと東アジアの地域統合のダイナミズム」『季刊国際貿易と投資』Autumn 2012, No.87。

馬田啓一 (2012)「TPPと東アジア経済統合：米中の角逐と日本の役割」『国際貿易と投資』Spring 2012/No.78。

大矢根聡（2012 a）「東アジア・アジア太平洋地域制度とパワー・トランジション―台頭する中国をめぐる地域制度の重層的空間―」『外務省・平成 23 年度国際問題調査研究提言事業「日米中関係の中長期的展望」報告書』日本国際問題研究所，176 ページ．
大矢根聡（2012b）「米国オバマ政権とアジア太平洋戦略」『日米中新体制と環太平洋経済協力のゆくえ』アジア太平洋研究所．
外務省（2002）「小泉総理大臣の ASEAN 諸国における政策演説『東アジアの中の日本と ASEAN―率直なパートナーシップを求めて―』2002 年 1 月 14 日．
外務省（2012）『日中韓自由貿易協定（FTA）交渉開始の宣言について』平成 24 年 11 月 20 日．
川島真（2012）「「韜光養晦」と「大国外交」の間　胡錦濤政権の外交政策」『国際問題』No.560, 2012 年 4 月．
北野充（2011）「中国の対外戦略」『国際問題』No. 604, 2011 年 9 月．
　経済産業省（2011 年）『東アジア地域統合に向けた日中共同提案の概要』平成 23 年 8 月．
キッシンジャー・ヘンリー（2012 年）『キッシンジャー回想録：中国』岩波書店．
佐藤賢（2011）『習近平時代の中国――党支配体制は続くのか』日本経済新聞出版社．
首相官邸（2010）『第 176 回国会における菅内閣総理大臣所信表明演説』平成 22 年 10 月 1 日，2010 年．
首相官邸（2013）『安倍内閣総理大臣記者会見』平成 25 年 3 月 15 日．
清水一史（2007）「中国と ASEAN：地域経済協力の視点から」川島真編『中国の外交』．
清水美和（2011）『中国外交の 09 年の転換とその背景』IDE-JETRO，1 ページ．
白石隆・ハウ，カロライン（2012）『中国は東アジアをどう変えるか―21 世紀の新地域システム』中公新書．
助川成也（2013）「RCEP と ASEAN の課題」山澤逸平・馬田啓一・国際貿易投資研究会編『アジア太平洋の新通商秩序』．
ソリース，ミレヤ（2013）「エンドゲーム―TPP 交渉妥結に向けた米国の課題」『国際問題』No. 622 （2013 年 6 月）．
高原明生（2011）『中国の外交方針の変遷』IDE-JETRO，1 ページ．
張蘊嶺・沈銘輝（2013）「アジア太平洋における FTA―中国の展望」『国際問題』No. 622, 2013 年 6 月，48 ページ．
寺田貴（2011）「日米の APEC 戦略と TPP：「閉じられた地域主義の幕開け」」『海外事情』．
寺田貴（2013）『東アジアとアジア太平洋』東京大学出版会．
畠山襄（2007）「アジア FTA の新時代と日本の課題」『ワセダアジアレビュー』，第 2 号，早稲田大学アジア研究機構．
三浦秀之（2011）「APEC の EVSL 協議過程と日本の対応―日本に戦略はなかったのか」『早稲田大学アジア太平洋研究科論集』．
モリソン，チャールズ（2009）「アジア太平洋地域協力と APEC の将来に関する米国のもう一つの展望」『国際問題』第 585 号．

第 3 章

国際制度の標準化と貿易円滑化の促進
―MRA 協定と貿易コストの関連性―

はじめに

　近年，国際貿易および FDI を促進するための二国間および多国間の通商交渉が活発に行われている。Baldwin et al. (2013) は，グローバル・ヴァリュー・チェーン（以下，GVCs）の促進により貿易構造が大きく変化したことから，通商交渉の焦点も大きく変わってきたことを示唆している。20 世紀型の通商交渉では自国の産業を保護し，相手国の関税を撤廃することを通じた相手国市場への参入を主な目的としていた。しかし，複数国間にまたがって GVCs が展開されている現在の国際分業構造から判断すると，自国の産業を保護することではなく，GVCs の一角を担うことを通じて貿易の利益を獲得するような通商交渉を我々は考える必要がある。

　通商交渉で求められる要点の 1 つとしては，ヒト・モノ・カネ・情報などといった生産要素が国境を越えて移動する際の障壁を出来る限り無くし，より円滑な経済活動に従事する可能性を高めるための制度的インフラを構築するということがあげられる。現代の国際分業構造の特徴の 1 つとして，生産工程を複数国に立地させ連結させる GVCs があげられるが，GVCs の円滑化を促進する政策・通商交渉が政策立案者に求められる。現代の国際貿易では，最終消費財の貿易よりも部品やコンポーネントといった中間財の貿易が著しく成長していることからも，中間財貿易が貿易の主流であり，このような動きはアジア諸国を中心に世界的にも見て取れる[1]。また，GVCs の展開は国際貿易のみによる結果ではなく，企業の FDI が重要な役割を担ってきた。多くの企業が海外での子会社設立および海外企業に対する M&A などといった国際経済活動に

従事することにより，企業内取引や企業間取引が活発に行われたことにより，現代の GVCs が形成されることとなった。以上の点から考えても，現代の通商交渉の目的の 1 つは GVCs を円滑に機能させるような制度を構築することが求められる。

本章では，GVCs を促進させるための制度面の現状について考察することを目的とする。上述したように，GVCs をより効率的に機能させるには幅広い政策を検討する必要があるが，本章では貿易円滑化に分析の焦点を絞る。貿易円滑化を促進するためには，貿易の際に生じる貿易コストを削減・撤廃することが必要であり，WTO，APEC，OECD など様々な国際機関においてもそのための取り組みが行われている。その中でも WCO（世界税関機構）が主導で取り組みを行っている AEO 制度（認定事業者制度：Authorized Economic Operator Program）について本章では取り上げ，AEO 制度および AEO 相互認証制度（Mutual Recognition Agreements: MRAs）が貿易コストを削減する制度的要因となりうるかどうかを分析していく。

第 1 節　関税障壁と非関税障壁に関する一連の研究

国際機関や各国政府は国際取引を円滑に進めることをサポートするための制度を確立する取り組みを開始しており，FTA/EPA（自由貿易協定/経済連携協定）または TPP（環太平洋経済連携協定）や RCEP（東アジア地域包括的経済連携）といった二国間および多国間の自由貿易政策がその 1 つである。これらの自由貿易政策では伝統的な貿易障壁である関税の削減のみに議論が集中しているわけではなく，複数分野にまたがり自由化を促進させる試みが行われている。ここで捉える貿易自由化とは，貿易を行う際のすべての障壁の完全撤廃という意味ではなく，貿易を円滑に行うための制度の構築という意味で用いることとする。伝統的な関税障壁については依然として議論されているものの，その程度の度合いは以前ほど大きいものではない。対照的に，関税障壁以外の非関税障壁が国際経済活動を阻害する要因として，近年においてより一層脚光を浴びている。

代表的な貿易コストには関税障壁といった伝統的に議論されている貿易障壁があるが，近年の関税障壁は以前に比べると非常に低い水準になってきている。世界銀行が国別関税データを公開しているが，それによると世界の平均関税率は1997年では約11％であったが，2010年では約6％にまで低下したことを公表している[2]。加えて，所得水準別にも平均関税率の変遷を公開しているが，それによると高所得国やOECD諸国での平均関税率は1990年代後半にはすでに5％を下回っており，2010年では3％以下となっている。中所得国や低所得国においては1990年代後半では約15％と約20％をそれぞれ示しているが，2010年では低所得国は約11％とその割合は約半分にまで減少し，中所得国においても約7％と10％を下回っている。この点からもわかるように，世界全体の傾向として，関税障壁自体は相対的に低い水準になってきていることが明らかである。

関税障壁が貿易に及ぼす影響が小さくなるのと対照的に，非関税障壁が貿易に与える影響について分析を行う研究が近年特に盛んに行われている。Kee et al.（2009）は非関税障壁に関する優れた実証研究の1つであり，彼らは途上国を含む世界各国の貿易障壁の大きさを従価税率で推計しており，この研究では各国固有の障壁が国際貿易フローへ及ぼす影響を分析している。他方で，Rauch（1999）の研究では，貿易財固有の特性の違いが国際貿易フローへ異なる影響を及ぼすことを明らかにする研究を行っている。財固有の特性と国際貿易フローの関連性を分析している類似した研究でBesedes & Prusa（2006）がある。Besedes & Prusa（2006）は差別化財が最初は小規模の取引量から始まり，購入者が財の特性を理解するにつれ取引量が増えることを示し，財の特性によって貿易フローの変化が異なる可能性を示している。各国が公表している関税率は数値として確認できるため，その障壁の大きさがどの程度なのかを理解しやすいが，非関税障壁は数値化することが比較的困難であるため，その影響の度合いを測ることが分析上の課題となる。しかし，既述した研究の様に，非関税障壁が貿易フローに及ぼす影響に関する研究は次第に蓄積されてきており，そこでは貿易コストを低減させる政策的含意についても議論されている。

貿易コストとは広い概念であるが，それは生産された財が生産者から消費者

に届くまでに生じるコスト，と考えることができ，それをさらに分類するならば，輸出国側でのコスト，輸入国側でのコスト，そして，国境・税関でのコスト，と分けられるであろう。次節ではこの中の国境・税関でのコストについて考察し，国境・税関での制度が貿易コストに及ぼす影響について分析をしていく。貿易自由化に向けた取り組みである通商交渉の中の1つに「貿易円滑化」という分野がある。貿易円滑化の促進とは，貿易を行う際に生じる貿易関連コスト，特に貿易財が国境を通過するために課せられる関連コスト，を最小化する政策的取り組みのことである。貿易円滑化は，税関における貿易に関係する手続き書類の簡素化，税関手続きの時間の縮小化，そして，国内制度の透明性の向上を高めることにより貿易の効率化を可能とし，結果的に貿易に従事する経済主体にメリットをもたらすことにつながる。

第2節　WCOの貿易円滑化への取り組みとAEO制度

1. 国際機関および税関による貿易円滑化のための制度

　国際貿易は経済成長のための必要不可欠な原動力である。2000年代初頭以降，新興国を中心にみられる世界的な経済成長の背景にも国際貿易の促進という経済現象がある。国際貿易を加速させるための様々な制度が近年特に整備されはじめている。代表的な取り組みとしてFTA，関税同盟（Customs Union：CU），そして，EPAなどといった二国間・地域間での地域貿易協定（Regional Trade Agreement：RTA）がある。WTOによると，1990年代以来RTAの締結数が増えており，2013年7月現在に約379ものRTAが施行されている[3]。これらの通商交渉では関税撤廃に対する制度的取り組みに加え，国境または税関を通過する際に生じる様々な貿易コストを削減することを通じて貿易の円滑化を達成する取り組みも行われている。貿易円滑化に対する取り組みはGATT/WTO体制で長年にわたり試みているが，それほど大きな成果を上げていないのが現状である。WTOと同様に，あるいはそれ以上に，貿易円滑化の制度的枠組みの構築に取り組んでいるのがWCOである[4]。WCOと各国税関は2000年代後半から国際貿易における「セキュリティーの確保」と

「貿易円滑化」を目的とする税関ネットワークの構築に乗り出しており，各国の税関と連携した国際的に標準化した制度設計を試みている。AEO 制度 (Authorized Economic Operator Program) がその 1 つである。AEO 制度とは，貿易を行う際のセキュリティー管理とコンプライアンスの体制整備に向けた取り組みを重視し，そのような取り組みを行っている企業に対し，貿易をより円滑に行えるようにするインセンティブを与える政策である。

　AEO 制度が成立した背景には 2001 年のアメリカで発生した同時多発テロがあり，それを契機として，国際貿易の安全の確保や円滑化についての検討が各国政府により検討されるようになった。具体的には，2005 年 6 月に WCO は「国際貿易の安全確保及び円滑化のための WCO「基準の枠組み」」(SAFE：Security and Facilitation in a Global Environment) をまとめ，翌 2006 年に AEO ガイドラインを採択し，そして，2007 年 6 月にその AEO ガイドラインを取り入れた形で現行の SAFE を採択している[5]。AEO 制度は輸出入業者だけでなく，倉庫業者，通関業者，運送業者，製造業者などを対象としており，サプライチェーンの構築に直接的に関連する事業者全体に対する政策であり，国境での諸手続きの簡素化や迅速化に加え，国際貿易におけるリスク削減につながる。一定の要件を満たした事業者は，税関から AEO 認証を獲得することができ，AEO 企業と認められた企業は国境における大幅なコスト削減を期待することができる。この制度は 1 国の税関とサプライチェーンを構築する企業との間の制度的取り組みであり，それは WCO「基準の枠組み」に沿った形であるが，AEO 認証の対象となる事業者や認証の定義は各国の基準に依存する。WCO (2012) によると，日本は輸出業者 (exporters)，輸入業者 (importers)，倉庫業者 (warehouse operators)，通関業者 (customs brokers)，運送業者 (logistic operators)，製造業者 (manufacturers) がその対象と位置付けられている。一方で，中国では輸出業者 (exporters)，輸入業者 (importers)，通関業者 (customs brokers) を対象としており，制度の名称も CME (Classified Management of Enterprises) としており，その制度のもとで中国税関が企業を 5 段階で評価し，「AA」の評価をもらった企業が AEO 認定を得ることができる[6]。

　AEO 認定をうけた企業は，上述したようなセキュリティー管理とコンプラ

イアンス体制を整えている企業であることが税関により保証されているため，AEO認定をうけていない企業よりもグローバルなビジネス戦略において優位にたつことができる。GVCs が展開されている中で，サプライチェーンに携わっている企業がこの AEO 制度を利用することができれば，貿易の際に生じる国境・税関でのコストを大幅に削減することができる。また，AEO 認証を受けるための要件を満たすためには，セキュリティー管理とコンプライアンス体制などの改善を企業内で取り組む必要がある。国際基準に沿った形で AEO 制度が構築・普及することは，企業の競争力を高めることにつながる。つまり，制度の国際標準化が企業の組織の質を向上させ，それが国際貿易での取引コストを低下させることになり，貿易円滑化を促進させることになると考えられる。

2. AEO企業数の変遷と MRA 協定

次に，WCO および日本の財務省が公開しているデータをもとに，AEO 制度の現況について確認していく。はじめに，どの程度の企業が AEO 認証を受けているのかについてみていく。第 3-1 表は 2010 年から 2012 年の 3 年間における AEO 認定を受けている企業数の推移を国別にまとめたものである。この数値からも分かるように，AEO 認定を受けている事業者数は年々増加していることがあきらかである。2012 年時点ではアメリカでの AEO 認定企業数は 10325 社でありその企業数が顕著に多く，アメリカの隣国であるカナダも約 1500 社が AEO 認定をうけているのがわかる。EU27 は EU に加盟している 27 カ国の合計の数値であり，アメリカ同様に AEO 認定企業の数は 1 万社を超えている。北米と EU 諸国においてすでにかなりの数の企業が国際取引において，リードタイムの削減や物流コストの削減の機会を得ていることがわかる。

アジア地域では中国において AEO 認定の数が最も多く，2000 社を超えている。日本は 2012 年時点では 482 社が AEO 認定を受けており，この表には載せていないが，2013 年度では 524 社が AEO 事業者と認められている。第 3-1 図は 2013 年時点での日本の AEO 企業数を事業種別にまとめたものである。この図を見ると輸出に従事する事業体がもっとも多く AEO 認定を受けており，その数は 237 社にのぼる。日本の税関で AEO 認定を受けた特定輸出者に

よる輸出シェアは，2006年時点ではわずか2.4％であったのが，2008年時点では約50％とそのシェアを大きく増加させている[7]。

AEO制度は1国の税関とその国で経済活動を行っている企業との間での制度である。このAEO制度を各国間で相互にAEO制度を認め合うAEO相互承認協定（MRA：Mutual Recognition Arrangement）についても，貿易をより円滑に行うための1つの政策として近年注目されている。このMRAを締結することにより，AEOの承認を受けた企業は自国税関に加え，相手国税関においても書類審査や検査の負担が軽減されることによりリードタイムを削減する恩恵を受けることができる。また，自国内のみならず取引相手国においてもAEO認定企業としての評価を得ることにつながり，国際的なステータスを得ることも可能となる。第3-2表はAEO相互承認を実施しているカントリーペアの一覧である。2012年6月までに，MRA協定は19組のカントリーペアで締結されており，日本は6カ国との間でMRAを締結している。また，北米（アメリカとカナダ）とEU27カ国とMRA協定を成立させているのは日本のみであり，3つの経済大国で貿易円滑化が促進される制度的インフラが整えられていることが伺える。

第3-1図　日本のAEO企業分類とその数

日本のAEO企業数

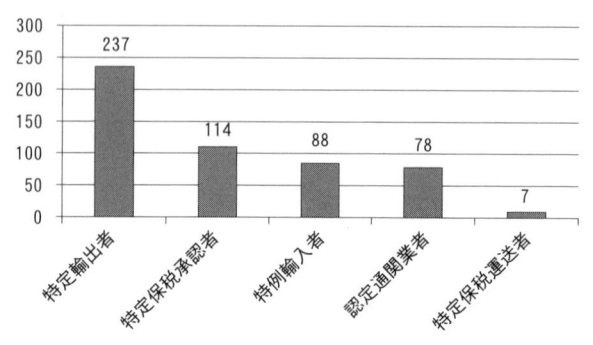

分類	数
特定輸出者	237
特定保税承認者	114
特例輸入者	88
認定通関業者	78
特定保税運送者	7

第 3 章　国際制度の標準化と貿易円滑化の促進　37

第 3-1 表　各国の AEO 認定企業数

国名	2010 年	2011 年	2012 年
アメリカ	9806	10076	10325
EU27	2561	5629	10649
中国	1577	1701	2174
カナダ	1477	1419	1480
日本	*406*	*439*	*482*
韓国	41	111	292
ニュージーランド	122	122	117
シンガポール	44	60	86
ノルウェイ	9	14	28
スイス	4	3	9
アルゼンチン	5	5	5
ヨルダン		30	37
ケニヤ			64
マレーシア			32
イスラエル			12
ザンビア			12
香港			5
メキシコ			3
ドミニカ共和国			2
コスタリカ			1

（出所）　WCO（2012）Compendium of Authorized Economic Operator Programmes 2012 edition.

第 3-2 表　MRA カントリーペア

Date（2007-2012）	AEO 相互認証（MRA）カントリーペア
2007 年 6 月	ニュージーランド　-　アメリカ
2008 年 5 月	*日本*　-　ニュージーランド
2008 年 6 月	カナダ　-　アメリカ
2008 年 6 月	ヨルダン　-　アメリカ
2009 年 6 月	*日本*　-　アメリカ
2009 年 7 月	EU　-　ノルウェイ
2009 年 7 月	EU　-　スイス
2010 年 6 月	カナダ　-　*日本*
2010 年 6 月	カナダ　-　韓国
2010 年 6 月	カナダ　-　シンガポール
2010 年 6 月	EU　-　*日本*
2010 年 6 月	韓国　-　シンガポール
2010 年 6 月	韓国　-　アメリカ
2011 年 1 月	アンドラ　-　EU
2011 年 5 月	*日本*　-　韓国
2011 年 6 月	韓国　-　ニュージーランド
2011 年 6 月	*日本*　-　シンガポール
2012 年 5 月	EU　-　アメリカ
2012 年 6 月	中国　-　シンガポール

（出所）　WCO（2012）Compendium of Authorized Economic Operator Programmes 2012 edition.

第3節　MRA 協定と貿易コストの関連性

1. 貿易コストの測定と CIF/FOB 比率の変遷

　本節では第2節で確認した貿易円滑化の促進のための国境・税関での制度と貿易コストとの関係を考察する。貿易コストの変化を定量的に明らかにする研究が近年増加しているが，貿易コストの規模やその影響を分析に取り入れる一般的な手法として，サーベイデータによる分析やグラビティーモデルによる分析が代表的である[8]。サーベイデータによる分析アプローチやグラビティーモデルによる計量的アプローチからも分かるように，どのような要因を貿易コストとして扱うかは各研究により異なる。Anderson & van Wincoop (2003)は，関税障壁や非関税障壁といった政策的に課される貿易障壁と，輸送技術やハードインフラおよびソフトインフラなどといった輸送費用に関連する貿易障壁について議論しており，伝統的貿易理論ではそれほど詳細に扱われてこなかった貿易を阻害する要因となる貿易コストの影響について言及している。また，Persson (2008) は貿易円滑化を促す税関手続きの改善と貿易のボリュームの関係を実証的に分析し，税関手続きの簡素化が貿易財の新規取引に与える影響について実証的に明らかにしている。いずれの研究も代替的な貿易コストを用いて貿易のボリュームあるいは経済効果との関連性を明らかにしている。

　本節の分析では，貿易品目別の FOB 価格と CIF 価格の比率を貿易コストとして用いる。理論上では，i 国から j 国への k 財の輸出と j 国の i 国からの k 財の輸入は等しくなる。しかし，一般的に，輸出データは FOB 価格が使用され，輸入データは CIF 価格が使用され，それぞれ貿易データとして計上される。そのため FOB 価格と CIF 価格の数値は等しくはならず，次のような関係式となる。

$$IMPORT_{ij}^{k} = EXPORT_{ij}^{k} + \tau$$

ここでは運賃や保険料，その他の貿易コストの分だけ CIF 価格が大きくなるため，両価格の間には τ の部分の差が生じることとなる。本章ではこの CIF

価格とFOB価格の差を貿易コストと捉えて分析に用いる。

　第3-3表はHS96の6桁レベルの貿易データをもとに，日本，中国，韓国の東アジア3カ国に米国を加えた計4カ国における，1996年，2000年，2005年，2010年のCIF/FOB比率の推移を集計したものである。この数値は各カントリーペアの中央値を使用している[9]。はじめに全貿易品目の計測値であるが，これは財の特性や貿易のボリュームでウェイトを付けるなどデータに加工を施していないため，この変化は広義での貿易コストの変化と捉えるに留まる。1996年から2010年にかけて計測値の変遷を確認すると，この数値は顕著に低下している。この変化をもたらした要因は，輸送技術の向上による輸送コストの変化，法的制度の整備による貿易の制度的な要素の改善などがあげられる。米国と日本のペア，および，韓国と日本のペアでは，1996年の時点ですでにこの値は1.65と1.75と他のペアに比べると相対的に低い。中国の比率を見てみると，1996年から2010年にかけて，大幅に低下しているのがわかる。中国と日本のペアでは2.95から1.90とこの値を低下させている。中国はWTO加盟を機に，世界貿易の中でのプレゼンスを伸ばしてきているだけでなく，東アジア地域での生産ネットワークの構築においても，生産拠点や輸出基地としての中国の役割は欠かせないものとなっている。この第3-2表からも分かるように，貿易コストを双方向で低下させてきたことが，これら諸国の貿易を拡大させてきているということが読み取れる。

　続いて中間財と資本財についてみていく。これは財の特性を考慮に入れ，同様の計測方法で集計したものである[10]。財の特性を考慮に入れていない全貿易品目の結果と同様に，全体的な傾向として，1996年から2010年にかけてこの比率は各国ともに低下させているのがわかる。特に，東アジア3カ国の中間財におけるこの比率の低下が顕著にみられる。中間財の取引は企業内貿易が占める割合が高いとされている。そのため，企業間貿易よりは取引コストを低く維持でき，その他の負の外部的要因や不確実性といったリスクについても企業間貿易に比べると抑えることが可能である。つまり，中間財貿易の貿易コストは相対的に小さいものとなることが考えられ，ここで計測したCIF/FOB比率からもその結果がうかがえる。東アジアでの生産ネットワークや世界的なGVCsの構築は，最適な中間財投入の生産・取引を可能とさせてきているが，そのよ

うな国際分業を可能としているのが貿易コストの低下であると考えられる。ここで示した結果は，以上の点をサポートする結果であるといえる。

第3-3表　CIF/FOB比率の変遷

輸入国		中国			韓国			日本			米国		
輸出国		日本	韓国	米国	中国	日本	米国	中国	韓国	米国	中国	韓国	日本
全貿易品目	1996年	2.95	3.54	3.76	2.21	1.75	2.31	2.07	1.70	2.05	2.60	2.08	1.65
	2000年	2.44	3.16	3.02	2.17	1.79	2.16	2.02	1.68	1.96	2.69	2.03	1.70
	2005年	1.97	2.48	2.36	1.98	1.83	2.26	1.85	1.77	1.90	2.28	2.14	1.67
	2010年	1.90	2.47	2.17	1.98	1.78	2.04	1.67	1.85	1.81	1.98	2.21	1.61
中間財 (BEC42)	1996年	2.38	3.26	2.78	2.80	1.63	2.17	2.14	2.71	2.09	2.51	3.34	1.59
	2000年	1.91	3.39	2.74	2.87	1.66	1.96	2.29	2.23	2.19	2.84	3.28	1.56
	2005年	1.70	2.90	2.23	2.45	1.62	1.88	1.94	2.04	2.16	2.31	2.57	1.53
	2010年	1.51	2.39	1.84	2.12	1.77	1.77	1.57	1.92	1.73	1.81	2.54	1.62
資本財 (BEC41)	1996年	2.09	2.89	3.27	2.76	1.70	2.22	2.46	2.06	1.98	2.89	3.10	1.71
	2000年	2.11	3.24	3.30	2.90	1.69	2.03	1.98	1.98	1.98	2.88	2.53	1.89
	2005年	1.93	2.49	2.20	2.26	1.84	2.11	1.90	1.84	1.77	2.21	2.41	1.76
	2010年	1.91	2.50	2.04	2.10	1.69	2.05	1.79	1.98	1.83	1.92	2.20	1.82

（注）　UN, COMTRADE の貿易データより著者作成。
（出所）　HS96 の 6 桁ベースで CIF/FOB 比率を計測し，各カントリーペアの中央値を用いている。

2. 実証分析

本節では貿易の実データから貿易コストを計測し，計測した CIF/FOB の決定要因分析を試みる。前節でも言及したが，本稿の分析に用いる貿易コストは，貿易品目別（HS 分類の 6 桁）の FOB 価格と CIF 価格の比率を貿易コストとして用いる[11]。CIF/FOB 比率は以下のように表すことができる。

$$TC_{ij}^k = ((CIF-FOB)/FOB)_{ij}^k = f(X_i, Border_{ij}, M_j, \varepsilon_{ij})$$

ここで，i，j，k は輸入国，輸出国，貿易財，をそれぞれ表し，X_i と M_j は輸入国および輸出国に特殊的な貿易コスト，$Border_{ij}$ は二国間の国境で生じる貿易コスト，そして，ε_{ij} はそれら以外の貿易コストをあらわすものとする。この CIF/FOB 比率を貿易コストとして用いた先行研究では，すべての財の貿易額を総括した CIF/FOB 比率を貿易コストの分析に用いており，一国全体の特性としてこの比率を扱っている。それらの研究では，一国の地理的特性や貿

易の輸送手段などの観点から貿易コストとの関連性を分析しており，財の特性をそれほど考慮に入れてはいない[12]。本分析では財の特性を考慮に入れ，貿易コストとの関連性を分析していく。具体的には，MRA 協定の有無が用途別にみた貿易財の貿易コストを削減する効果があるのかについて実証分析を行う。

基本推計式は以下の式で表し，推計に用いる変数等の説明は以下の通りである。実証分析に当たり，2010 年における CIF/FOB 比率の決定要因について操作変数法を用いて推計する[13]。

$$\ln TC_{ij}^k = \beta_0 + \beta_1 \ln DISTANCE_{ij} + \beta_2 STANDARD^k + \beta_3 \ln BORDER_i + \beta_4 FTA_{ij} + \beta_5 MRA_{ij} + e$$

本分析での被説明変数は FOB 価格と CIF 価格の乖離の程度であり，その大きさは運賃や保険料，そして，国・財特殊的な要素に依存して決まる。つまり，貿易に従事する際に直面するリスクが増加する分だけその乖離は大きくなり，対照的に，そのリスクが小さくなれば FOB と CIF の乖離幅も小さくなると仮定する。本分析でははじめにすべての貿易財を分析対象とし各説明変数と貿易コストの関係を推計する。次に財特殊的要因を考慮に入れるために BEC 分類に従い，貿易財を全貿易，中間財，最終資本財，最終消費財に分類し，全産業（HS01－HS97）のケースと機械産業（HS84－HS92）のケースでそれぞれ推計する。分析対象とする国は 143 カ国とし，貿易に関連する制度的要因の影響を考察するために，FTA および MRA と貿易コストの関係を中心に分析を試みる。

分析に用いる説明変数は二国間の地理的距離，輸入国の港湾で生じる 1 コンテナあたりのコスト，貿易する財の国際規格の有無，そして，貿易に関連する制度的要因としての FTA と MRA の締結の有無を用いる[14]。貿易を行う二国が地理的に離れていれば，それだけ高い輸送費が生じると仮定し，貿易を行う二国間の地理的距離を輸送費の代理変数として用いる。次に，取引する財の国際規格の有無であるが，これは HS6 桁のデータと ICS（International Classification for Standards）をマッチングさせたものであり，2010 年時点で国際規格がある場合は 1 をとり，そうでない場合は 0 を取るダミー変数を分析に用いる[15]。国際規格は財特殊的な要素をもっているため，このダミー変数

を分析に取り入れることは，国際規格を制度的に定めることが貿易を促進させる効果をもっているのか，あるいは，貿易を阻害する効果として反映されているのかを明らかにしてくれる。国境でのコストであるが，これは輸入国の港湾で生じるコストであり，1 コンテナ（20-foot）当たりに課せられるコストを使用する。輸入国のこのコストが大きければ，CIF 価格と FOB 価格の乖離幅は大きくなると仮定でき，その結果，貿易コストはより高くなることが考えられる。最後に FTA と MRA であるが，MRA は WCO が定めた AEO ガイドラインに沿って近年各国が取り入れている制度であり，貿易を行う際のセキュリティー確保，および，通関手続きの様々なコストを緩和することから貿易円滑化を試みる制度である。そのため，MRA の締結は，貿易に従事する企業に AEO 認証を取得するような行動を行うインセンティブを与え，その結果，貿易コストの低下につながることとなる。FTA と MRA では両方とも貿易コストを低下させる効果が期待できるが，基本的に関税のみの撤廃を試みる FTA と国境での様々なコストの緩和につながる MRA では，貿易コストに与える影響は MRA の方が大きいと想定できる。

　推計結果をまとめたものが第 3-4 表である。輸送費を表す二国間の距離であるが，地理的距離は CIF/FOB 比率と正で有意の結果を全産業および機械産業の両方で示した。貿易相手国が地理的に離れていれば，貿易を行う企業はそれだけ高い輸送費用を賄わなければならず，FOB 価格と CIF 価格の差は大きくなる。つまり，貿易に従事する二国が地理的に遠くに立地していれば CIF/FOB 比率はより大きい数値を取ることとなり，その場合には輸送費が相対的に大きくなることをこの結果は示している。近年の輸送技術の進歩により輸送コストは飛躍的に低下したが，二国間の距離は依然として貿易コストを説明する重要な要素であることがわかる[16]。

　次に，国際規格およびコンテナのコストと貿易コストの関係についてみていく。WTO の TBT 協定では各国の製品規格や適合性評価手続きが貿易障壁にならないようにするために，国際規格をもとに国内での規格を制定することを規定している[17]。すなわち，各国の規格の差異が貿易円滑化に対する障壁とならないようにするための国際的な制度的調和を求めている。全貿易財の推計結果を見ると，全産業では負で有意の結果が得られ，貿易全体の傾向では国際規

格の制度的制定は貿易コストを低下させるということがわかる。財別にみていくと全産業の消費財と機械産業の消費財と中間財を除いた財において負で有意の結果を示している。全産業と機械産業で推計結果が異なるため，分析対象とする産業を増やし，国際規格の制定が貿易コストに与える影響を詳細に分析することが求められる。また，財分類についても消費財を耐久消費財，半耐久消費財，非耐久消費財と分類して分析を行う必要があろう。同様のことがコンテナのコストと貿易コストの結果についても言えるであろう。本分析では貿易コストとの関係が負で有意，つまり，期待していた結果と逆の推計結果がでている。本分析で用いた港湾でのコンテナのコストは輸入国側のみの情報であるため，輸出の際に生じるコンテナのコストとの相対コストなどを取り入れるなど改善の必要がある。

　最後に，MRA および FTA と貿易コストの関連性の推計結果を見ていく。全産業と機械産業共に貿易コストと負で有意の結果を得た。これは貿易財に対する貿易政策である FTA と貿易に従事する事業体に対する国境・通関の制度ともに貿易コストを低下させる効果があるということを意味している。AEO 認証を受けた企業は貿易を行う際のセキュリティー管理とコンプライアンス体制を整えている企業であることを意味しているため，AEO 認証を受けることはグローバルなビジネス戦略につながる。そして，AEO 制度の相互承認である MRA は，AEO 制度を導入している国同士がそれぞれの AEO 企業に関する承認の事実を相互に認め合うことから，それら AEO 企業が行う国境での様々なコストを緩和する制度である。ゆえに，二国間で MRA を締結することは AEO 企業にとってリードタイムの削減や物流コストの削減，そして，幅広いリスクマネージメントなどの面からメリットがある。推計結果からさらに着目すべき点は，MRA と FTA の推計値の大きさである。全産業と機械産業における全貿易財で MRA と FTA が貿易コストに及ぼす影響の程度を比べると，全産業では－0.206 と－0.320 で FTA の方がその効果が大きいが，機械産業では－0.824 と－0.293 であり MRA の方がその効果が相対的に大きいのがわかる。そして，機械産業において中間財の貿易コストに及ぼす MRA の効果が FTA のそれよりも相対的に大きいということもみてとれる。現代の貿易構造の特徴の 1 つが GVCs または中間財貿易であることを考えると，政策とし

てのMRAの重要性が伺える。国際貿易の促進を目的とする貿易政策は，経済成長の源泉である国際貿易を活発にすると考えられ，FTAがその政策の1つであるが，本分析では貿易の円滑化や貿易セキュリティーの確保を目的とする政策であるMRAもまたFTA同様に貿易コストの削減に繋がることを示唆する結果となった。

第3-4表 推計結果

説明変数	全産業 (HS01-HS97)				機械産業 (HS84-HS92)			
	全貿易財	中間財	資本財	消費財	全貿易財	中間財	資本財	消費財
	(1)	(2)	(3)	(4)	(5)	(6)	(7)	(8)
地理的距離	0.234***	0.241***	0.215***	0.260***	0.214***	0.217***	0.209***	0.233***
	(140.6)	(102.3)	(51.93)	(71.70)	(71.22)	(47.32)	(47.32)	(22.45)
国際規格	-0.0322***	-0.0394***	-0.0382***	0.00950	-0.000876	0.0262*	-0.0581***	0.252***
	(-7.259)	(-6.108)	(-3.087)	(1.116)	(-0.0927)	(1.810)	(-4.256)	(8.097)
コンテナのコスト	-0.180***	-0.213***	-0.134***	-0.174***	-0.130***	-0.133***	-0.133***	-0.0755***
	(-40.52)	(-33.81)	(-13.11)	(-17.85)	(-17.38)	(-11.68)	(-12.33)	(-2.817)
MRAs	-0.206***	-0.170***	-0.531***	-0.606***	-0.824***	-1.265***	-0.562***	-0.325***
	(-9.807)	(-5.728)	(-10.92)	(-13.60)	(-23.15)	(-22.35)	(-11.02)	(-2.785)
FTA	-0.320***	-0.338***	-0.252***	-0.236***	-0.293***	-0.334***	-0.246***	-0.227***
	(-37.98)	(-28.24)	(-12.40)	(-12.94)	(-19.33)	(-14.07)	(-11.38)	(-4.346)
定数項	-0.165***	0.0295	-0.266***	-0.311***	-0.178***	-0.0258	-0.196**	-0.935***
	(-4.714)	(0.596)	(-3.242)	(-4.094)	(-2.971)	(-0.284)	(-2.252)	(-4.418)
Observations	1,781,675	900,681	290,206	381,363	562,634	244,013	257,139	50,246
R2	0.014	0.015	0.013	0.016	0.011	0.007	0.012	0.013

注：括弧内はz値。***は1％，**5％，*は10％で水準で統計的に有意であるかを意味する。

第4節 むすび

本章では国際貿易を阻害する要素である貿易コストについて，品目レベルの実データを用いた計測と，WCOおよび各国税関とサプライチェーンに従事する企業の取り組みであるAEO制度やAEO制度の相互認証であるMRA協定が貿易コストにもたらす影響について考察した。分析にあたり，1996年から2010年におけるCIF/FOB比率の変化を確認したところ，その数値は顕著に

減少してきていることが見て取れた。この結果は貿易コストが低下してきていることを示唆しているのは当然のことながら，貿易に影響を及ぼす様々な不確定要素へのリスクが低下してきていることをも意味し，全貿易品目のケースと，中間財および資本財の両方のケースにおいて同様に確認することができた。また，CIF/FOB 比率の決定要因を分析するに当たり，各非関税障壁（地理的距離，国際規格，コンテナのコスト，制度的要因）と CIF/FOB 比率の関係を明らかにするために実証分析を行った。推計結果では概ね期待通りの結果が示され，特に，制度的要因として取り上げた FTA および MRA と貿易コストとの関連性では，FTA よりも MRA の方が貿易コストに与える影響が相対的に大きいことを示唆する結果が導かれ，GVCs を促進させる政策の重要性について確認し，制度の効率化や国際的な標準化の重要性という政策的含意を導いた。

　近年の GVCs のもと，日本は中間財や資本財，そして，技術集約的な消費財に国際競争力をもっているが，その貿易相手国は主に韓国や中国，そして，ASEAN 諸国といった東アジア・東南アジア諸国である[18]。本分析では 2010 年の貿易品目データを用いているが，日本は 2011 年に韓国およびシンガポールと MRA を締結し，マレーシアや中国などとは現在協議中である。中間財貿易に及ぼす影響は MRA の効果の方が FTA の効果よりも相対的に大きいという点を考慮に入れると，貿易円滑化を促進させるためにはアジア諸国とこれまで以上の戦略的な通商交渉を進めていく必要があると考えられる。本章が貿易円滑化の促進に関する分析の中心として取り上げた AEO 制度は，輸出入業者だけでなく，倉庫業者，通関業者，運送業者，製造業者といったサプライチェーンに携わる事業者全体を制度の対象としており，この制度を活用し承認を得る企業は国際的なビジネス戦略に優位に機能するだけでなく，貿易コストを大きく削減することにつながることから，企業に AEO 認証を獲得するインセンティブを与える。さらに，MRA 協定では締結した二国間での AEO 企業に対する国境コストの緩和措置をおこなっている。つまり，MRA を締結することは，ネットワーク化された税関機能の構築を可能とし，それがサプライチェーン全体の効率化を導き，結果的に貿易の円滑化の促進を導くと考えられる。税関での様々なコストや市場の不透明性から生じるリスクを回避するため

に支払うコストをゼロにすることは現実的に困難であるが，相対的に小さくすることは可能であり，そのための取り組みが制度の国際標準化である。国際的に制度設計を調和していくことは国際貿易をより円滑に行うことを可能とし，貿易に参加する主体に貿易の利益をもたらすことにつながると考えられる。

(前野　高章)

注

1) 馬田・浦田・木村 (2012) を参照。
2) 世界銀行の World Development Indicator を参照 (http://data.worldbank.org/indicator)。
3) WTO の HP を参照。
4) WTO 加盟国数の 159 カ国 (平成 25 年 5 月現在) に対して，WCO 加盟国は 179 カ国 (2013 年 5 月現在) である。この加盟国数の差は，WTO のラウンド交渉の基本原則であるシングル・アンダーテイキング (一括受諾) の原則を WCO では採用していないのが理由の 1 つであると考えられる。
5) 財務省 HP を参照 (2014 年 2 月 1 日現在，https://www.mof.go.jp/customs_tariff/trade/international/wco/)。
6) 日本，EU，韓国などは制度名として AEO を用いているが，アメリカは C-TPAT (Customs-Trade Partnership against Terrorism)，カナダは PIP (Partner in Protection)，シンガポールは STP (Secure Trade Partnership)，ニュージーランドは SES (Secure Export Scheme) といった制度名を用いている。
7) 青山 (2008)，藤岡 (2010) を参照。
8) サーベイデータによる分析は Korinek (2011) を参照。また，Chaney (2008) はグラビティーモデルもフレームワークを用いて，貿易コストが貿易フローに与える影響を理論的に明らかにしている。さらに，Helpman et al. (2008) は分析にゼロ貿易を取り入れ，貿易の可変費用と固定費用が貿易フローに与える影響を分析している。
9) HS の 6 桁を用いているため，CIF/FOB 比率の乖離が異常に大きいというデータのバイアスの影響を少なくするために中央値を使用している。
10) 貿易財の分類は BEC 分類に沿っており，本節での中間財と資本財は BEC42 と BEC41 をそれぞれ使用してまとめたものである。
11) 貿易データは UN COMTRADE が公表している HS96 を使用している。
12) Limao & Venables (1999) や Pomfret & Sourdin (2010a, b) を参照。
13) 説明変数 MRA の内生性を考慮し，輸出入各国の市場の透明度と OECD 加盟国ダミーを操作変数とし，プロビットモデルで 1 段階目を回帰させ，2 段階目でその予測値を用いて推定を行う。
14) 距離は CEPII のデータを，国際規格は Ijiri et al. (2012) を参照し，港湾でのコストは世界銀行の Doing Business Database を参照し，FTA と MRA は WCO および WTO の HP を参照している。
15) Ijiri et al. (2012) を参照。
16) 馬田・浦田・木村 (2012) 参照。
17) WTO ホームページ (http://www.wto.org/english/tratop_e/tbt_e/tbtagr_e.htm) を参照。
18) 馬田・浦田・木村 (2012) を参照。

参考文献

Anderson, J. E. and E. van Wincoop (2003), "Gravity with Gravitas: A solution to the border puzzle," *American Economic Review*, Vol. 93 (1), pp. 170-192.

Ando, M. (2009), "Impacts of FTAs in East Asia: CGE Simulation Analysis," *RIETI Discussion Paper Series* 09-E-037.

Baldwin, R., M. Kawai, and G. Wignaraja (2013), *The Future of the World Trading System: Asian Perspectives*, 11 June 2013. (http://www.voxeu.org/sites/default/files/Future_World_Trading_System.pdf)

Besedes, T. and T., Prusa (2006), "Product differentiation and duration of US import trade," *Journal of International Economics*, 70, pp.339-358.

Chaney, T. (2008), "Distorted Gravity: The Intensive and Extensive Margins of International Trade," *American Economic Review*, Vol. 98 (4), pp. 1707-1721.

Helpman, E., M. J. Melitz, and Y. Rubinstein (2008), "Estimating Trade Flows: Trading Patterns and Trading Volumes," *Quarterly journal of Economics*, Vol. 123 (2), pp.441-487.

Hummels, D. and V. Lugovskyy (2006), "Are Matched Partner Trade Statistics a Usable Measure of Transportation Costs?," *Review of International Economics*, Vol. 14 (1), pp.69-86.

Ijiri, N., N. Yamano and G. Miao (2012), "International Standards, Product Substitutability, and Global Trade Network," *CCAS Working Paper Series*, No.42.

Kee, L.K., A.Nicita, and M.,Olarreaga (2009), "Estimating Trade Restrictiveness Indices," *The Economic Journal*, Vol. (119), pp.172-199.

Korinek, J. (2011), "Clarifying Trade Costs in Maritime Transport," OECD, Paris.

Limao, N. and A. Venables (1999), "Infrastructure, Geographical Disadvantage, Transport Costs and Trade," *World Bank Policy Working Paper* 2257.

Persson, M. (2008), "Trade Facilitation and the Extensive and Intensive Margins of Trade," *Working Paper 2008: 13*, Lund University, Department of Economics.

Pomfret, R. and P. Sourdin (2010a), "Trade Facilitation and the Measurement of Trade Costs," *Journal of International Commerce, Economics and Policy*, Vol. 1 (1), pp. 145-163.

Pomfret, R. and P. Sourdin (2010b), "Why do trade costs vary?," *Review of World Economics*, Vol. 146 (4), pp. 709-730.

Rauch, J.E. (1999), "Networks versus Market in International Trade," *Journal of International Economics*, 48,1,pp.7-35.

WCO (2012) Compendium of Authorized Economic Operator Programmes, 2012 edition.

青山幸恭編 (2008)『変革期の関税制度』日本関税協会。
馬田啓一・浦田秀次郎・木村福成編 (2012)『日本の TPP 戦略：課題と展望』文眞堂。
藤岡博 (2010)「貿易の円滑化と関税政策の新たな展開 (Ⅱ) 日本における「貿易の円滑化」(2) 一国際的な枠組みのなかでの AEO 制度の推進一」『貿易と関税』58 巻 8 号，4-21 ページ，日本関税協会。

第4章

TPP 締結後の補償・調整支援措置
―日本版貿易調整支援(TAA)導入の意義と課題―

はじめに[1]

　2013年3月15日，日本政府は環太平洋パートナーシップ（Trans-Pacific Partnership，以下，TPPと略）への交渉参加を表明した。このほかにも，東アジア地域包括的経済連携（Regional Comprehensive Economic Partnership，以下，RCEPと略），日中韓自由貿易協定，日EU経済連携協定など，今後の日本経済の針路を大きく左右しうる「メガFTA」の交渉が同時並行的に進行している。とりわけ高い自由化水準の達成が求められるとされるTPPの交渉では，従来日本が「聖域」扱いしてきたセンシティブ品目の一部を含むかたちで追加的な自由化を断行すべきか否か，政治的決断を早晩迫られることになる。そうした状況下において，国内では貿易自由化やTPP参加に反対を唱えている集団の不安や政治的反発を緩和させつつ，対外的には野心的な自由化を実現させるためには如何なる措置を講ずるべきなのか。本章の目的は，この問いに対してひとつの答えを提示することである。

　一般的に，FTAへの参加を通じた貿易自由化が一国全体の社会的厚生や生産性を高めるとしても，それが個々人の所得水準に与える影響の方向性や大きさは一様でない。追加的な貿易自由化により輸入品が流入すると，国内の無数の消費者は生活コストの低下や商品の選択肢の拡大といったメリットを享受する一方，一部の労働者や農業従事者は所得の低下や失業といった経済的困難に直面する可能性もある。仮に貿易自由化をめぐる懸念が特定の産業，職種，地域において高まると，それらは利益団体や地方自治体[2]を通じた各種ネガティブ・キャンペーンを誘発する原動力となりうる。ネガティブ・キャンペーンに

は，FTA参加の阻止を目的として行われる抗議集会，デモ行進，署名運動，出版・講演・ネットへの投稿などを通じた啓蒙活動，陳情活動，地方議会における反対決議の採択，FTA参加により特定地域や特定産業が被る被害総額の試算結果の積極的公開などが含まれる。

　従来，こうしたネガティブ・キャンペーンが展開されると，これに対抗すべく，FTA推進派の一部中央官庁，経済団体，研究者などがFTA参加に伴う外交・安全保障上の意義やマクロ経済的な効果をPRし，同時に各種誤解を払拭するための広報活動を行う，という応酬が展開されてきた。FTAをめぐるデマや憶測が飛び交うなか，国民向けに正確な政策情報を周知することの意義は無論大きい。しかしながら，こうしたPR戦略では，とりわけ「経済的な理由で」FTAに反対を唱えている人々の懸念を緩和することは2つの理由から極めて困難である。第一に，マクロの国益をいくら声高に強調しても，実際に経済的な損失に直面するであろうと予想している当事者達の懸念を緩和することはできないという点，第二に，こうしたPR戦略は反対派の感情を逆なでし，むしろ彼らの政治的反発を高めてしまうリスクが伴うという点である。

　TPPで求められる野心的な水準の自由化を政治的に成し遂げるためには，従来のPR戦略に加えて，反対派が抱く「経済的」な懸念をシステマティックに緩和するための「経済的」な救済措置の導入が不可欠である。ただし，そうした救済措置の導入には，新たなモラルハザードや社会的な不公平感を生み出すリスクも伴う。だからこそ，自由化を断行した際に提供される救済措置の規模や方法論をめぐっては，密室の場ではなく，オープンかつ多面的な議論が展開されなければならない。

　他方，従来日本では，貿易自由化やFTA参加の是非をめぐる議論と，自由化時の救済措置をめぐる議論を同時並行的かつオープンに進める，というアプローチは必ずしも採用されてこなかった。とりわけ政府内部では，追加的な自由化が既定路線であるとの誤解を与えかねないとの懸念から，FTA交渉と並行して「自由化後の救済措置のあり方」について公の場で議論し始めること自体を「タブー視」してきた[3]。GATTウルグアイ・ラウンド交渉の際にも，農業合意を受け入れる見返りとして総額6兆円の農業対策費が計上されたが，その規模や内容については必ずしもオープンな議論を経ないまま，交渉終了後に

突如政治的に決定，公表された経緯がある（『日本経済新聞』，1994 年 10 月 23 日）。仮に TPP をはじめとするメガ FTA の交渉の成果として日本の「聖域品目」の自由化が実現するとしても，農業対策の規模や方法論を密室で決定し，突如発表するという 20 年前と同じ過ちを二度と繰り返すべきではない。

　以上の問題意識に基づき，本章では，貿易自由化の負の側面に対処する手段として米国，EU，韓国などで導入されている貿易調整支援（Trade Adjustment Assistance, 以下，TAA と略）を日本でも早期に制度化することを提案する[4]。TAA とは，貿易自由化により著しい損失を被った経済主体に対して政府が提供する所得補償と調整支援措置のパッケージである[5]。調整支援措置とは，労働者，農家，企業などが自由化後の新たな競争環境に迅速に順応するための「未来志向」の救済措置である。したがって，「国際競争からの隔離」を通じて国内産業を保護・温存しようとする国境措置とは意味合いが大きく異なっている。また TAA を 50 年間運用し続けてきた米国においては，度々の軌道修正を経て，現在では地域や産業単位の支援ではなく，自由化により実際に損失を被ったミクロの主体（労働者，農家，企業）に限定した費用対効果の高い支援が目指されているほか，所得補償のみならず，彼らが他産業に円滑に転職または業種転換するための各種支援も提供している。このような意味において，自由化により実際に損失を被ったミクロの主体というよりは，「農業」「農村」といった大きな単位を支援の対象として設定し，かつ予算の半分以上を公共事業に配分した前述のウルグアイ・ラウンド関連農業対策事業とは制度の思想が大きく異なっている。

　本章の構成は以下のとおりである。第 II 節では，貿易自由化により経済的な損失を被った労働者や企業に対して特別手厚い救済措置を提供することの正当性や意義について既存の議論を整理する。つづく第 III 節では，諸外国における TAA の導入・実施事例について紹介を行う。第 IV 節では，TAA 導入の是非をめぐる日本の有権者の意識調査の結果を紹介し，第 V 節において日本版 TAA 導入の意義と課題について検討する。

第 1 節　TAA の正当性をめぐる議論

1. TAA の特殊性

　企業や労働者をとりまく市場環境は常に変化している。変化をもたらす要因は多様であり，国内外の景気変動，為替レートの変動，大地震や洪水など自然災害，人口構造の変化，エネルギー価格の高騰といったマクロ的な要因に加え，消費者の嗜好の変化，技術革新や新たなビジネスモデルの登場など，特定市場に固有の要因も挙げられる。さらには，税制や規制の変更など，国内の政策変更がビジネスの競争条件を変えてしまうことも珍しくない。貿易政策の変更と同様に，これらの環境変化も，一部の企業や労働者を利する一方で，別の企業や労働者に対しては不利に作用し，場合によっては倒産や失業の直接的な原因となることがあろう。

　市場環境の変化に適応しきれずに職や経済的な基盤を失った個人に対しては，通常，失業保険，職業訓練，生活保護といった一般的なセーフティネットが提供されている。しかしながら，東日本大震災のような極めて例外的な事例を除けば，経済的な損失を招いた環境変化の「種類」に応じて救済措置の量や質が区別されることはない。例えば，失業の直接的な理由が公共事業の予算削減である場合と，円高である場合とで，提供される失業保険の月額や期間が区別されることはないであろう。

　他方，諸外国で制度化されている TAA は，「貿易自由化」および「輸入の増加」という特定の理由で経済的損失を被った個人や企業のみに提供される「追加的」なセーフティネットである。たとえば米国では，そうした被害者に限定して，通常より手厚い失業保険の給付，雇用訓練の提供，就職・転居に対する技術的・金銭的な支援，失業期間中の医療保険料支払に対する補助，高齢者向けの賃金保険，企業に対する技術的支援などが実施されている。このような特殊性ゆえに，TAA は誕生以来，その必要性や正当性をめぐり激しい論争が展開されてきた。以下では，その一部を紹介したい。

2. TAA の正当性をめぐる議論[6]

(1) 経済効率性に基づく主張

　国際貿易理論が示唆する貿易自由化の利益を最大限享受するためには，自由化後に労働や資本といった生産要素が比較劣位産業から比較優位産業へ，あるいは同一産業内でも生産性の低い企業から生産性の高い企業へと円滑に移動していく必要がある。

　他方，こうした調整が円滑に進まず，一部の生産要素が雇用されない状態が継続すると，経済の産出量が潜在的な生産能力を下回ることになる。実際に，生産要素の多くは産業・企業特殊的なものであり，他産業・他企業への移動や転用が容易でない場合も珍しくない。失業者が新たなスキルを学び，次の職場を探索する際には一定の時間と費用が必要であるし，企業が業種転換や新規事業の立ち上げを目指す場合も同様である。また，衰退産業が集積していた地域と，成長産業が集積する地域が地理的に離れており，再就職が物理的に困難であるケースもあろう。こうした理由で生産要素の再雇用が進まない場合，貿易自由化の後，社会的厚生が上昇するどころか，自由化以前の水準を一時的に下回る可能性すらある（Francois *et al*., 2011）。したがって，生産要素が市場環境の変化に早期に適応できるよう政府が支援するということは，社会全体のロスを最小化するという観点から正当化される余地が生まれる。

　他方，こうした論拠で TAA を提供することに対しては反論もなされている。もっとも代表的な反論は，職業訓練や失業保険など一般的なセーフティネットが既に存在するのであれば，貿易自由化により損失を被った人々もそうした一般的な制度を活用すれば良いではないか，というものである。調整の円滑化を支援することが経済効率性の観点から正当化されるとしても，新たに TAA という救済措置を追加的に導入する理由を示したことにはならない[7]。加えて，プログラムの重点が所得補償に偏り，新たな市場環境に順応するための動機付けが不十分である場合，TAA の提供が労働者を衰退産業に必要以上に滞留させ，調整をむしろ送らせてしまう恐れもある。TAA を導入する際には，こうしたモラルハザードを生みださないよう，受給要件，期間，所得補償と調整支援措置のバランス，具体的な支援の方法論などにつき十分な検討を行う必要がある。

(2) 公平性に基づく主張

　効率性に基づく主張に加えて，公平性の観点から TAA の必要性が主張される場合もある。貿易自由化という政策変更により損失を被った人々に対して所得再分配を行うことは，公平性確保や社会正義の観点から当然正当化される，という考え方である。

　第3節で示すとおり，こうした主張は世論の共感を得やすい。しかしながら，その論拠は効率性に基づく主張以上に脆弱であり，多くの反論がなされている (Aho and Bayard, 1984)。代表的な反論としては，失業や倒産の原因に応じて救済措置の量や質を区別することへの批判である。他の政策分野においても，政策変更が原因で経済的な損失を被ったという理由だけで，アプリオリに追加的な補償が提供されているわけではない。国内の規制緩和，税制変更，補助金の減額や廃止，国際的な環境条約への参加，あるいは他国への経済制裁への実施などにより経済上の損失を被る個人がいたとしても，損失の原因が政策変更だからという理由で追加的な救済措置が提供されることはない。また，ある集団を政策的に優遇するということは，例えば労働市場において別の集団の機会を潜在的に奪ってしまう。そのことを正当化できるほど，貿易自由化による被害者は，他の要因による被害者と比較して一層可哀想であると言えるのであろうか。加えて，貿易自由化により失われた所得の中には，そもそも消費者の負担のもとに成立していた保護によるレントが含まれており，そうしたレント減少分まで納税者が再度補償する必要が果たしてあるのか，という反論もなされている。

(3) 政治的機能

　TAA の正当性をめぐる論拠として恐らく最も説得的なものは，TAA に備わる政治的機能に関連するものである。端的に述べると，<u>貿易自由化を政治的に実現するためにも</u>，自由化後に損失を被る主体に対して TAA のような救済措置を制度化しておくことが不可欠である，との主張である。日本に限らず，民主主義を採用する多くの先進国においては，過去の自由化努力の結果，政治的センシティビティの高い品目ばかりが有税品目として残存しており，適切な所得補償や調整支援なしに追加的な自由化を進展することが政治的に困難になりつつある。経済効率性や公平性の観点から多くの疑問が呈されているにもか

かわらず，米国で50年にわたりTAAが存続したのは，政治家や研究者を含む多くのステークホルダーがTAAの政治的機能の価値，あるいは「TAAの提供を拒み貿易自由化が実現しないことの機会費用の大きさ」を認識しているからにほかならない。

無論，貿易自由化により損失を被る経済主体を救済する方法としては，緊急輸入制限（セーフガード）措置やアンチ・ダンピング税のような国境措置も考えられる。しかしながら，TAAとの比較において国境措置には多くの欠点がある。第一に，国境措置を導入する場合，国内消費者の生活コスト，国内企業のビジネスコストを高めるという副作用を生み出す。第二に，無闇に国境措置を発動すると，貿易相手国による訴訟や報復リスクが伴う。第三に，現行のセーフガードやアンチ・ダンピングのルールは，必ずしも調整の促進を担保するような規定は含まれておらず，国際競争からの隔離を通じて生産要素を衰退産業に滞留させるリスクが伴う（Bown and McCulloch, 2007）。第四に，TAAと異なり，国境措置は保護のコストを納税者が認識しづらい，という問題が挙げられる。最後に，TAAの場合は，特定産業のなかでも実際に損失を被った労働者や農家に限定した効率的な救済が可能となるが，セーフガードのような国境措置の場合はミクロレベルのターゲティングが物理的に難しいという問題が生ずる。

3. 貿易自由化政策と救済措置実施の決定に関する順序問題

TAAの政治的機能の重要性に関連して，以下では，貿易自由化を政治的に実現させるうえで，貿易自由化と救済措置の導入を政治的に決定する「順序」が極めて重要であることを示唆する2つの理論を紹介する。いずれの理論も，救済措置の議論を後回しにすると本質的な自由化が政治的に実現しないことを示唆している。Mitra and Ranjan（2011）にならい，以下ではオリジナルのモデルを単純化して説明を行う。

(1) Davidson *et al.*,（2007）のモデル

ある国で貿易を自由化すると，正の所得分配効果に直面する「勝者」と負の所得分配効果に直面する「敗者」が生まれるとしよう。一国全体で見ると，自由化により勝者が得る利益の総額は，敗者が被る損失の総額を上回り，敗者の

損失を補填しても余りある利益が得られるとする。以上を前提として，政治の場において「貿易自由化」実施の是非をめぐる議論と，「敗者に対する救済措置」導入の是非をめぐる議論が開始される状況を考える。ここで念頭に置かれている救済措置とは，勝者が得る自由化の利益の一部分を用いて敗者の損失を補償するような措置である。

はじめに，「救済措置」導入の検討を後回しにして，まずは「貿易自由化」実施の是非をめぐり決定を下すケースを考える。こうした順序では，貿易自由化が政治的に実現されない可能性が生ずる。なぜならば，「貿易自由化の実施が決定した後，勝者が救済措置の導入に反対するかもしれない」と敗者が疑念を抱き，自由化に反対するためである。実際に，勝者が利己的であり，事前に救済措置導入に関する取極めを行なっていない場合，ひとたび自由化が決定した後で敗者への補償提供に同意する合理的な理由はなくなる。

次に，「救済措置」導入が先に決定されるケースを考える。すなわち，貿易が自由化されるか否かは未だ決定していないが，仮に貿易が自由化された場合，敗者の損失を補填する仕組みを導入することにつき事前にコミットしておくケースである。この場合，貿易自由化は政治的に支持されることになる。何故ならば，自由化の後に損失を補償してもらえる敗者も，所得移転後もなお自由化の利益が残る勝者も，少なくとも現在よりも状態が悪化することはないためである。

(2) Fernandez and Rodrik（1991）のモデル

Davidson *et al.*, (2007) のモデルと同様，ある国で貿易を自由化した場合の「勝者」と「敗者」の存在を想定する。ただし，一部の敗者は自由化後に衰退産業から成長産業への円滑な移動に成功し，現在と比較して所得が $\varDelta X$ だけ上昇するとしよう（$\varDelta X > 0$）。他方，産業間の移動に失敗した敗者は $\varDelta Y$ という大きな損失を被る（$\varDelta Y < 0$）。ここで，$\varDelta X < |\varDelta Y|$ であるとする。すなわち，成長産業への移動に成功した場合の追加的な所得 $\varDelta X$ は，失敗した場合の追加的な損失 $\varDelta Y$ の絶対値よりも小さいものとする。ただし，敗者のうち誰が成長産業への移動に成功し，誰が衰退産業に留まるか，事前には不確実であり，人々は五分五分であると予想しているものとする。

ここで，敗者への救済措置が存在しない場合，自由化により敗者が得る所得

の期待値はマイナス（0.5（$\triangle X+\triangle Y$）＜0）となるため，衰退産業に従事する合理的な人々は貿易自由化に反対する。次に，自由化により敗者が被る損失$\triangle Y$を補償することについて，予め政治的なコミットメントを行うケースを考える。この場合，敗者が自由化の後に得る所得の期待値は上方に修正されるため，貿易自由化に対する反対圧力を緩和することが出来る。

(3) 小括

上記のモデルはいずれも，救済措置の議論を後回しにすると，追加的な自由化が政治的に困難になる可能性を示唆している。実際に米国では，大統領がGATTケネディ・ラウンドや東京ラウンドの交渉権を議会から獲得する上で，1962年通商拡大法及び1974年通商法におけるTAA条項の存在が政治的に大きな役割を果たした（Schoepfle, 2000）。最近でも，韓国，コロンビア，パナマとの自由貿易協定の実施法案を可決するうえで，TAA延長法案が重要な役割を果たしたとの指摘もある（Hornbeck, 2013）。

他方，日本では2010年に民主党政権が年間約5,600億円の戸別所得補償制度を導入した（『日本経済新聞』，2009年12月22日）。国境措置を通じて消費者に多大なる負担を強いている日本の農業の現状を踏まえると，戸別所得補償制度のような直接支払いは，「消費者の負担軽減」と「農業の保護」の両立を目的とし，国境措置を撤廃したうえで，その代替的な手段として位置づけられ，導入されるべきであった。しかしながら当時の民主党政権は，戸別所得補償制度の議論と自由化の議論とをリンクさせずに，既存の国境措置を温存したまま同制度を導入した[8]。貿易自由化反対派が「自由化時の損失に対する補償」として同制度を認識していない限り，いくら直接支払いを行なっても，将来の貿易自由化反対の圧力を緩和する政治的手段として期待することはできないであろう。

第2節　諸外国におけるTAAの取り組み

1. 米国

世界初のTAAは1962年，米国ケネディ政権下で導入された（1962年拡大

通商法)。現在は 1974 年通商法第 201 条にその基礎が置かれており，輸入の増加により損失を被った経済主体を救済し，輸入品との競争環境への調整を支援することを目的としている。以下では，米国の TAA 制度について特筆すべき点をいくつか指摘しておく[9]。

第一に，TAA の正当性をめぐる各種の反論にも関わらず，導入から 50 年が経過した今でもなお同制度が継続しているという点である。米国を取り巻く経済環境はこの 50 年間で大きく変化し，その間 10 人の大統領が政権運営を担当し，議会の構成も変化してきた。それでもなお，TAA 継続の必要性をめぐる政治的判断は 50 年間で一度も覆らなかったという点をまず強調しておきたい。

第 4-1 表 米国における TAA 関連法案の推移

法令		期間
1962 Trade Expansion Act of 1962	P.L. 87-794	恒久
1974 Trade Act of 1974	P.L. 93-618	8 年
1981 Omnibus Budget Reconciliation Act of 1981	P.L. 97-35	1 年
1983 A bill to Amend the International Coffee Agreement Act of 1983	P.L. 98-120	2 年
1984 Deficit Reduction Act of 1984	P.L. 98-369	10 カ月
1985 Emergency Extension Act of 1985 (Lapsed until March 1986)	P.L. 99-107	5 週
1986 Deficit Reduction Amendments Act of 1985	P.L. 99-272	6 年
1988 Omnibus Trade & Competitiveness Act	P.L. 100-418	2 年
1993 Omnibus Budget Reconciliation Act of 1993	P.L. 103-66	5 年
1998 District of Columbia Appropriations		9 カ月
1999 Consolidated Appropriations Act of 2000 (Lapsed until August 2002)	P.L. 106-113	2.25 年
2002 Trade Act of 2002	P.L. 107-210	5 年
2007 TAA Extension Act	P.L. 110-89	3 カ月
2008 Consolidated Appropriations Act of 2008	P.L. 110-161	1 年
2009 Consolidate Security, Disaster Assistance, and Continuing Appropriations Act of 2009	P.L. 107-329	2 カ月
2009 American Recovery & Reinvestment Act (ARRA) of 2009	P.L. 111-5	2 年
2010 Omnibus Trade Act of 2010	P.L. 111-344	13 カ月
2011 Trade Adjustment Assistance Extension Act of 2011	P.L. 112-40	

(出所) Hornbeck (2013) より作成。

第二に、米国ではTAAが時限立法の積み重ねとして運用されている。第1-1表が示すとおり、これまでTAAは17回にわたり「延長」されており、予算規模のみならず、支援対象、受給要件、支援方法、支援期間などが政治経済環境の変化に応じて柔軟に軌道修正されてきた。修正の例としては、支援対象の対象を輸入急増のみならず生産拠点の海外移転に伴う失業にも拡大したこと、あるいは製造業のみならずサービス産業への従事者にも拡大したこと、NAFTA締結に起因する損失に対する特別の支援プログラムを設置したこと（その後2002年に一般のTAAに統合）、再訓練が困難な高齢労働者向けの特別な支援措置を導入したことなどが挙げられる。こうした柔軟な軌道修正こそ、50年という歳月を経てもなお同制度が存続している秘訣のひとつであろう。

第三に、紆余曲折を経て、現在米国のTAAは、産業や地域ではなく、実際に損失を被った労働者、企業、農家といったミクロの主体を救済対象としている[10]。運営はそれぞれ労働省、商務省、農務省が州政府と協力して行なっており、2012年度の予算は約12億ドル（約1000億円）、うち労働者向けTAAが11億ドル、企業向けTAAが0.16億ドル、農家向けTAAが0.9億ドルであった。予算の配分方法からも、労働者向けTAA重視の姿勢が伺える[11]。

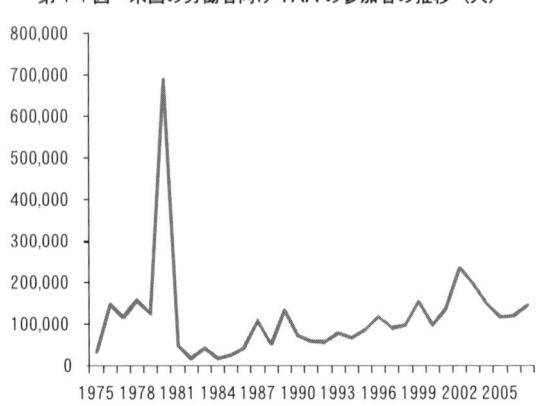

第4-1図　米国の労働者向けTAAの参加者の推移（人）

（出所）米国労働省ウェブサイトより作成。

第四に，労働者向け TAA に着目すると，受給要件は輸入増加または生産拠点の海外移転が企業の生産または販売の減少に大きく寄与し，その結果として解雇された（またはその恐れのある）労働者であることとされる。申請は 3 名以上の労働者のグループ，雇用主，または労働組合が行い，労働省が資格審査を行なう。前述のとおり，近年製造業のみならずサービス業にも支援が拡大されたほか，直接損失を受けた企業のみならず，その下請け企業の労働者にも適用範囲が拡大された。なお，1975 年から 2007 年度にかけて，累積で 386 万人の労働者が TAA の支援を受けたとされる（第 4-1 図）。

　現在の具体的な支援内容としては，失業保険の期間延長を通じた所得補償（一般の失業者と比較して最大 78 週間の延長，ただし職業訓練参加を条件付け），再雇用につながる職業訓練への助成（上限 104 週），医療保険料支払いへの助成（72.5％），就職活動資金の支援（9 割かつ上限 1250 ドル），転職先近郊への転居費用の支援（9 割かつ上限 1,250 ドル）などが提供されている。こうしたプログラムにより，支援を受けた労働者の 6 割が再就職に成功し，うち 8 割が 1 年後も在職しているという報告もなされている（Rosen, 2011）。

　第五に，50 歳以上の高齢労働者に対しては，再就職時の賃金下落分の半額（上限 1 万ドル）を 2 年間助成する賃金保険が提供されている（再就職時の年収 5 万ドル未満の個人に限定）。高齢になるにつれて，再訓練や再教育を提供してもなお，以前と同等の条件で再就職することが現実的に困難となるケースが想定されるためである。

　第六に，輸入増加により打撃を受けた企業に対しては，企業向け TAA プログラムにより，事業再生を目的とした技術支援が提供されている。具体的には，事業再生計画の立案支援費用の補助（75％），事業再生の実施を支援するコンサルタントの人件費の補助（50％）などが提供されている。支援を受けた企業は商務省に対して定期的に進捗を報告する義務を負う。かつては融資や債務保証も行われていたが，レーガン政権下の 1986 年の改正時に廃止された。

　最後に，農家・漁業従事者に対しては，輸入増加により単価，生産量，または生産額が 15％以上下落した商品の生産者のうち，一定の要件を満たす個人に対して技術支援および金銭的補償（最大 1 万 2000 ドル）が提供されている。技術支援としては，事業再生計画の立案支援，市場動向に関する再教育，ダイ

レクトマーケティングの方法論の教育，コスト削減のアドバイスといった経営面に関するものから，病害虫の処理方法の指導など技術面に関するものまで多岐にわたる。

2. EU

EU は 2006 年，欧州グローバリゼーション調整基金 (European Globalization Adjustment Fund, 以下，EGF と略) と呼ばれる制度を導入した[12]。同制度は，輸入増加による企業の倒産または製造拠点の海外移転により解雇された労働者が，新な市場環境に順応できるよう支援することを目的としていることから，事実上 EU 版 TAA と位置づけることが出来る。ただし，この基金の枠組みにおいては，米国のように農家や企業に対する救済措置は提供されておらず，あくまでも労働者のみを対象としている。申請は EU 加盟各国政府を経由して行うこととなっており，年間の予算は 5 億ユーロである。

具体的な支援内容としては，職業訓練サービスの提供，就職活動・転職先近郊への転居・生涯学習に対する金銭的支援などである。失業保険の提供は EU としては行なっておらず，各加盟国に委ねられている。これまでの支援対象は繊維，自動車，自動車部品，印刷，電子機器業界などに従事していた労働者であり，2009 年からは，金融危機による離職者も支援対象に含まれることとなった。

3. 韓国

大国との FTA 交渉に意欲的に取り組んできた韓国においても，貿易自由化後の産業構造再編を経済発展に資する方向で進めること，および FTA 反対派の懸念を緩和するための社会的装置を創設することを目的として，製造業の分野について 2007 年から Law of the TAA with the implementation of FTAs が施行された (Inkyo and Jungran, 2011)。同法は企業向け TAA と労働者向け TAA のスキームを提供しており，それぞれ知識経済部（当時）と雇用労働部が所管している。ただし，米国と異なり，現時点では労働者向け TAA は殆ど使われておらず，企業向け支援に力点が置かれている[13]。

企業向け TAA は製造業のみならずサービス業にも適用可能であり，支援内

容は事業再生のための経営コンサルティング料補助（8割まで，上限2400万ウォン），および優遇金利による融資（0.7%分の優遇，上限40億ウォン）となっている。ただし，受給要件として「FTA締結相手国からの輸入により生産量または販売量が25%以上減少している」という厳しい閾値が設定されていたため，2007年以降，2年半の間にわずか5社しか支援対象とされなかったという問題が生じた（うち4社は豚肉やワインなどの食品加工業者，残り1社は時計メーカー）。こうした指摘を受け，2009年の法改正により，上記の受給要件を大統領令により柔軟に変更できることとなった。

以上のTAAに加えて，韓国では農業向けの対策も実施されている。ただし米国と異なり，これらの農業対策はTAAとは別のスキームとして運用されている。奥田・渡辺（2011）によると，韓国における国内農業対策の枠組みは，被害補填（直接支払い金，廃業支援），競争力強化（品質改善，生産施設の近代化，構造・体質改善，インフラ構築など），所得基盤の拡充（地域産業育成，観光活性化など）の3つから構成されている。主たる財源は韓チリFTA締結後の2003年に策定された「119.3兆ウォン投融資計画（2004〜2013年）」である[14]。その後，韓米FTA対策（2008〜2017年）のために20.4兆ウォン（うち10.1兆ウォン分は「119.3兆ウォン計画」から拠出），韓EU・FTA対策のために2兆ウォン（2011〜2020年）が計上されている（奥田・渡辺，2011）。以下では，日韓における農業対策の違いについて何点か指摘を行いたい。

第一に，農家への救済措置を提供する前提として，韓国はFTAにおいて非常に高い水準の貿易自由化を実現してきたという点が挙げられる。とりわけ米国とのFTAにおいて，韓国はタリフラインベースで94%の関税撤廃，農産品における唯一の譲許例外品目はコメだけであった（深川，2007）。極めて高い自由化努力に対する見返りとして提供された措置であるという意味において，日本におけるウルグアイ・ラウンド対策費や民主党の戸別所得補償制度とは前提が異なっている。

第二に，所得補償の額と，輸入自由化により被った損失の程度をリンクさせる試みが行われている点である。具体的には，自由化により輸入が増加した結果として，収入が80%以下に減少した農家にターゲットを絞り，減少分の85%を政府が支援するという方式が採用されている。自由化後の実際の輸入動向

や損失の程度にかかわらず，特定品目の生産者に一律の補償を提供する方式と比較してはるかに効率的な所得再分配政策である。無論，補償額に適切な上限を設定しないと，逆に新たなモラルハザードを生む原因となりうることには留意すべきである。

第三に，輸入増加により打撃を受けた農家をセクター内に滞留させるだけではなく，被害を受けた品目の生産中止や廃業を支援するための廃業支援金制度が導入されているという点である。この支援を受けた農家は，その後，同一または関連する品目を生産することにつき制限を受けることになる。実際には支援を受けた後も同一品目を栽培する悪質なケースも報告されているようであるが[15]，生産性の低い農家に対して調整を促すという観点からは評価されるメカニズムである。

最後に，所得補償や廃業支援を提供する期限をそれぞれ FTA 発効後 7 年間および 5 年間と明示している点である。自由化スケジュールと所得補償の受給期限を踏まえ，農家に対して早期に調整を行うインセンティブを与える仕組みを考慮している点は評価に値しよう。

第 3 節　TAA をめぐる日本の有権者の認識

本節では，サーベイ・データを用いて，日本の有権者が TAA に対して抱いている認識について考察を行う。以下で示すデータは，2012 年 3 月 23 日から 27 日にかけて，（株）日経リサーチのモニター会員に対してインターネット上で実施した「グローバリゼーションに関する意識調査」から採取したクロスセクション・データである。調査対象は全国の 20 歳から 69 歳までの成人，回答者数は 2742 名（ただし本章で扱っている設問のサンプル・サイズは 1372 名），回答率は 11.8％であった[16]。

同アンケートでは，「輸入自由化により職を失った失業者のみを対象として，通常よりも手厚い救済措置を用意すべきとの意見があります。こうした意見について，あなたはどう思いますか。」という質問を設けた。これに対し回答者は，（輸入自由化の結果として職を失った失業者に対しては，その他の失業者

よりも…)「1. 手厚く職業訓練を提供すべき」「2. 手厚く失業手当を給付すべき」「3. 手厚く職業訓練と失業手当の双方を提供すべき」「4. 手厚く救済措置を提供する必要はない」「5.わからない」という5つの選択肢の中から1つだけ選択することが求められる。

表2は同質問の回答結果の分布を示している。はじめに単純集計の結果につき，2点指摘を行なっておく。第一に，半数以上（54.0％）の回答者が，TAAを「提供すべき」であると支持を表明し，「必要なし」（31.4％）を20％ポイント以上も上回った。第二に，救済措置の手段としては，「職業訓練の提供」（24.4％），「職業訓練と失業手当の両方を提供」（21.7％）の回答割合が高く，「失業手当の提供（のみ）」（7.9％）を選択した回答者は相対的に少なかった。すなわち，単なる所得補償のみならず，調整促進に貢献し得る支援の提供を前提とすべきと考えるTAA支持者が多いことが示された。

次に，先ほどのTAA導入に対する賛否を問うた質問と，「貿易の自由化・拡大が自身の収入・雇用に与える影響の方向性」の認識に関する質問のクロス集計の結果を確認する。TAA導入に対する支持が，自分自身も潜在的にTAAの受益者になり得るとの想定にもとづく支持なのか，その他の動機に基づく支持なのか，判別を行うためである。

第4-2表　輸入自由化で失業した個人向けの特別な救済措置の必要性

	合計 回答者数	割合	良い影響 回答者数	割合	どちらとも言えない 回答者数	割合	悪い影響 回答者数	割合
（救済措置を）提供すべき	741	54.0%	157	61.1%	331	52.7%	155	61.8%
職業訓練	335	24.4%	87	33.9%	158	25.2%	51	20.3%
失業手当	108	7.9%	22	8.6%	46	7.3%	24	9.6%
両方	298	21.7%	48	18.7%	127	20.2%	80	31.9%
必要なし	431	31.4%	92	35.8%	202	32.2%	72	28.7%
わからない	200	14.6%	8	3.1%	95	15.1%	24	9.6%
合計	1,372	100.0%	257	100.0%	628	100.0%	251	100.0%

（出所）　筆者作成。

まず，貿易の自由化・拡大が自身の収入・雇用に「悪い影響を与える」と主

観的に認識している回答者，すなわち自らがTAAの受益者になる可能性がある回答者の61.8%がTAA導入に対して支持を表明した。これは極めて合理的な意思表明である。他方で，潜在的な受益者の3割弱は不支持を表明していることも注目に値する。

続いて，貿易の自由化・拡大が自身の収入・雇用に「良い影響を与える」と認識している回答者，すなわち自らがTAAの受益者になる可能性が低い回答者の結果を確認しておく。回答者が利己的であるならば，追加的な財政負担を要し，かつ自らが受益する可能性が低いような施策の導入について消極的になるはずであるが，このグループも半数以上（61.1%）がTAA導入に対して支持を表明した。この結果をめぐっては，2通りの解釈が可能である。第一に，利他的な動機でTAAを支持する人々が多いという解釈である。自らはTAAを必要としないが，貿易自由化により損失を被る人々に対して所得の再分配を行うことは，公平性や社会正義の観点から必要である，と認識している可能性である。第二に，TAAの政治的機能を踏まえてTAAを支持する人々が多いという解釈である。自らはTAAを必要としないが，TAA導入により政治的に貿易自由化が実現するのであれば，その結果として自らも経済的な利益を享受できる，と認識している可能性である。いずれの可能性も否定できないが，当質問では「貿易自由化の推進を目的として‥」というTAAの政治的機能を想起させる文言が質問文に含まれていないことから，公平性の観点から利他的にTAAを支持している人々も少なからず存在していると考えられる。

以上の結果を踏まえると，貿易自由化で自らが損失を被るか否かにかかわらず，日本の有権者はTAAの導入について概ね好意的な認識を抱いていると言えよう。ただし，支援の方法をめぐっては，TAAの潜在的な受益者となるか否かにより分布が大きく異なっており，潜在的な受益者は「職業訓練と失業手当」の両方を提供すべきと回答する傾向がより強いことも確認された。

第4節　日本版TAA導入の意義と課題

TPPをはじめとするメガFTAから日本が追加的な利益を享受するために

は，自らも追加的な国境措置の削減努力を行う必要がある。しかしながら，聖域と呼ばれる品目を含めて野心的な自由化を行おうとすれば，必ずや反対派による政治的反発に直面するであろう。そうした状況に直面した際，国内では反対派の政治的反発を緩和しつつ，対外的には野心的な水準の自由化を実現し，かつ救済措置の方法や規模に一定の節度をもたせる，という3つの目標を同時に達成するためには，極力早い段階から，産学官の協調体制のもと，救済措置のあり方についてオープンかつ多面的な議論をスタートさせ，国民的な議論へと発展させる方法が一番現実的であろう。また前述の理論が示唆するとおり，政府が何らかの救済措置の実施につき事前にコミットメントを表明しておくことは，野心的な自由化を政治的に実現する上で極めて重要なポイントとなる。日本の状況に適したTAAの導入を条件に，残存する国境措置の削減・撤廃が実現すれば，消費者も，輸入により損失を被る経済主体も，政治家も，誰一人として現状よりも状況が大幅に悪化することはない。また，有権者もTAAに対して概ね好意的な認識を持っていたことは前節で示したとおりである。

　最後に，「日本版TAA」を制度化する際に留意すべき点を何点か挙げておく。第一に，TAAはあくまでも貿易自由化努力に対する見返りとして提供されるべきであり，民主党の戸別所得補償制度のような「自由化なき単なる保護の上乗せ」を繰り返すべきではない。

　第二に，原則としてTAAは，貿易により損失を被った経済主体に対して，新な競争環境に早期に順応するためのインセンティブを付与すべきである。したがって，提供される救済措置に時間的な期限と金額的な上限を設けること，単に所得補償を提供するのみならず，調整支援プログラム（職業訓練や業種転換支援など）への参加を促す仕組みなども必要である。再就職が困難であり，かつ再就職をした場合に所得が著しく低下する可能性の高い高齢者に対しては，米国同様に再就職後の賃金に対して助成を行う方法も検討に値しよう。

　第三に，支援の対象は輸入増加により損失を受けた経済主体に限定し，費用対効果の高い救済の実現を目指すべきである。同一産業内でも企業や農家の生産性は不均一であり，労働者のスキルや職種も多様である。比較優位産業の中でも損失を被る経済主体は存在するし，比較劣位産業の中にも生産性が高く経済的損失とは無縁な経済主体も存在するであろう。その意味において，支援対

象は産業全体ではなく,「実際に損失を被った労働者,農家,企業」というミクロレベルを中心に据え,深刻な損失を被っていない経済主体や損失の原因が貿易とは無関係である経済主体に対してまで「どんぶり勘定」で事実上の所得移転を行うような仕組みは避けるべきである。その意味において,ウルグアイ・ラウンド関連農業対策事業で行われたような各種公共事業,土地改良,農村振興といった事業なども,貿易により損失を被った主体に対する救済措置という観点からは必ずしも効率的とは言えない。それらが農業の構造改革や地域振興の観点から本当に必要性の高い施策であるならば,TAAと切り離し,農業政策や地域振興政策として別途実施すべきである。

第四に,日本経済をとりまく環境変化に応じて予算規模,支援対象,受給要件,支援方法などを将来柔軟に修正する余地を残すべく,TAAを時限立法として導入し,延長・改正を繰り返すという米国型の方式を採用すべきである。FTA締結をめぐるネガティブ・キャンペーンは今のところ農業セクターが牽引しているが,今後は製造拠点の海外移転,サービス部門の海外へのアウトソーシングなどが更に進展し,製造業,サービス業においても反グローバリズムの動きが活発化する可能性は否定できない。そうした環境変化のなかでTAAが政治的機能を発揮し続けるためには,支援の対象や方法を柔軟に見直すための仕組みが不可欠である。

第五に,農家向けの救済措置については,産業や地域単位ではなく,自由化後に輸入増加と実際の損失が認定された農家に限定して救済を行うべきである。同時に,所得制限を設け,不労所得や兼業先の収入をあわせて一定の所得水準に達している労働者や農家に対する所得移転を抑制することも検討すべきである。

第六に,TAAを制度化・導入した際には,貿易により損失を被った主体がTAAを通じて如何に手厚く救済されているかを積極的に広報することで,制度の実態,有用性,およびTAAの運営コストに関する納税者の関心を高めるべきである。納税者の関心が高まれば,選挙目的の突然の予算増額,過剰または非効率な支援などに対して国民が適切に監視を行うようになることが期待されるとともに,日本の通商政策をめぐるバランスの取れた国民的議論を行うための素地が形成されることも期待される。

最後に，本章では米国の例にならい「TAA」という名称を使ってきたが，筆者はこの名称自体にこだわりを持っているわけではない。また農業とその他の産業で救済措置の方法や要件をどの程度変えるべきか，という点についても更なる検討が必要である。日本が同種の救済措置を導入する際には，米国のように農家への救済措置を含める形で呼称を「TAA」として一本化するという方法，韓国のように企業・労働者向け救済措置を TAA と呼ぶ一方，農業対策は全く別の法令において実施するという方法，あるいは EU の EGF のように独自の呼称・スキームで運用するという方法など，様々な選択肢が考えられる。しかしながら短期的に最も重要な点は，TPP をはじめとするメガ FTA の締結後に早晩何らかの救済措置が政治的に必要とされることを早期に認めたうえで，日本の政治経済の実態に適した制度のあり方をめぐる議論を可及的速やかに開始することである。

（久野　　新）

注

1) 本章は『貿易と関税』2013 年 10 月号および 11 月号（発行：日本関税協会）に掲載されたものである。本研究は明治大学国際総合研究所 「東アジア経済統合の展開および深化に向けた政策の在り方」研究会の成果である。また本研究は JSPS 科研費 25380352 の助成を受けている。執筆にあたり，明治大学国際総合研究所の上記研究会メンバーおよび国際貿易投資研究所の国際貿易投資研究会メンバーより有意義なコメントを多数頂いた。改めて感謝の意を表したい。
2) TPP 交渉への参加是非をめぐっては，北海道をはじめとする多くの地方自治体が，「日本が TPP に参加した場合に県経済が被る被害の程度」を主体的に算出・広報するなど，地方自治体が能動的にネガティブ・キャンペーンを展開するケースが多数観察された。
3) 某省庁 FTA 担当者へのインタビューより。
4) なお，ウルグアイ・ラウンドよりさらに遡ると，繊維業界において輸入自由化と国内繊維産業に対する救済措置がセットで導入された経緯がある。詳しくは，山澤（1981）および山澤（1984）参照のこと。
5) 以下断りのない限り，調整支援措置と補償措置の両者をあわせて「救済措置」と記す。
6) TAA の正当性をめぐる更に詳細な議論については，久野（2004）を参照のこと。
7) この点につき，Macal（2001）は，TAA が提供する職業訓練に参加した失業者はその他の失業者と比較して再就職できる確率が高いことを示している。
8) 厳密には，2009 年の総選挙に向けた民主党のマニフェストにおいては，戸別所得補償制度の導入と並び「米国との間で自由貿易協定（FTA）の交渉を促進し，貿易・投資の自由化を進める」という公約も記載されていた（民主党，2009）。しかしながら，戸別所得補償制度だけが実施され，米国との間の FTA については実現しなかった。
9) 米国における TAA 導入の経緯や制度の変遷については，久野（2004），Baicker and Rehavi（2004），Rosen（2006, 2011），Hornbeck and Rover（2011），直近の制度については Hornbeck

(2013),米国労働省ウェブサイト (http://www.doleta.gov/tradeact/),米国農務省ウェブサイト (http://www.fas.usda.gov/itp/taa) を参照。

10) 従来行われていた地域コミュニティ向けの TAA は他の施策との重複が指摘され,2011 年の法案で廃止された (Hornbeck, 2013)。

11) Hornbeck (2013) および前述米国労働省ウェブサイトより。年間 12 億ドル (約 1,000 億円) という金額と比較すると,日本のウルグアイ・ラウンド関連農業対策事業の予算 (6 年間で総額約 6 兆円) が如何に莫大な規模であったか,その規模に見合った自由化や構造調整が本当に実現したのか,本当に支援を必要とする農家にどれだけの資金が流れたのか,改めて検証する必要があろう。

12) 欧州委員会ウェブサイト (http://ec.europa.eu/social/main.jsp?catId=326&langId=en) を参照。

13) 米国では,TAA における所得補償が一般の失業保険に上乗せされる形で提供されているが,韓国においては通常の失業保険と TAA に基づく失業保険のいずれかを選択する方式となっている。しかしながら TAA に基づく補償を選択する際には,受給要件を満たすことを示す各種証拠書類の作成が要求されるため,利用者は殆どいないとされる。

14) 同計画は FTA のみならず WTO 農業交渉への対策を含む総合対策として策定された。

15) 韓国国民大学の Hankyoung Sung 博士に対するインタビュー結果による。

16) インターネット上の調査であること,およびモニター会員を対象とする調査であることから,電話調査や郵送調査の場合と同様,何らかのサンプル・セレクション・バイアスが生じている可能性があることに留意する必要がある。

参考文献

Aho, C. Michael and Thomas O. Bayard (1984), "Costs and Benefits of Trade Adjustment Assistance," R.E. Baldwin and A. O. Krueger, ed., *The Structure and Evolution of Recent U.S. Trade Policy*, University of Chicago Press.

Baicker, Katherine and M. Marit Rehavi (2004), "Trade Adjustment Assistance," *Journal of Economic Perspectives*, 18 (2), pp. 239-55.

Bown, Chad P. and Rachel McCulloch (2007), "Trade Adjustment in the WTO System: Are More Safeguards the Answer?," *Oxford Review of Economic Policy*, 23 (3), pp. 415-39.

Davidson, Carl, Steven J. Matusz and Douglas R. Nelson (2007), "Can Compensation Save Free Trade?," *Journal of International Economics*, 71 (1), pp. 167-86.

Fernandez, Raquel and Dani Rodrik (1991), "Resistance to Reform: Status Quo Bias in the Presence of Individual-Specific Uncertainty," *American Economic Review*, 81 (5), pp. 1146-55.

Francois, Joseph, Marion Jansen and Ralf Peters (2011), "Trade Adjustment Costs and Assistance: The Labour Market Dynamics," M. Jansen, R. Peters and J. M. Salazar-Xirinachs, ed., *Trade and Employment: From Myths to Facts*, International Labour Organization.

Hornbeck, J. F. and Laine Elise Rover (2011), "Trade Adjustment Assistance (TAA) and Its Role in US Trade Policy," Congressional Research Service 7-5700, July 19, 2011.

Hornbeck, J. F. (2013), "Trade Adjustment Assistance (TAA) and Its Role in US Trade Policy," Congressional Research Service 7-5700, January 9, 2013.

Inkyo, Cheong and Cho Jungran (2011), "Reforms of Korea's Trade Adjustment Assistance Program for Its Bilateral Free Trade Agreements with the European Union and the United States," *Asian Economic Papers*, 10 (1), pp. 32-55.

Marcal, Leah E. (2001), "Does trade adjustment assistance help trade displaced workers?," *Contemporary Economic Policy*, 19 (1), pp. 59-72.
Mitra, Devashish and Priya Ranjan (2011), "Social Protection in Labour Markets Exposed to External Shocks," M. Bacchetta and M. Jansen, ed., *Making Globalization Socially Sustainable*, International Labour Organization and World Trade Organization.
Rosen, Howard F. (2006), "Trade Adjustment Assistance: The More we Change, the More It Stays the Same," M. Mussa, ed., *C. Fred Bergsten and the World Economy*, Peterson Institute for International Economics.
Rosen, Howard F. (2011), "Trade Adjustment Assistance Works!," Realtime Economic Issues Watch, September 19 2011, Peterson Institute for International Economics.
Schoepfle, Gregory K. (2000), "U.S. Trade Adjustment Assistance Policies for Workers," A. V. Deardorff and R. M. Stern, ed., *Social Dimensions of U.S. Trade Policy*, University of Michigan Press.

奥田聡・渡辺雄一 (2011)「韓国農業と国内支援策の動向」『政策提言研究』2011年2月, アジア経済研究所。
久野新 (2004)「セーフガードと貿易調整支援政策の保管可能性―構造調整促進の観点から―」荒木一郎・川瀬剛志 (編)『WTO体制とセーフガード制度 (RIETI経済政策分析シリーズ)』東洋経済新報社。
深川由紀子 (2007)「米韓自由貿易協定 (FTA) と韓国の農業支援策―国内の反応等を中心に―」主要国の農業情報調査分析報告書 (平成19年度), 農林水産省。
民主党 (2009)「民主党の政権政策 Manifesto」, 2013年3月11日, http://www.dpj.or.jp/policies/manifesto2009 よりダウンロード。
山澤逸平 (1981)「繊維産業の構造調整と輸入政策」『一橋論業』第85巻, 第5号, 621-640ページ。
山澤逸平 (1984)「繊維産業」, 小宮隆太郎・奥野正寛・鈴村興太郎 (編)『日本の産業政策』東京大学出版会。

第Ⅱ部
新たな通商立国の条件

第5章

東アジアの生産ネットワーク
―域内でのさらなる深化と他地域との結びつき―

はじめに

　国際分業体制は世界各地で大きく変化している。機械産業における国際的な生産ネットワークは，とりわけ1990年代以降，東アジア，北米，ヨーロッパを中心に発展してきた。東アジアでは，所得水準の異なる多くの途上国を巻き込む形で生産ネットワークが構築されてきたのに対し，北米の場合にはアメリカとメキシコとの間，ヨーロッパでは西欧と中東欧の間という，先進国と途上国との間の比較的シンプルな形での国際分業体制が形成されてきた。

　このような生産工程レベルでの国際分業は，通常，地理的に近い域内で形成される。国際分業が域外へと広がれば，生産工程の地理的な乖離に伴って輸送費や通信費などの物理的な費用が増加するのみならず，生産工程間のコーディネートや望ましいタイミングでの部品調達などもより一層難しくなる。質の高いロジスティクスリンクがなければ，そのような国際分業の展開は実現しない。

　しかし，近年，地理的な枠を大きく超えた部品・中間財の取引も活発になりつつある。なかでも，東アジアからの部品・中間財の供給は，北米やヨーロッパでの生産において重要な役割を果たしている。両地域は，東アジアの生産ネットワークにとって重要な最終消費地であるという消費面でのつながりを維持しつつ，生産面での結びつきを強化しているのである。

　本章では，東アジアの機械産業を中心とした生産ネットワークに着目し，細品目レベルでの貿易データを用いて，東アジア域内での国際分業体制がどのように深化しているのか，また，域外の生産ネットワークとどのようなつながり

があるのかを見ていく。次節では，世界金融危機以降の変化に焦点をあて，東アジア域内での深化について議論する。第2節および第3節では，このような東アジアの生産ネットワークが北米やヨーロッパの生産ネットワークとどのように結びついているかを検証する。第4節においては，生産ネットワークをさらに発展させていくためには何が重要であるかを議論し，本章を締めくくる。

第1節　東アジア域内での深化

第5-1図は，2010年時点での各国の輸出あるいは輸入に占める機械貿易の割合を，部品・中間財の輸出比率の高い国から順に並べたものである。この図から，東アジアの多くの国が左側に固まっており，輸出入ともに高い部品・中

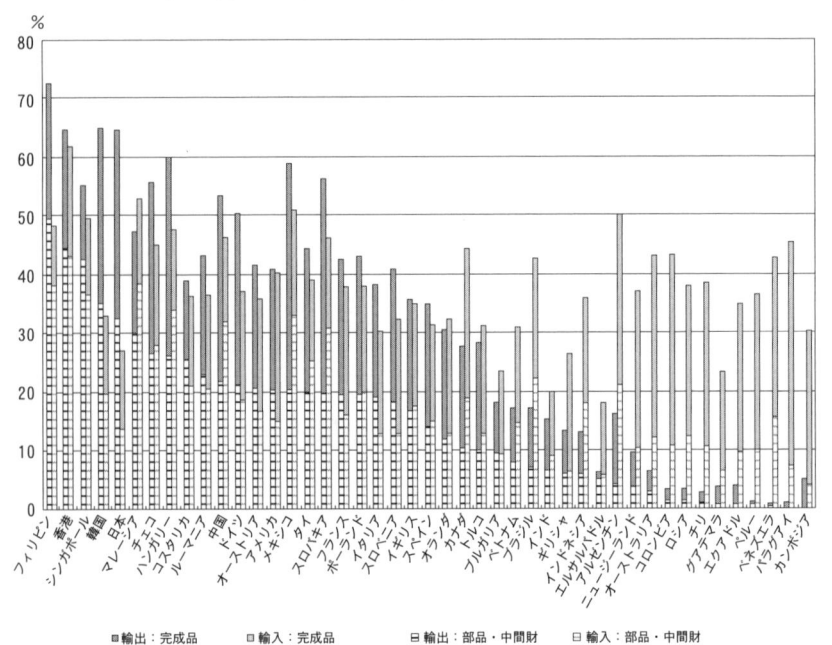

第5-1図　2010年における各国の機械貿易比率（対貿易総額）

（出所）　Ando and Kimura (2013a) の図をもとに一部抜粋。

間財比率を有していることが見てとれる。1990年代初頭と比べると，大きな違いが2つある。第1に，東アジアに限らず，多くの国で部品・中間財貿易が拡大し，機械貿易の割合が格段に増加している。第2に，1990年代初頭に高い部品輸出比率を示していた国は先進国が多いのに対し，2010年時点では東アジア諸国が多い。つまり，東アジアでは，機械貿易，なかでも機械部品貿易が他地域にも増して急速に拡大し，部品・中間財の双方向取引が活発である。

第5-1表 東アジア9カ国による機械貿易：域内貿易パターン

輸出先/輸入元	輸出 2007	2008	2009	2010	2011	輸入 2007	2008	2009	2010	2011
(a) 部品・中間財										
金額(名目)：2007年=1										
世界	1.00	1.06	0.94	1.19	1.31	1.00	1.05	0.91	1.19	1.27
域内（東アジア15）	1.00	1.04	0.95	1.19	1.30	1.00	1.04	0.90	1.22	1.28
比率：対世界=100										
域内（東アジア15）	63.9	62.4	65.1	64.0	63.5	69.9	69.3	69.3	71.3	70.7
中国	20.9	20.9	23.6	22.0	22.8	14.2	15.1	15.3	15.1	15.7
ASEAN10	15.7	15.1	14.8	15.0	14.1	17.2	16.7	16.4	17.1	16.4
ASEAN4	10.5	10.3	9.7	9.8	9.3	12.5	11.7	11.1	11.9	11.2
CLMV	0.7	0.9	1.1	1.1	1.3	0.3	0.4	0.4	0.5	0.6
NIEs4	26.2	24.7	25.6	26.3	25.2	28.2	27.0	27.9	28.7	28.2
日本	5.7	5.6	5.1	4.8	4.8	14.7	15.1	14.6	15.1	15.0
(b) 完成品										
金額(名目)：2007年=1										
世界	1.00	1.11	0.91	1.16	1.29	1.00	1.11	0.99	1.28	1.54
域内（東アジア15）	1.00	1.12	0.99	1.32	1.52	1.00	1.12	0.97	1.29	1.51
比率：対世界=100										
域内（東アジア15）	30.4	30.6	33.3	34.7	35.8	58.7	59.0	57.2	59.0	57.8
中国	6.2	6.2	6.6	7.4	7.5	23.4	23.1	24.5	25.3	25.5
ASEAN10	8.4	9.1	9.9	9.6	10.2	13.3	14.5	13.8	13.2	12.6
ASEAN4	4.6	5.0	5.1	5.5	5.7	9.9	10.2	9.9	10.0	9.1
CLMV	0.9	1.1	1.3	1.3	1.5	0.3	1.3	0.5	0.5	0.7
NIEs4	14.6	14.3	15.6	15.8	16.2	11.4	10.7	10.4	10.0	10.6
日本	4.2	4.1	4.7	4.7	4.8	13.6	13.7	11.8	13.2	12.0

（注）　域内貿易相手国は東アジア15カ国である。
（出所）　Ando（2013）の表をもとに一部抜粋。

2008年秋に世界金融危機が勃発すると，東アジアの生産ネットワークもその負の影響を受けた。月次レベルで見れば，東アジアの機械貿易も一時的に大きく落ち込んだ。しかし，興味深いのはその後の驚異的な回復の速さである。

第5-1表の貿易額（2007年の値を基準に指数化したもの）が示すように，年次レベルで見れば落ち込みはそれほど大きくない。東アジアの生産ネットワークは，むしろ，ショックに対する頑強性を呈したのである[1]。

東アジアの生産ネットワークにとっての最終財市場は欧米だけではない。2011年の完成品輸出は，対世界では2007年の約3割増しにとどまっているものの，東アジア域内向けにおいては5割増しである。その結果，域内輸出比率は30%から36%へと増加している。依然として欧米は重要な市場ではあるものの，近年域内需要が急速に拡大し，東アジアは，生産地としてのみならず，消費地としてもその重要性を増している。

また，機械部品・中間財貿易の域内での構成比も変化しつつある。域内比率は輸出で64%，輸入で7割程度と2007年からの5年間でほとんど変化していないが，貿易額自体は輸出入ともに3割ほど増加し，域内取引は活発化してい

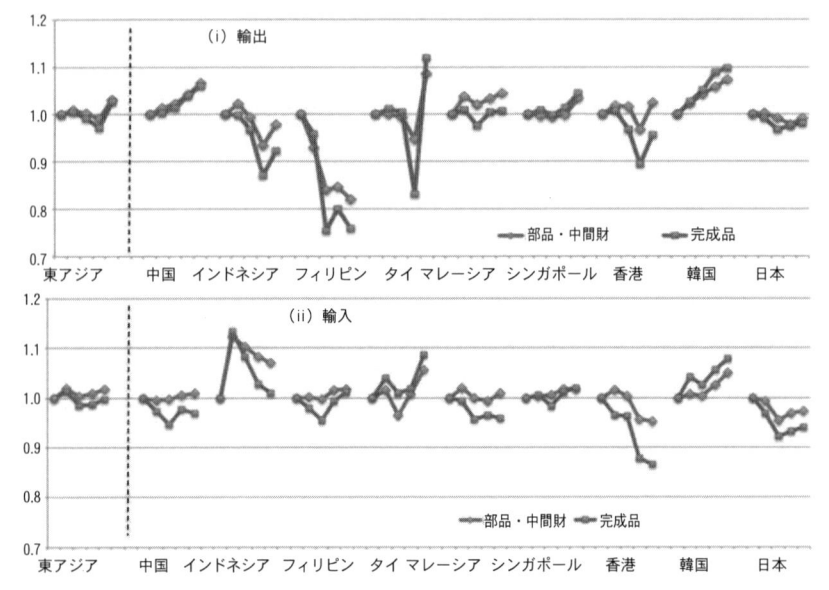

第5-2図　東アジア9カ国の域内機械貿易における品目別相手国別項目数：2007年-2011年（2007年=1）

(i) 輸出

(ii) 輸入

（注）　域内貿易相手国は東アジア15カ国である。項目数は2007年の値を基準として指数化したものである。
（出所）　Ando（2013）のデータをもとに作成。

る。しかし，その内訳をみると，中国やCLMV（カンボジア，ラオス，ミャンマー，ベトナム）の割合が若干あがるなど，その構成比に変化が見られる[2]。域内での深化を検証するために，関税分類HS6桁レベルでの品目別かつ相手国別の取引項目数を見てみたい。第5-2図は，東アジア9カ国による機械輸出あるいは輸入の項目数（2007年の値を基準に指標化したもの）について，2007年からの5年分を図示したものである。東アジア全体の動向を見ると，とりわけ輸出において，項目数が増加しているのがわかる。つまり，既に貿易のあった品目や国との取引の拡大のみならず，新しい取引関係の構築を通じて，域内貿易額が拡大していると考えられる。

ただし，国ごとに見れば，例えば，中国や韓国の項目数は増加傾向にある一方で，フィリピンの項目数は減少傾向にある。より詳細な動向を把握するために輸出先や輸入元を区別して項目数を示したのが第5-3図である[3]。紙面の都合上，ASEAN4カ国とNIEs3カ国[4]をまとめて示しているが，この図からも，CLMVとの新たな取引関係が急速に構築されているのは明らかである[5]。

第5-3図　東アジア各国/地域の域内機械貿易における品目別相手国別項目数（輸出先/輸入元別）：2007年-2011年（2007年＝1）

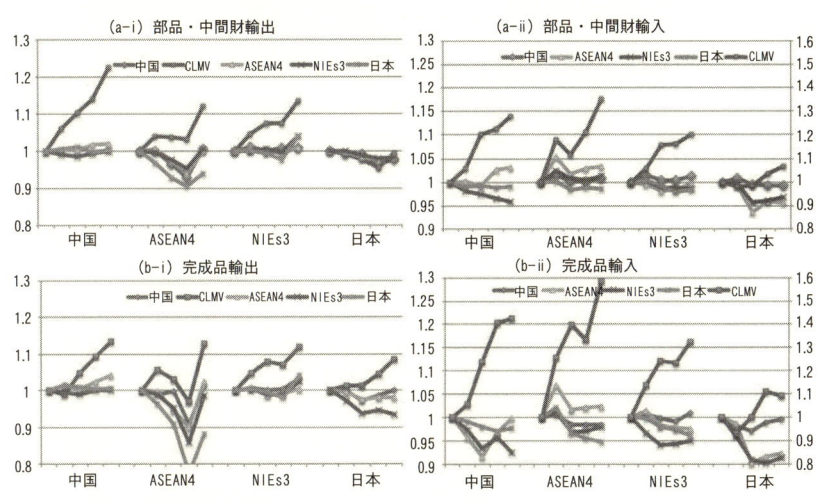

(データ出所)　Ando (2013) のデータをもとに作成。
(注)　東アジア各国/地域とは、中国、ASEAN4カ国、NIEs3カ国、日本である。輸入の図のCLMVの値は右側の軸に基づく。

これらの国々が，他の東アジア諸国との輸出入を通じて域内の生産ネットワークに参加しつつあると示唆される。なかでもベトナムと中国，ベトナムとASEAN 4 とのリンクが強化されつつあり，近年いかに急速にベトナムが域内の生産ネットワークに参入しつつあるかが伺える。また，中国は，域内，とりわけASEAN 諸国から輸入した部品・中間財を用いて生産した完成品を供給する傾向を強化し，韓国は域内の生産ネットワークにおいてより活発なプレーヤーになりつつある[6]。このように，東アジア域内での国際分業体制は，新しい取引形態を構築しながら，さらなる深化を遂げている。

第 2 節　北米の生産ネットワークとのリンク

アメリカと東アジアはもともとつながりが強く，1990 年代初頭の時点で，アメリカの機械輸入の約半分，電気電子に限れば 6 割前後が東アジアからの輸入である（第 5-2 表）。また，機械輸入の項目数を 1991 年から 5 年ごとに図示した第 5-4 図を見ると，アメリカの東アジアからの輸入項目数は増加している。したがって，アメリカは，新たな取引関係も構築しながら，東アジアとのつながりをさらに強化していると考えられる。

興味深いのは，そのような直接的な結びつきを維持しつつ，メキシコを介して東アジアとのリンクを強化しているという点である[7]。メキシコに着目すると，東アジアからの機械輸入額は 1991 年からの 20 年間で大幅に拡大し，東アジアからの輸入割合は 1 割以下から 4 割強へと増加している。とりわけ電気電子部品の場合，同比率はほぼ 6 割に達する勢いで伸びている。また，メキシコの東アジアからの部品輸入項目数は，1994 年に発効された北米自由貿易協定（North American Free Trade Agreement: NAFTA）締結以降，著しく増加している。さらに，メキシコの完成品輸出の大部分はアメリカ向けであり，アメリカから見てもメキシコからの完成品輸入割合は 1 割未満から 2 割近くへと増加している。NAFTA 締結やマキラドーラや PROSEC のような税制面での優遇制度を受けてアメリカとメキシコの分業体制がより一層強化され，その中で，東アジアからメキシコへの部品供給の重要性が増す形で，メキシコを介

第5章 東アジアの生産ネットワーク 79

第5-2表 北米各国における機械貿易パターン：アメリカとメキシコのケース

			機械産業						電機電子産業				
	輸入元/輸出先		i) 輸入			ii) 輸出			i) 輸入			ii) 輸出	
			合計	部品	完成品	合計	部品	完成品	合計	部品	完成品	合計	部品	完成品
アメリカ														
金額	1991 世界		232.2	93.1	139.1	222.3	111.6	110.7	62.4	33.0	29.4	49.1	33.8	15.4
(10億US$)	2011 世界		881.1	334.1	547.1	577.7	279.7	298.0	281.6	109.8	171.9	157.8	97.6	60.1
金額指標	2011 世界		3.8	3.6	3.9	2.6	2.5	2.7	4.5	3.3	5.8	3.2	2.9	3.9
(1991=1)	2011 東アジア		3.7	3.7	3.7	2.6	2.7	2.5	4.3	3.1	5.3	3.3	3.3	3.3
	2011 メキシコ		9.4	6.5	12.5	5.1	5.0	5.4	6.6	4.2	10.2	5.0	4.2	8.2
	2011 カナダ		2.1	1.9	2.2	2.6	2.0	3.3	1.7	1.1	3.4	2.6	1.8	4.3
比率	1991 東アジア		47.7	41.3	52.0	20.6	21.3	19.9	60.7	52.4	70.1	28.2	30.8	22.4
(対世界(%))	1991 メキシコ		6.9	8.9	5.5	7.7	10.6	4.8	13.2	14.9	11.4	12.9	15.0	8.3
	1991 カナダ		17.9	16.9	18.6	22.3	24.5	20.1	8.0	11.7	3.9	21.3	21.9	19.8
	2011 東アジア		46.8	43.0	49.2	20.6	23.1	18.3	57.7	49.5	63.0	29.0	35.1	19.0
	2011 メキシコ		17.0	16.1	17.6	15.1	21.0	9.6	19.5	18.8	19.9	20.1	21.8	17.3
	2011 カナダ		9.9	9.2	10.3	22.2	19.9	24.4	2.9	3.9	2.3	16.9	14.0	21.6
メキシコ														
金額	1991 世界		13.8	5.3	8.5	8.6	3.1	5.4	3.9	1.8	2.1	0.9	0.5	0.4
(10億US$)	2011 世界		171.4	110.2	61.2	195.0	69.2	125.8	75.2	53.1	22.1	70.9	29.1	41.8
金額指標	2011 世界		12.5	20.9	7.2	22.8	22.1	23.2	19.5	29.8	10.7	81.7	61.3	106.4
(1991=1)	2011 東アジア		55.9	129.8	26.9	59.3	59.4	59.2	72.5	179.7	28.5	147.9	109.1	212.9
	2011 アメリカ		7.6	12.4	4.4	23.8	26.5	22.4	9.6	13.7	6.2	86.6	67.0	111.2
	2011 カナダ		17.0	23.7	12.4	18.2	15.5	19.9	11.2	11.8	10.4	121.1	81.1	137.8
比率	1991 東アジア		9.5	7.0	11.1	0.7	0.7	0.7	15.0	9.5	19.8	0.9	1.1	0.8
(対世界(%))	1991 アメリカ		61.4	64.0	59.7	79.4	73.1	83.0	55.4	55.3	55.5	80.3	81.6	78.9
	1991 カナダ		1.6	1.7	1.5	4.6	4.9	4.4	1.7	2.0	1.4	2.5	1.4	3.9
	2011 東アジア		42.6	43.3	41.2	1.7	1.8	1.7	55.9	57.1	53.0	1.7	1.9	1.5
	2011 アメリカ		37.3	37.9	36.3	82.8	87.6	80.2	27.4	25.4	32.3	85.2	89.2	82.4
	2011 カナダ		2.1	1.9	2.6	3.6	3.4	3.8	1.0	0.8	1.4	3.8	1.8	5.1

(注) カナダについては Ando and Kimura (2013b) を参照のこと。
(出所) Ando and Kimura (2013b) の表をもとに一部抜粋。

して北米と東アジアの生産ネットワークの結びつきが強化されてきたと考えられる。

　Ando and Kimura (2013b) では，北米3カ国の機械輸入に関してグラビティモデルを行い，東アジアダミーや，東アジアダミーと北米3カ国のダミーの交差項を用いて，このような関係を統計的に検証している。第5-3表は，その結果の一部を抜粋したものであるが，特にメキシコと東アジアのリンクが強まっていることが確認できよう。また，貿易総額について分析した (a) から (c) 以外に，貿易総額を品目数 (extensive margin) と一品目あたりの金額 (intensive margin) に分解した分析もある。メキシコと東アジアの交差項の

第5-4図　北米3カ国の機械貿易における品目別相手国別項目数：1991年-2011年（アメリカ（あるいはカナダ）の1991年＝1）

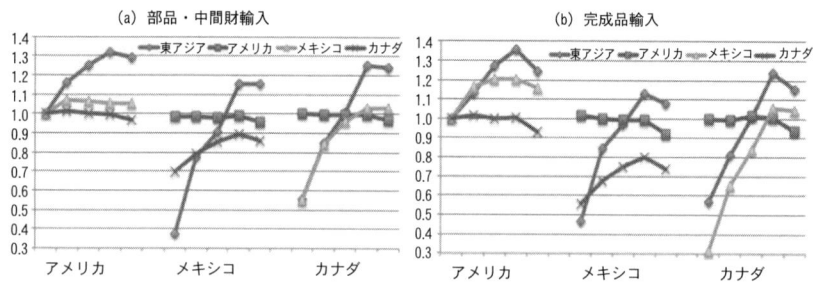

(a) 部品・中間財輸入

(b) 完成品輸入

（データ出所）　Ando and Kimura (2013b)。
（注）　データは1991年から5年ごとの値を示している。項目数は1991年のアメリカの値（アメリカからの輸入に関してはカナダの値）を基準として指標化したものである。

第5-3表　北米の機械部品・中間財輸入：グラビティモデル推計

	1991	2011	1991	2011
	機械産業		電気電子産業	
a) ベンチマーク	(1)	(2)	(3)	(4)
距離	-0.89 ***	-0.41 **	-0.84 ***	-0.22
GDPi	1.21 ***	0.73 ***	1.23 ***	0.50 ***
GDPj	1.12 ***	1.10 ***	0.98 ***	0.86 ***
GDPpcij(i>j)	0.18	0.04	0.44 *	0.10
GDPpcij(i<j)	0.25 **	0.05	0.52 **	0.08
定数	-37.96	-26.64 ***	-38.44 ***	-16.50 **
b) (a)+東アジアダミー（抜粋）	(1)	(2)	(3)	(4)
東アジア	1.51 ***	1.43 ***	2.32 ***	2.29 ***
c) (a)+ 東アジアダミーと北米各国ダミーの交差項（抜粋）	(1)	(2)	(3)	(4)
東アジア*アメリカ	1.74 ***	1.39 ***	2.61 ***	2.20 ***
東アジア*メキシコ	-0.44 *	2.19 ***	0.12	3.41 ***
東アジア*カナダ	1.01 ***	0.56 **	1.32 ***	1.02 **
d) Extensive/intensive margin別：(a)+東アジアダミー（抜粋）	(1)EX	(1)IN	(2)EX	(2)IN	(3)EX	(3)IN	(4)EX	(4)IN
東アジア	0.16	1.80 ***	0.15 ***	1.65 ***	0.42 **	2.48 ***	0.21 ***	2.48 ***
e) Extensive/intensive margin別：(a)+ 東アジアダミーと北米各国ダミーの交差項（抜粋）	(1)EX	(1)IN	(2)EX	(2)IN	(3)EX	(3)IN	(4)EX	(4)IN
東アジア*アメリカ	0.18	2.06 ***	0.13	1.65 ***	0.43	2.77 ***	0.21 **	2.40 ***
東アジア*メキシコ	-0.04	-0.26	0.09	2.42 ***	0.22	0.27	0.15 **	3.80 ***
東アジア*カナダ	0.28	1.25 ***	0.25 ***	0.65 *	0.56 *	1.57 ***	0.29 ***	1.21 **

（データ出所）　Ando and Kimura (2013b) の表から一部抜粋。
（注）　GDPi(j)はi(j)国のGDPを、GDPpcij(i>j)は一人あたりGDPの差の絶対値（i国の値がj国の値より大きいケース）を、GDPpcij(i<j)は一人あたりGDPの差の絶対値（j国の値がi国の値より大きいケース）を示している。また、"EX"と"IN"はextensive marginとintensive marginを指す。***、**、*は1％水準、5％水準、10％水準での統計的有意性を示す。詳細については、Ando and Kimura (2013b)を参照のこと。

結果を見ると，例えば電気電子産業における 2011 年の分析では，1991 年の分析とは異なり，品目数と一品目あたりの金額のいずれについても統計的に有意になっている。つまり，単純に既存の取引関係を強化しただけではなく，新規取引の構築を通じてメキシコの東アジアからの輸入が増加し，東アジアの生産ネットワークが北米の国際分業体制において重要な地位を占めるようになってきたと示唆される。

第 3 節　ヨーロッパの生産ネットワークとのリンク

　冒頭でも触れたように，ヨーロッパでは西欧の先進国と中東欧の途上国の間での分業体制は見受けられたものの，中東欧側に十分な産業集積が発展しておらず，中東欧諸国間での取引はあまり活発ではなかった。しかし，第 5-4 表が示すように，中東欧諸国間の取引は，輸出入ともに 1995 年からの 15 年間で 10 倍以上に拡大している。さらに，電気電子産業のみに限れば同取引は 20 倍〜30 倍に拡大し，その結果，中東欧諸国間での取引比率は輸入で 5 ％から 12％へ，輸出では 9 ％から 15％へと上昇している。また，第 5-5 図は，機械輸入について，1995 年時点で中東欧 5 カ国の中で最も項目数の多いチェコの値を基準として指標化した項目数を示したものであるが，他の中東欧諸国からの輸入項目数をみると，2000 年から 2005 年にかけて大幅に上昇している国が多い。これは，2004 年の欧州連合（European Union: EU）拡大に伴って国際分業体制が大きく変化し，中東欧側の産業集積も発展してきたためだと考えられる。

　また，中東欧の東アジアからの部品・中間財輸入比率は 1995 年の 6 ％から 2010 年の 34％へ，電気電子部品にいたっては 10％から 45％へと急激に増加している。電気電子部品について国別にみると，ポーランドにおいてはなんと 6 割を超える水準に達している。さらに，第 5-5 図から明らかなように，中東欧諸国による東アジアからの輸入項目数は著しく増加している。特にポーランドの場合，2000 年時点では中東欧 5 カ国の中で最も少なかったにもかかわらず，2005 年になると同時期のチェコの水準をもはるかに上回るほどに増加してい

第5-4表　中東欧5カ国における機械貿易パターン

	輸入元/輸出先	機械産業 i) 輸入 合計	部品	完成品	ii) 輸出 合計	部品	完成品	電機電子産業 i) 輸入 合計	部品	完成品	ii) 輸出 合計	部品	完成品
金額 (10億US$)	1995 世界	30.0	12.7	17.3	18.1	9.7	8.4	8.1	5.2	2.9	5.6	4.3	1.3
	2010 世界	217.0	131.3	85.7	256.2	113.5	142.7	91.1	63.2	27.9	98.0	41.7	56.2
金額指標 (1995=1)	2010 世界	7.2	10.3	5.0	14.2	11.8	17.0	11.3	12.1	9.8	17.5	9.7	42.9
	2010 東アジア	26.3	55.9	13.2	15.7	15.8	15.6	38.8	56.9	21.3	17.5	10.7	45.5
	2010 西欧	4.6	6.8	2.9	13.8	10.8	18.5	5.4	5.9	4.2	13.5	7.4	41.3
	2010 中東欧	11.8	11.5	12.2	13.4	13.3	13.5	24.5	18.5	36.1	29.8	23.7	40.0
比率 (対世界(%))	1995 東アジア	8.7	6.3	10.4	2.9	2.7	3.3	12.6	9.5	18.1	2.5	2.7	2.1
	1995 西欧	59.0	61.8	56.9	51.6	58.6	43.6	55.8	61.4	45.6	63.2	67.8	48.5
	1995 中東欧	6.5	8.7	4.8	12.8	12.6	13.1	5.3	5.4	5.1	8.9	7.3	14.1
	2010 東アジア	31.5	33.9	27.9	3.3	3.6	3.0	43.2	44.9	39.5	2.5	2.9	2.3
	2010 西欧	37.7	40.5	33.5	50.3	53.8	47.5	26.8	29.9	19.8	48.9	51.7	46.7
	2010 中東欧	10.5	9.6	11.9	12.1	14.2	10.4	11.5	8.3	18.7	15.1	17.8	13.2

（データ出所）　Ando and Kimura（2013a）の表から一部抜粋。
（注）　輸入元/輸出先としての西欧は9カ国である。詳細については、Ando and Kimura（2013a）を参照のこと。

第5-5図　中東欧5カ国の機械貿易における品目別相手国別項目数：1995年-2010年（チェコの1995年＝1）

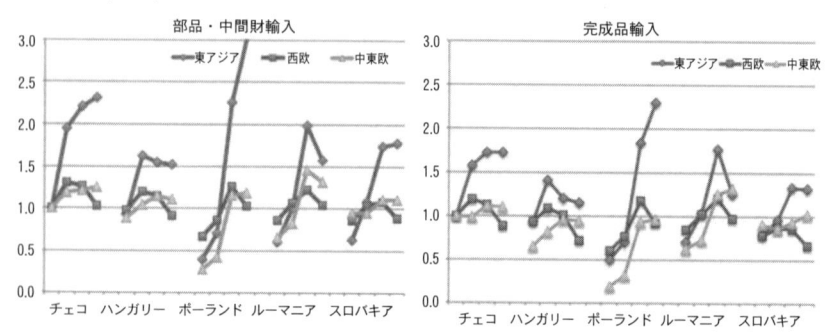

（データ出所）　Ando and Kimura（2013a）。
（注）　データは1995年から5年ごとの値を示している。項目数は1995年のチェコの値を基準として指標化したものである。

る。したがって，単純に既存の取引品目の貿易の拡大のみならず，新たな品目や国との取引関係の構築を通じて，東アジアから中東欧への部品供給が急速に拡大したと考えられる。東アジアの生産ネットワークが中東欧を介してヨーロッパの生産においていかに重要な役割を果たしているかがわかるだろう。

このように，ヨーロッパの生産ネットワークは，EU拡大以降，先進国と途

上国間という単純な国際分業体制から広義の意味での域内分業体制へと発展し，さらにはヨーロッパという地域の枠を超えて，中東欧を介して東アジアの生産ネットワークとの結びつきを強化しつつある。なお，本章では省略するが，グラビティ・モデル推計の結果からも，中東欧 5 カ国による機械輸入，とりわけ機械部品輸入において，東アジアの重要性が高まっていることが統計的にも確認できる[8]。

第 4 節　最後に

　本章では，機械産業，なかでも電気電子産業において，地域という枠を超えた生産面での結びつきが強化されつつあり，北米やヨーロッパの生産ネットワークにおいて東アジアの重要性がいかに高まっているかを議論してきた。機械産業といっても，産業の特性によって国際分業体制は異なる。標準化されたものや小さくて軽量な部品・中間財が多い電気電子産業においては，物理的な距離を隔てた取引が比較的容易であるのに対し，より産業集積を好み，輸送費も高い輸送機器産業では，近場の域内での取引が中心となる。しかし，そのような輸送機器産業においても，電気電子産業ほどではないものの，メキシコや中東欧諸国による東アジアからの部品輸入は確実に増加している。

　東アジアの生産ネットワークが他地域の生産において重要な地位を占めるようになった背景には，輸送費などのサービス・リンク・コストの低下に加え，双方向の多国籍企業による活動の活発化（アメリカ企業による東アジアへの直接投資と北米市場を狙う日本や韓国などの企業によるメキシコへの直接投資や，西欧企業による東アジア進出とヨーロッパ市場を狙う日本や韓国などの企業による中東欧進出），生産ベースとしての東アジアの競争力の強化，途上国側の産業集積の発展，通商政策の変化などの要因があると考えられる。

　国際分業体制のさらなる活発化のためには，より一層のサービス・リンク・コストの削減が重要であり，様々な政策環境も必要不可欠である。例えば輸送費と言っても，単に金銭面でのコストのみならず，時間コストやロジスティクス面での確実性も考慮しなくてはいけない。関税のみならず，非関税措置の削

減・撤廃，通関の効率性アップや関連サービスの自由化などを通じた貿易円滑化，サービスや投資の自由化・円滑化，経済制度の調和，電力供給などの経済インフラの整備，知的所有権や競争政策の改善なども重要である．このような政策環境を整える上で，域内のみならず地域を超えて展開されるFTAをうまく活用するメリットも小さくはないはずである．

（安藤　光代）

注

1) 世界金融危機や東日本大震災という需要面や供給面でのショックに直面した際の東アジアの生産ネットワークの頑強性については，Ando and Kimura (2012) が日本の貿易データを用いて詳細な分析を行っている．
2) CLMV比率の増加は，ベトナムによる貢献が大きい．
3) 第5-3図では，輸出先/輸入元として，中国，CLMV，ASEAN4（インドネシア，フィリピン，マレーシア，タイ），NIEs4（韓国，台湾，香港，シンガポール），日本ごとに項目数を指標化している．
4) NIEs3カ国とは，NIEs4カ国のうち台湾をのぞく3カ国である．
5) CLMVの場合，2007年時点での項目数が小さいため，2007年の値を基準とした指標は，項目数の増加に伴い，大きくなりやすい．
6) 輸出先や輸入元を区別した項目数に基づく分析の詳細については，Ando (2013) を参照のこと．
7) メキシコは例外であるが，ほとんどの中南米諸国は輸入代替型のオペレーションを行っており，機械輸入はある程度あるものの機械部品輸出比率が著しく低いため，第5-1図では右の方に固まっている．
8) 詳細については，Ando and Kimura (2013a) を参照のこと．

参考文献

Ando, Mitsuyo (2013), "Development and Restructuring of Regional Production/Distribution Networks in East Asia," ERIA Discussion Paper, No. 2013-33.

Ando, Mitsuyo and Fukunari Kimura (2012), "How Did the Japanese Exports Respond to Two Crises in the International Production Network?: The Global Financial Crisis and the Great East Japan Earthquake," *The Asian Economic Journal*, Vol. 26 No.3, pp259-285.

Ando, Mitsuyo and Fukunari Kimura (2013a), "Production Linkage of Asia and Europe via Central and Eastern Europe," *Journal of Economic Integration* Vol.28 No.2, pp.204-240.

Ando, Mitsuyo and Fukunari Kimura (2013b), "Evolution of Machinery Production Networks: Linkage of North America with East Asia," ERIA Discussion Paper No. 2013-32, Forthcoming in *Asian Economic Papers*.

第6章

日本の国際収支：貿易立国から投資立国へ

はじめに

　日本の国際収支統計において，かつては貿易黒字が巨額であることが特徴的であった。しかし，現在では貿易収支は赤字となり，投資所得を記録する第一次所得収支の黒字が代わって日本の経常収支黒字の主要因となっている。日本が「投資立国」となったのは，第一次所得収支黒字額が貿易収支黒字額を上回った2000年代中頃だと言ってよいであろう。そして，貿易収支が赤字となった今，日本は「投資立国」であることを意識して，その立場を強固にすることで，日本居住者の所得引き上げに役立てることができる。

　本章では，まず国際通貨基金（International Monetary Fund: IMF）の新しい国際収支マニュアルである第6版に基づく国際収支統計の見方を説明する。次に，日本の国際収支統計において，かつての巨額の貿易黒字に代わって，現在では投資所得を記録する第一次所得収支の黒字が特徴的であることを紹介する。そして，国内総生産（Gross Domestic Product: GDP）の2012年における世界上位7カ国を例にとり，対外資産・負債総額の大きさや構成，そして投資収益率を確認することを通じて，日本の投資所得の現状を把握し，日本において投資所得をさらに引き上げるための方策を検討する。

第1節　国際収支統計

1. 国際収支統計の主要項目

　国際収支統計とは，ある期間内における国内居住者と外国居住者の間の経済

取引を体系的に記録したものである。国際収支統計の主要構成項目とその意味について，第6-1表の2012年における日本とその他主要国の国際収支を例に見てみよう。

第6-1表 日本とその他主要国の国際収支統計：2012年

	金額 （単位　億米ドル）	対GDP比				
	日本	日本	アメリカ	イギリス	中国	ドイツ
経常収支	609	1.0%	−2.7%	−3.8%	2.3%	7.0%
貿易収支	−535	−0.9%	−4.6%	−6.9%	3.9%	6.9%
（輸出）	7,766	13.0%	9.6%	19.2%	24.0%	42.6%
（輸入）	−8,301	−13.9%	−14.2%	−26.1%	−20.1%	−35.6%
サービス収支	−505	−0.8%	1.3%	4.5%	−1.0%	−1.0%
第一次所得収支	1,792	3.0%	1.4%	0.1%	−0.5%	2.4%
第二次所得収支	−143	−0.2%	−0.8%	−1.5%	0.0%	−1.4%
資本移転等収支	−10	0.0%	0.0%	0.2%	0.1%	0.0%
金融収支	639	1.1%	−2.7%	−3.5%	1.4%	8.8%
誤差脱漏	41	0.1%	0.0%	0.1%	−1.0%	1.8%

（注）　項目はIMF国際収支マニュアル第6版に基づく。
　　　 中国のデータには香港、マカオ、台湾は含まない。
（資料）　国際収支統計はIMF「Balance of Payments Statistics Yearbook」、GDPはWorld Bank「World Development Indicators」から作成。

　IMFが2008年に公開した国際収支マニュアル第6版であるIMF（2009）によると，国際収支統計の最も大きな分類は，経常収支，資本移転等収支，金融収支の3つである。経常収支については，さらに貿易・サービス収支，第一次所得収支，第二次所得収支の3つに分かれている。第6-1表では，貿易・サービス収支を貿易収支とサービス収支に分け，貿易収支は輸出と輸入に分けている。金融収支についても，第6-1表には記載していないが，直接投資，証券投資，金融派生商品，その他投資，外貨準備の5つに分かれている。

　経常収支の内訳項目のうち，貿易収支は商品の貿易を，サービス収支はサービスの貿易を，第一次所得収支は労働所得や利子・配当金の受け渡しを，第二次所得収支は無償資金援助や海外で働く労働者の本国送金などを，それぞれ扱う。第一次所得収支と第二次所得収支はIMF国際収支マニュアル第6版で新たに使われた用語であり，これらは国際収支マニュアル第5版における所得収支と経常移転収支にそれぞれ対応する。

資本移転等収支は，対価を求めない資産の無償取引や，土地，特許権，著作権などの非金融非生産資産の取引などを計上する項目である。また，金融収支は金融資産の受け払いが記録される。この金融収支には，通貨当局の管理下にあってすぐに利用可能な対外資産である外貨準備の増減も含まれる。最後に，誤差脱漏は統計上の誤差や脱漏と思われる金額である。

2. 国際収支統計の記載方法

国際収支統計は複式計上の原理に基づいて記録され，すべての国際取引は複式簿記のように「貸方（credit）」と「借方（debit）」に同額が記載される。貸方には，財やサービスの輸出，所得の受け取り，対外資産の減少，対外負債の増加などが記載される。また，借方には，財やサービスの輸入，所得の引き渡し，対外資産の増加，対外負債の減少などが記載される。

また，国際収支統計では，経常収支と資本移転等収支については「貸方（credit）」と「借方（debit）」が表出され，金融収支では「資産（assets）」と「負債（liabilities）」，あるいは同じものであるが数字の意味をより正しく反映させた表現である「資産純増（net acquisition of financial assets）」と「負債純増（net incurrence of liabilities）」が表出される[1]。そして，ネット収支の算出方法は，経常収支と資本移転等収支は「貸方－借方」，金融収支

第6-2表　日本の国際収支統計の記載例

非居住者との関係	貸方（credit）	借方（debit）	ネット収支
財・サービス	輸出	輸入	
所得	受け取り	引き渡し	
金融資産（対外債権）	減少	増加	
金融負債（対外債務）	増加	減少	
事例1：日本の電機メーカーの輸出			
貿易収支	300万ドル		300万ドル
金融収支		300万ドル	300万ドル
事例2：アメリカ国債からの利子収入			
第一次所得収支	50万ドル		50万ドル
金融収支		50万ドル	50万ドル
事例3：外国居住者との金融資産の取引			
金融収支	300万ドル	300万ドル	（変化なし）

（出所）　筆者作成。

は「資産−負債」あるいは「資産純増−負債純増」となる。

　日本における3つの事例から，国際収支統計の記載方法を確認しよう。第6-2表の事例1は，日本の電機メーカーがアメリカに300万ドル分の商品を輸出し，その代金を手形で受け取る取引である。日本からアメリカに引き渡される商品は，貿易収支の貸方に記載される。また，アメリカから受け取る代金相当の手形は金融資産の受け取りであり，金融収支の借方に記載される。ネット収支は，貿易収支ではプラス300万ドル（貸方の増加），金融収支ではプラス300万ドル（資産の増加）である。

　次に，事例2は，日本の保険会社が保有するアメリカ国債（財務省証券）から利子収入50万ドルを得て，銀行口座に振り込ませる取引である。日本がアメリカから受け取った金融資産である利子収入は，金融収支の借方に記載される。同時に日本は，この所得50万ドルの受け取りを，定義により第一次所得収支の貸方にも記載する。ネット収支は，第一次所得収支ではプラス50万ドル（貸方の増加），金融収支ではプラス50万ドル（資産の増加）である。

　最後に，事例3は事例1の続きで，アメリカから得た手形の決済が終わり，銀行口座に振り込まれた300万ドルを使って，日本の電機メーカーが関係強化のためアメリカの電機メーカーの株式を購入したとする。この取引では，日本はアメリカから株式300万ドル分を受け取ったので，同額が金融収支の借方に記載される。同時に，日本からアメリカに代金300万ドルが払い出されたので，これは金融資産の外国への引き渡しであり，同額が金融収支の貸方に記録される。この結果，金融収支のネット収支には変化がない。

　なお，国際収支マニュアル第6班に基づく国際収支統計では，各項目の合計に以下のような関係が成立する。

　　　　　経常収支＋資本移転等収支＋誤差脱漏＝金融収支

以前の版であれば各項目の収支の合計がゼロになっていたが，第6班では金融資産の扱いが変更となったため，このような関係になった。

3. 主要国の国際収支統計

　次に，日本，アメリカ，イギリス，中国，ドイツの2012年の国際収支統計

を比較することで，各国の対外経済取引の特徴を把握する。

まず，貿易収支を見ると，2012年では日本の商品輸出は7766億ドル，商品輸入は8301億ドルであり，ネット収支は535億ドルの赤字となっている。日本，アメリカ，イギリス，中国，ドイツの貿易収支を対GDP比で比較すると，アメリカやイギリスは赤字幅が非常に大きい反面，中国やドイツでは黒字幅が大きい。また，輸出や輸入の対GDP比を見ると，ドイツは非常に大きいが，日本やアメリカは比較的小さい。

サービス収支については，日本では505億ドルの赤字となっている。日本以外の国を見てみると，対GDP比でイギリスが4.5%と黒字幅が大きい。これには，国際金融センターであるロンドンを抱えるイギリスが輸出する金融サービスが大きく貢献している。

第一次所得収支では，日本では1792億ドルの黒字となっている。これは，外国居住者が持つ日本の債券や株式に比べて日本居住者が持つ海外の債券や株式が非常に多く，そのため海外諸国が対日投資から受け取る投資収益を日本が海外投資から受け取る投資収益が大きく上回っていることによる。また，対GDP比では3.0%で，表中の5カ国の中で最も大きい。なお，第一次所得収支には雇用者報酬の受け渡しも含まれるが，日本はこの金額は非常に少なく，ほぼすべてが投資所得である。

金融収支を見ると，日本は2012年においては約639億ドルのプラスであり，この分だけ日本居住者の対外純資産（通貨当局の保有する外貨準備を含む）が増加している。また，対GDP比では最も資産増加幅の大きな国はドイツ（8.8%），最も資産減少幅の大きな国はイギリス（−3.5%）である。

ドイツでは，経常収支黒字によって得た資本を使って対外純資産を積み上げるという特徴がはっきりと表れている。日本も，経常収支はかろうじて黒字を計上しているが，かつてのような巨額の経常黒字を記録できる時代は去り，貿易収支は赤字となっている。そのため，金融収支のプラスの額も小さくなり，日本が対外純資産をかつてのように積み上げることはできなくなった。他方，日本の第一次所得収支の黒字幅は，他国と比べても非常に大きい。日本は，貿易黒字によって対外純資産を積み上げる時代から，外国の金融資産を活用してより大きな投資収益をあげる時代となった。

4. 日本の経常収支の推移

日本の貿易黒字の対 GDP 比率は，1980 年代が最も高く，その後 1990 年代，2000 年代と低下傾向にあった。つまり，日本の貿易収支は黒字幅の縮小という大きなトレンドにあった。そして 2011 年には，暦年ベースでも年度ベースでも，貿易収支が赤字となった。過去 40 年近く，貿易収支の黒字基調が続いていた日本にとって，この貿易赤字は時代の変化を強く意識させる出来事であった。

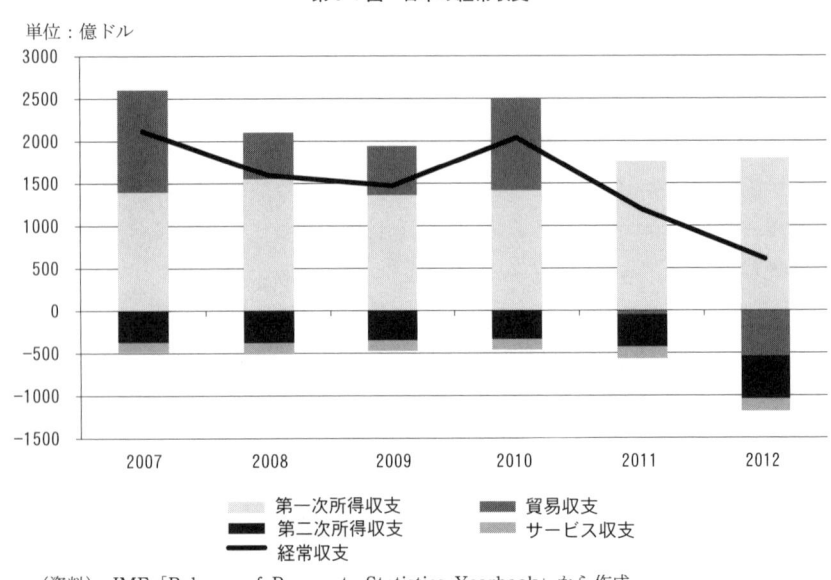

第 6-1 図　日本の経常収支

単位：億ドル

（資料）　IMF「Balance of Payments Statistics Yearbook」から作成。

現在，貿易黒字に代わって経常収支黒字の主要因になっているのは，第一次所得収支である。そして，日本において第一次所得収支の大部分を占めるのは，投資から得られる所得の受け払いである。第 6-1 図は，IMF 国際収支マニュアル第 6 版による日本の経常収支とその内訳（貿易収支，サービス収支，第一次所得収支，第二次所得収支）を，2007 年から 2012 年まで図示したものである[2]。

この期間中，貿易収支は黒字から赤字に変化している。しかし，第一次所得

収支は安定して黒字を計上しており，2012年には1792億ドルと過去最高を記録している。これは，日本では長く経常収支の黒字と金融収支の流出超が基調であったため，日本の居住者が保有する対外純資産が着実に増加し，そこから多額の投資収益を安定的に得ることができるようになったことによる。

第2節　主要国の対外資産・負債

1. 対外資産・負債と投資所得受取・支払

日本において貿易収支が赤字化した現在，第一次所得収支の黒字拡大に関心が集まっている。海外からの投資収益の大きさは，日本が持つ対外資産残高と，その資産の収益率から決まる。そこで，本節では世界の主要国の対外資産・負債残高を確認し，次節では投資の収益率を計算する。

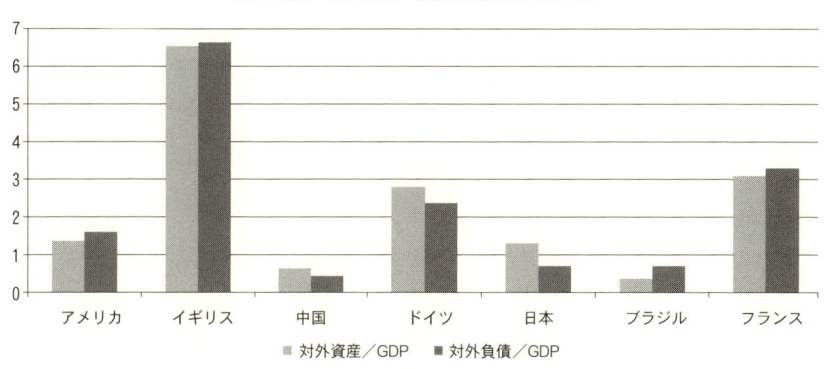

第6-2図　対外資産・負債総額の対GDP比

(資料)　対外資産・負債総額は IMF「Balance of Payments Statistics Yearbook」，GDP は World Bank「World Development Indicators」から作成。

第6-2図は，2012年におけるGDPの世界上位7カ国について，同年における各国の対外資産・負債総額の対GDP比を図示したものである。

イギリスは国際金融センターとしての長い歴史を有しており，対外資産・負債共に非常に大きい。また，アメリカ，ドイツ，フランスも外国との資本移動は活発で，金融仲介機能を通じて対外資産・負債を共に積み重ねてきた。日本

はこれらの国に比べると資本移動制限措置の撤廃は遅れ，対外資産総額はGDPの1.3倍，対外負債総額はGDPの0.7倍と，共にこれらの国よりも低い。ただ，巨額の経常収支黒字を基にして対外資産を蓄積した結果，対外資産総額が対外負債総額の約1.8倍もあるというのが，日本の特徴である。中国やブラジルは，対外資産・負債共にまだ低水準である。

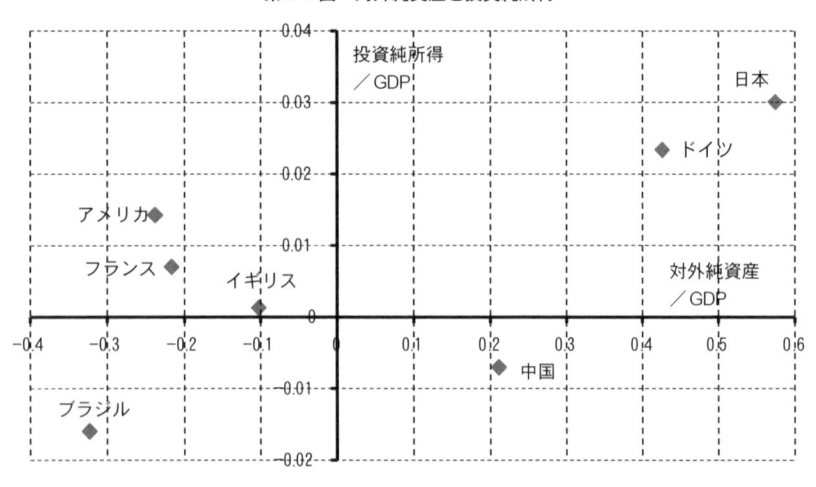

第6-3図　対外純資産と投資純所得

(資料)　投資純所得と対外純資産はIMF「Balance of Payments Statistics Yearbook」，GDPはWorld Bank「World Development Indicators」から作成。

第6-3図は，2012年における各国の対外純資産と投資純所得の関係を示したものである。対外純資産は（対外資産－対外負債）／GDPとして指数化したもの，投資純所得は（投資所得受取－投資所得支払）／GDPとして指数化したものを，それぞれ用いている。

一般に，対外純資産が多い国では投資純所得も多くなる傾向にあるので，この図上に多数の国をとると，おおよそ右上がりの関係が描ける[3]。日本，ドイツ，ブラジルは，そのような傾向に合致している。日本では，投資純所得の対GDP比が3.0％と，他国に比べて非常に高くなっている。つまり，投資所得が日本居住者の可処分所得を3％以上引き上げているのである[4]。

アメリカ，フランス，イギリスは，対外純資産がマイナスであるのに投資純

所得はプラスとなっているのは興味深い。また，中国は，対外純資産がプラスであるのに投資純所得はマイナスとなっている。これは，アメリカ，フランス，イギリスは対外投資の収益率が対内投資の収益率よりも高く，中国はその逆であることを示している。このことは，後述の第6-6図によって確かめることができる。

このような対外・対内資産の収益率の差は，1つには各国における金利水準から説明できる。例えば，2000年代の日本国内の低金利によって，日本への対内投資から非居住者が得られる投資収益率は低くなっており，それが日本の第一次所得収支の黒字幅拡大の一因になっている。今後，日本の名目為替レートが安定しつつ国内金利が上昇すれば，それは第一次所得収支の黒字幅を縮小させよう。

他の要因として，資産構成の違いがある。一般に，直接投資はそれ以外の投資形態よりも収益率が高くなり，外貨準備はアメリカ財務省証券などの安全資産で運用することが多いので収益率は低い。中国の場合，対外資産の半分以上を外貨準備が占めているため，対外資産の収益率は低い。他方，対外負債の半分以上を直接投資が占めているため，対内資産の収益率は高い。このような資産構成の違いが，第6-2図のような特徴的な結果を生み出している。このような資産構成と収益率の関係について，次節以降でさらに検討する。

2. 対外資産・負債形態

各国における対外・対内投資の収益率をより詳細に検討するには，投資の形態を考慮に入れる必要がある。そこで本項では，前節の分析対象7カ国について，対外資産・負債に占める各投資形態の比率を見ることにする。

IMF国際収支マニュアル第6版では，金融収支は直接投資，証券投資，金融派生商品，その他投資，外貨準備の5項目に分かれる。このうち，直接投資とそれ以外の4項目には，経営への介入の有無という大きな違いがある。

直接投資は，外国で企業活動を行うことを目的として子会社を設立したり，外国にある会社の経営に強い影響を与えるためにその会社の株式を買い取ったりすることである。IMF国際収支マニュアル第6版では，投資先企業の議決権を10%以上保有した場合に直接投資となると説明している。直接投資のこ

の定義も，以前の版から変更になった点である。直接投資では，投資側が経営能力，生産技術，ブランド，ノウハウといった経営資源の移転や財・サービスの取引を，受入企業との間で効率的に行うことを目的に，投資側が受入企業の経営に介入する。

これに対し，他の4項目については，経営介入を伴わず，利子や配当金の収入といったインカム・ゲインや，債券，株式，その他の金融商品の価格上昇によるキャピタル・ゲインの取得を目的に，外国の債券，株式，その他の金融商品を購入することである。投資対象になる金融商品には有価証券やデリバティ

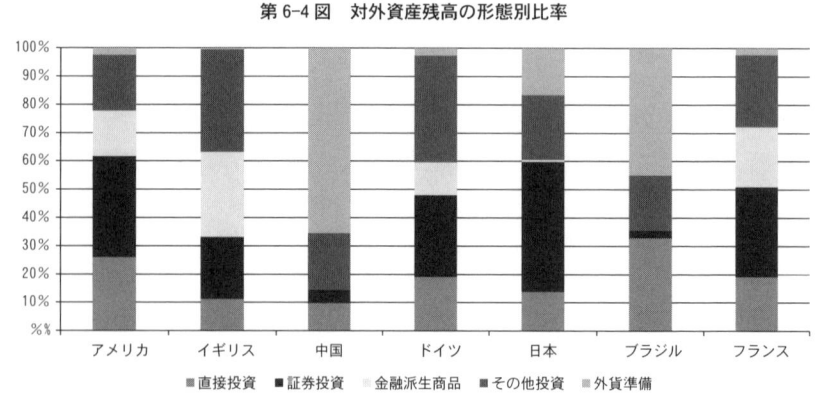

第6-4図　対外資産残高の形態別比率

(資料)　IMF「Balance of Payments Statistics Yearbook」から作成。

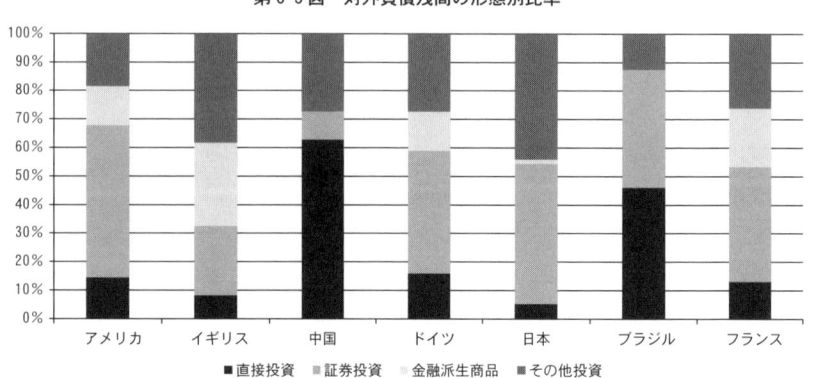

第6-5図　対外負債残高の形態別比率

(資料)　IMF「Balance of Payments Statistics Yearbook」から作成。

ブ（金融派生商品）などがある。

第 6-4 図と第 6-5 図は，それぞれ 2012 年における，GDP 上位 7 カ国の対外資産残高と対外負債残高に占める，直接投資，証券投資，金融派生商品，その他投資，外貨準備（対外資産残高のみ）の比率を示している。多くの国で，対外資産・負債の形態のうち最も金額が大きいのは，証券投資やその他投資である。これは，直接投資に比べて購入・売却が容易であることによる。直接投資は，多くの国で対外資産・負債残高の 30% 程度かそれ以下となっている。

新興国である中国とブラジルは，他の国々と異なった特徴を見せている。両国とも，対外資産残高については外貨準備の比率が，対外負債残高については直接投資の比率が，それぞれ非常に高い。これは，政府・中央銀行による外国為替市場介入操作が比較的大規模に行われていること，両国では資本移動規制が強いために証券投資やその他投資が限定的であること，そして新興国であって対外資産・負債がまだそれほど多くないことを反映している。

日本は，先進国 5 カ国中では，直接投資や金融派生商品の比率が極めて小さい。日本の対外資産残高と対外負債残高に占める直接投資の割合は，それぞれ 13.8% と 5.2% であり，これは例えば経済協力開発機構加盟国の中では最低レベルである。また，金融派生商品については，ほとんど利用されていない。

第 3 節　主要国の対外・対内投資収益率

1. 対外・対内投資収益率

前節で主要 7 カ国の対外債務・負債残高を確認したので，本節ではそれら対外・対内投資の収益率を計算する。第 6-6 図は，これらの国々について，2012 年における対外投資と対内投資の収益率を図示したものである[5]。

先進国グループ（アメリカ，イギリス，ドイツ，日本，フランス）では，対外投資収益率の方が対内投資収益率よりも高い。これに対して，新興国グループ（中国，ブラジル）では逆に対内投資収益率の方が高い。前述のように，中国とブラジルでは，対外資産残高については収益率の低い外貨準備の比率が高く，対外負債残高については収益率の高い直接投資の比率が，それぞれ非常に

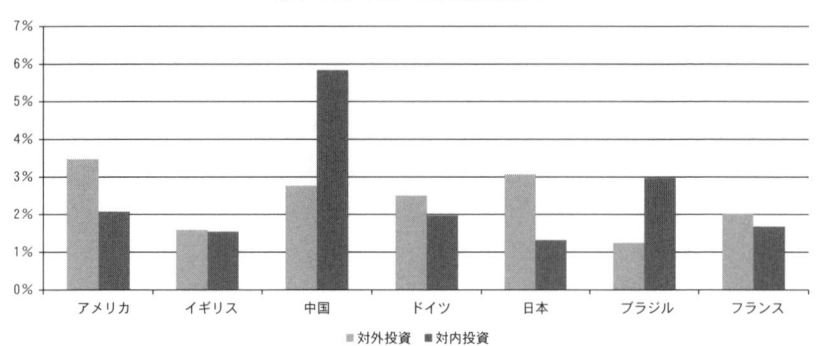

96   第Ⅱ部　新たな通商立国の条件

第6-6図　対外・対内投資収益率

■対外投資　■対内投資

（資料）　IMF「Balance of Payments Statistics Yearbook」から作成。

高いので，このような結果になる。

対外投資の収益率が3％を超えているのは，アメリカ（3.5％）と日本（3.1％）である。他方，対内投資の収益率については，日本は国内の低金利のため，7カ国間で最も低い（1.3％）。この結果，日本は対外投資収益率が対内投資収益率を上回る幅が7カ国間で最も大きくなっている（1.8％）。

2. 投資形態別の収益率

前項で対外・対内投資の収益率を計算する際，直接投資とその他の形態の投資は区別しなかった。しかし，両者の収益率は大きく異なると予想される。前述のように，直接投資にはその他の投資と異なり，投資側による経営への介入が伴うため，一般にその分だけ収益率が高いことが予想される。もし直接投資とその他の投資で収益率が同じであれば，それは投資先企業の経営への介入に追加的な価値がないことを意味する。

そこで，対外投資について，直接投資と証券投資に分けて2012年における収益率を計算し，図示したものが第6-7図である[6]。ここで，直接投資の収益率のうち，証券投資の収益率を上回る部分が，投資先企業への経営の介入から生み出された追加的な利益と考えられる。なお，ブラジルの同年の対外証券投資は不自然に高い収益率を記録していたため（21.6％），図には示していない。

アメリカとイギリスは，対外直接投資の収益率がそれぞれ8.2％と7.1％と，

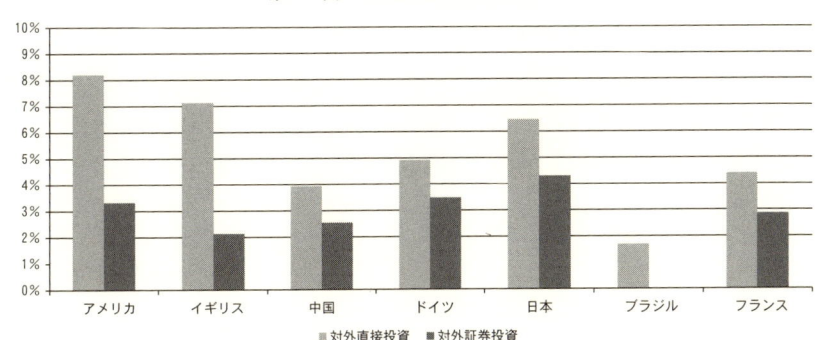

第6章　日本の国際収支：貿易立国から投資立国へ　　97

第6-7図　対外投資形態別の収益率

(注)　ブラジルの対外証券投資の収益率は掲載していない。
(資料)　IMF「Balance of Payments Statistics Yearbook」から作成。

非常に高くなっている。両国の対外証券投資の収益率はそれぞれ3.3％と2.1％なので、直接投資による追加的な利益はアメリカで4.9％、イギリスで5.0％と、こちらも比較的高い。両国に本社を置く企業が直接投資によって外国企業に移す経営資源は、大きな利益を産み出す源泉となっていることがわかる[7]。日本は、対外直接投資の収益率は6.5％と、アメリカ、イギリスに次いで高いが、対外証券投資の収益率が4.3％なので、直接投資の追加利益分は2.2％となる。この日本の直接投資の追加利益分は、中国、ドイツ、フランスよりは大きいが、アメリカやイギリスの半分以下である。

最後に、日本の対外投資からの収益率をさらに高めるための方策について、以上の分析を基に簡単に指摘する。まず、日本の対外資産残高に占める直接投資の比率を拡大させるとともに、日本企業の経営資源を外国に移転することでより大きな追加的利益が得られるようにすることである。そのためには、外国市場で活動する際の強みや比較優位を各企業が戦略的に活用し、外国企業で活躍できる人材を育成することが求められる。これによって、直接投資残高そのものと直接投資の追加利益幅を共に拡大できる。

また、国際的な金融仲介機能の発揮によって、日本の対外資産・負債残高を共に増加させることも有用である。これによって、対外投資収益率のうち対内投資収益率を上回る部分から得られる投資純所得の額を増加させることができ

る。そのためには，日本の金融機関による国際的な事業展開や，リスクとリターンを正しく反映した多様で魅力的な金融商品の開発が求められる。これに付随する形で，日本の対外資産・負債残高に占める金融派生商品の比率も他の先進国並みに上昇するであろう。日本が世界の金融センターであることは，金融業の生み出す付加価値の上昇，日本の金融サービスの輸出増加だけでなく，日本の投資所得を増加させる力もある。

(遠藤　正寛)

注

1) 「資産純増」と「負債純増」という日本語訳は，本章著者によるものである。
2) IMF 国際収支マニュアル第6版によるデータでは，2007年以前にはさかのぼれない。ただ，第6版での第一次所得収支と第二次所得収支については，それぞれ第5版での所得収支と経常移転収支に対応しているので，比較は可能である。
3) 座標軸の意味がやや異なるが，経済協力開発機構加盟国を例にして右上がりの関係が観察されることについては，遠藤 (2012) 110 ページを参照。遠藤 (2012) 109-116 ページでは，同機構加盟国を例に本論と同様の図を示している。
4) 可処分所得は GDP から減価償却を差し引くなどの調整をした値なので，GDP よりも低い値となる。そのため，投資純所得の対 GDP 比が 3.0％であれば，投資純所得の対可処分所得比は 3％以上になる。
5) 各国の対外投資収益率は，国際収支統計の「Primary income, Investment income, Credit」を「IIP Assets, Total」で割ることで，各国の対内投資収益率は「Primary income, Investment income, Debit」を「IIP Liabilities, Total」で割ることで，それぞれ求めた。
6) 各国の対外直接投資収益率は，国際収支統計の「Primary income, Investment income, Direct investment, Credit」を「IIP Assets, Direct investment」で割ることで，各国の対外証券投資収益率は「Primary income, Investment income, Direct investment, Debit」を「IIP Liabilities, Direct investment」で割ることで，それぞれ求めた。
7) 本章では，各国内の企業による対外直接投資の目的までは考慮していない。対外直接投資の目的によって，収益率が変わる可能性はある。例えば，対外直接投資の主な目的が海外での販売網の整備の場合，海外販売子会社の収益率は低くても，それによって本国内の組織の収益率は高まるかもしれない。ただ，それが直接投資の追加的な利益の各国間の相違をどの程度説明できるかについては，さらなる研究が必要である。

参考文献

International Monetary Fund (2009), *Balance of Payments and International Investment Position Manual*, Washington, D.C.: International Monetary Fund.
International Monetary Fund, Balance of Payments Statistics Yearbook, 各年版。
World Bank, World Development Indicators, 各年版。

遠藤正寛 (2012),「FDI の収益格差」馬田啓一・木村福成編著『国際経済の論点』文眞堂。

第7章
貿易が雇用・生産性に及ぼす影響

はじめに

　近年，グローバリゼーションの国内経済に及ぼす影響について議論が活発化している。たとえば，政府の経済成長戦略でも，「新興国の経済成長の取り込み」が一つの政策目標として掲げられており，中小企業の海外進出促進政策などが進められている。また，環太平洋経済連携協定（TPP）をめぐる議論でも，TPP参加を「第三の開国」と位置づけ，積極的なグローバリゼーションの促進を打ち出している。一方で，こうしたグローバル化が国内経済にマイナスの影響を及ぼすのではないかとの懸念も依然として大きい。特に1990年代，東アジア諸国の低賃金国からの製品輸入が拡大した。こうした輸入品の急増は，製造業のなかでも特に労働集約的な業種において，その労働需要を急激に減退させる可能性があるからである。こうした様々な論調を背景に，グローバリゼーションが国内経済に及ぼす影響について，新しい分析手法を用いた研究も増えてきている。しかし，その成果は研究者間，さらには政策担当者の間で十分には共有されるに至っていないように思われる。そこで，本章は，貿易が国内雇用や企業の生産性に及ぼす影響に焦点を絞って，最新の研究をサーベイし，今後の研究の方向性を展望する。

　本章の構成は以下の通り。第1節では，輸入の拡大と雇用の関係について，第2節では，輸出と雇用の関係について，第3節では，輸出企業と国内企業の生産性格差について議論し，第4節で結論を述べる。

第1節　輸入の拡大と雇用

　1980年代後半ごろから，我が国の製造業企業はその生産拠点を東アジア諸国，すなわち，中国やASEAN諸国に移転させてきた。こうした現象は，これらの国々と日本の間の国際的な分業が進展しているという観点から理解することができる。経済産業研究所の日本産業生産性（JIP）データベースによると，1990年には輸入全体に占めるアジア諸国（NIES，ASEAN，中国）からの輸入の割合は25%であったが，2009年にはその割合が54%まで上昇している。こうした途上国からの輸入の拡大等を通じたグローバリゼーションの急速な進展は，政策担当者の間で大きな関心事になってきた。

　グローバル化による国際競争の激化，とりわけ低賃金国の輸入が，雇用にどのような影響をもたらすかは，かつてから産業別に比較する研究が行われてきている。たとえば，Revenga（1992）とBranson and Love（1998）は，増加した輸入の浸透が米国における製造業の雇用に与える影響を，産業レベルのデータを用いて分析している。これらの研究は，基本的に，ヘクシャー・オリーン・モデルに基づいている。すなわち，アメリカや日本のような国においては，低賃金の労働力が豊富な国々からの輸入が増えることによって，労働集約的な財から相対的に生産要素賦存量が豊富な資本集約的あるいは技術集約的な財へと生産，雇用が再配分されると考える。

　しかし，こうした初期の研究では産業分類が粗いため，輸入品と国産品の競合関係を十分に捉えきれておらず，単に各産業の雇用と輸入のトレンドを計測している可能性がある。たとえば，電気機械でもスマートフォンで使われるセンサーのような高度な技術を要する製品は途上国から輸入されることは少ない一方で，旧来型の据え置き型電話機は，ほとんどが輸入となっている。つまり，国産品と輸入品の競合関係を分析し，輸入によって失われた雇用量を正確に推計するためには，できるだけ細かい業種分類で分析する必要がある。そこで，Tomiura（2003a）は，「工業統計」（経済産業省）の4桁レベルのデータと貿易統計をリンクしたデータベースを構築し，輸入品増加による国内雇用へ

の影響を分析している。その結果，1992年〜1995年の製造業の平均雇用減少率が3％であり，そのうち2％超が輸入品価格の減少で説明できるとの推計結果を示している。

　また，近年では，コンピューターの性能の向上や政府統計の個票データの学術利用が進んでいることもあり，工場レベルまたは企業レベルのデータによる，輸入競争と雇用の関係についての分析も増えてきている。その効果を分析している。たとえば，Bernard et al. (2006) と伊藤 (2005) が，それぞれ米国の工場レベルのデータ，および日本の企業レベル・データで実証分析を行っている。伊藤 (2005) によると，中・低所得国からの輸入品との競争が激しい産業であっても，資本労働比率の高い企業や研究開発投資を行っている企業で，雇用の減少幅が小さくなっていることが示されている。この結果は，輸入競争の影響は同一産業であっても，企業の属性によって異なっていることを示唆するものである。

　輸入品の増加が雇用に及ぼす影響は，特定の地域に集中する可能性がある。たとえば，愛媛県今治市のタオル，福井県鯖江市のメガネといった特定品目の産地では，輸入品の急増が特定地域の雇用に大きなダメージを与えることになる。また，Fujita et al. (1999) による新経済地理学モデル（New Economic Geography Model）では，以前から投入・産出の産業連関が強かった地域において貿易自由化が起こると，雇用成長率が低下するというモデルを提示している。こうした問題意識から，Hanson (1998) はメキシコのデータを利用して貿易自由化が地域の雇用に与える影響を分析している。また，Tomiura (2003b) では，日本の産業レベルのデータを用いて，輸入競争が地域の雇用に与える影響を分析している。さらに，乾ほか (2011) は，日本の工場レベルのデータを用いて，地域特性をコントロールしたうえで，輸入競争が工場レベルで雇用に及ぼす影響について分析している。彼らの実証研究からは，輸入競争の影響は，企業属性のみならず，集積地に立地しているかどうかによっても異なっていると指摘している。具体的には，輸入競争が激しい産業であっても，前方連関集積（買い手企業の集積地）や同一産業の工場が集積する地域では，輸入競争によるマイナスの効果が軽減されると指摘している。

　以上で見てきたとおり，これまでの研究から，輸入が雇用に及ぼす影響は，

無視しえない大きさであり，また，その影響は，同一産業の企業・工場であっても，地域や企業によって異なることが明らかとなった。こうした輸入によるマイナスの効果を和らげるための施策を考える上では，どういう属性の雇用者が失職しやすいか，また，失職した労働者が，どういう産業に移動しやすいかなどの研究が重要であるといえる。ただし，こうした分析のためには，企業情報と労働者情報をリンクさせた，いわゆる雇用者－被雇用者（Employer-Employee）マッチ・データの整備が必要となる。

第2節　輸出と雇用

　輸出が雇用に及ぼす影響は，通常，電気機械や自動車産業のような輸出産業への影響が注目されることが多い。しかし，自動車の生産が増えれば鉄鋼の生産が増加するといった中間投入を通じた需要の連鎖による間接的効果も含めると輸出のインパクトは大きくなる。2008年から2009年にかけてのリーマン・ショックで，輸出産業のみならず，多くの産業で生産量が大きく減少した要因を探るためには，直接効果のみならず間接効果も含めて輸出の影響を分析する必要がある。こうした産業間の中間投入を通した波及効果を計測するために，Kiyota（2012）は，我が国の産業連関表を用いて，輸出による雇用の直接効果と間接効果を分析している。彼の分析結果によると，輸出拡大による直接的な雇用創出効果よりも，間接的な雇用創出効果のほうが，はるかに大きいと報告している。これは，電気機械や自動車製造業などは，裾野が広い産業であるため，非輸出産業への波及効果が大きくなっていると考えられる。そのため，リーマン・ショックによる外需の縮小は，中間投入を通じた波及効果を通じて，日本経済に大きな影響を与えたと解釈することができる。我が国では，製造業のGDPシェアは18.5％，雇用シェアは17％であり，外需の影響はさほど大きくないような印象を持たれがちであるが，産業連関効果も含めると依然として外需の影響が強いという点は，政策担当者への重要なメッセージであるといえよう。

　集計データを用いた研究では，マクロ，あるいは各産業で，どの程度，輸出

の変化が雇用の変化をもたらしているかを分析するには適しているが，どのような企業が外需の拡大のベネフィットを受けているかは明らかではない。また，輸出拡大による規模の経済の拡大や海外企業との競争により生まれる技術革新効果などは，輸出企業と非輸出企業を分けて分析する必要がある。こうした点を明らかにするために企業レベル・データを用いた分析が不可欠となる。

　企業レベル・データを用いた企業の輸出行動の研究は，米国データを用いたBernard and Jensen（1997, 1999）らによって開始された。彼らは，米国の事業所（工場）レベル・データを用いて，輸出企業と非輸出企業を比較し，産業をコントロールしても，輸出企業のほうが売上・従業員規模が大きく，また生産性も高いことを示した。また，売上成長率や生産性成長率においても，非輸出企業よりも輸出企業のほうが高いパフォーマンスを持つと報告している。わが国の企業レベル・データを用いた研究では，Kimura and Kiyota（2006）が，経済産業省「企業活動基本調査」を用いて，売上や従業者数，生産性比較を試みているが，米国と同様の結果が得られたと報告している。こうした輸出企業の高いパフォーマンスについては，日米のみならず，先進国・途上国を問わず，様々な国で同様の結果が得られていることが知られており頑健な結果であることが示されている。では，こうした規模や生産性の格差はどのように理解すべきなのだろうか？この点については，2000年以降，理論研究が進展し，様々な政策的含意が提示されている。次節では，代表的なモデルを紹介しながら，その含意について考察する。

第3節　輸出企業と国内企業の生産性格差[1]

　生産性に関する企業の異質性と輸出パターンを分析したのがMelitz（2003）である。Melitzは，同一産業内に生産性の異なる企業が併存し，さらに，輸出に際しては，一定の固定費（f_x）がかかり，また輸送費や関税等の貿易コストが発生することを想定したモデルを構築した。第7-1図は，この関係を図示したものである。縦軸は利益水準（π）であり，横軸（θ）は生産性を示す。右上がりの2本の細い直線は，それぞれ国内市場と海外市場から得られる利潤と生

産性の関係を示している。生産性と利潤の関係が右上がりなのは，マークアップ一定の独占的競争モデルを想定しているため，生産性が高い企業ほど，コストが低く，利益水準が高くなるためである。非輸出企業は国内市場のみから収益を得るため，国内市場から得られる利潤と生産性の関係は，非輸出企業の利潤関数として理解することができる。一方で，輸出企業は国内市場と海外市場の双方から利潤を得ることができるため，両者を合算したもの，すなわち，右上がりの太い直線が，輸出企業の利潤関数となる。この設定の下では，輸出には固定費がかかるため，生産性の低い企業の場合，輸出市場にアクセスしようとすると国内と海外の利益を合計して，利潤がマイナスになる。そのため，図中の0からθ^*の区間の生産性水準の企業は輸出を断念し，国内に留まる。一方，生産性がθ^*よりも高い企業は，輸出を行うことで，より高い収益が得られるため，海外市場と国内市場の両方に財を供給することになる。つまり，輸出の固定費がまかなえるだけ生産性が高い企業は輸出企業になるが，生産性の低い企業は固定費をまかなえないので，国内企業に留まることがわかる。

Melitz (2003) は，同一産業に輸出企業と国内企業が併存する状況を説明す

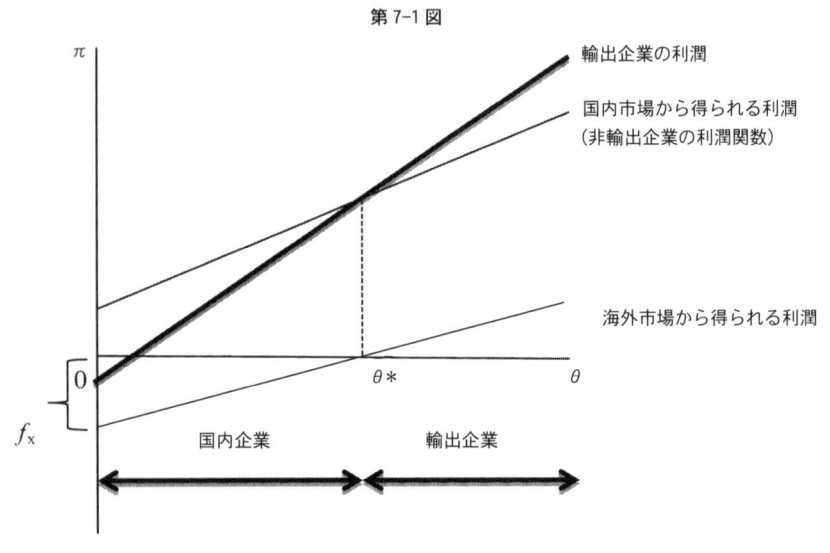

第7-1図

(出所) Melitz (2003) を参考に著者作成。

る，という意味では，優れたモデルである。しかし，輸出によりその後の企業のパフォーマンスがどのように変化するか（これを輸出の学習効果と呼ぶ）については，分析できない。この点についても，やはり実証研究が先行して進められている。前述の，Kiyota and Kimura (2006) を含め，初期の研究では，パネルデータを用いて，企業が輸出しているかどうかのダミー変数を説明変数，生産性や雇用の成長率を被説明変数に用いて固定効果モデルなどにより実証分析を行っている。しかし，成長が見込まれる企業が，生産性や雇用を改善させるとともに，輸出を開始・拡大させている可能性があるとすれば，この方法では，推計された係数が同時性バイアスを受けると考えられる。つまり，説明変数である輸出ダミーも，被説明変数である生産性成長率や雇用成長率も，企業の潜在的な成長力という観察できない共通要素から影響を受けており，共通要素が誤差項に含まれるとすれば，説明変数が誤差項と相関する際に生じる内生性の問題に直面することになる。この問題は，説明変数にラグをとっていたとしても，解決できない。

近年は，こうした内生性の問題を回避するための新しい推定手法を用いた研究が増加してきている。たとえば，英国を対象とした Girma et al. (2004) やスロベニアを対象とした De Loecker (2007) では，偏向スコア法（Propensity Score Matching 法）と呼ばれる手法を用いて推計したところ，輸出企業が国内企業に比べて，有意に生産性を改善させていることが示された。また，中国を対象とした Park et al. (2010) では，アジア通貨危機前後の為替レートの変動を操作変数として，輸出量の変動が生産性の変化に影響を及ぼしたかどうかを分析している。彼らの研究でも輸出の拡大は生産性の変化をもたらしていることを示している。日本のデータを用いた研究では，Ito and Lechevalier (2011) が，やはり偏向スコア法を用いて，輸出が生産性に影響を及ぼしていることを確認している。

では，これらの研究で指摘される，輸出の拡大が生産性を拡大させるというメカニズムは理論的にどのように解釈できるのであろうか。この点に切り込んだのは Melitz モデルを拡張した Bustos (2011) である。彼女の研究では，輸出企業の中には低質な技術（ローテク）を使う企業と高質な（ハイテク）技術を使う企業が併存することを仮定している。ハイテク輸出は，より費用効率的

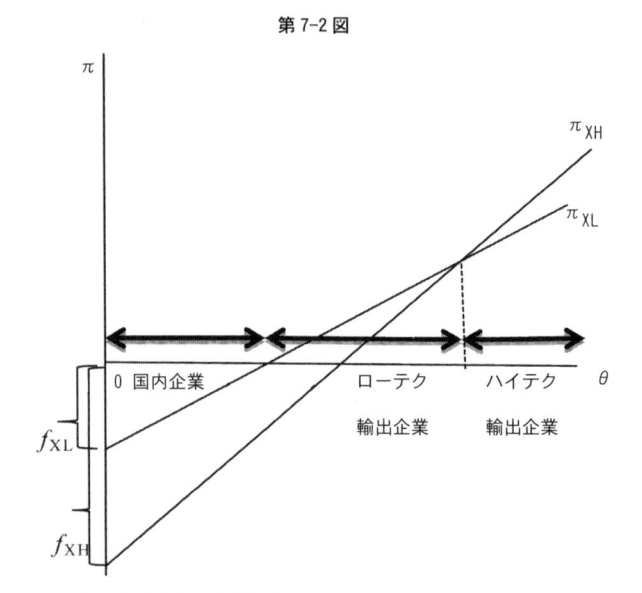

106　第Ⅱ部　新たな通商立国の条件

第 7-2 図

(出所) Bustos (2011) を参考に著者作成。

であるが，この技術を導入するにはローテク輸出技術（f_{XL}）よりも大きな固定費（f_{XH}）がかかると想定する。一方，ローテク輸出は，ハイテク輸出ほど効率的ではないが，固定費は低いと考える（第 7-2 図）。

このときの企業の生産性分布と利益の関係を表したのが第 7-2 図である。生産性が最も高い企業はハイテク技術を採用して輸出し，生産性が中ぐらいの企業はローテク技術で輸出を行う。一方，生産性の低い企業は固定費を賄えないので，国内市場に留まることがわかる。

この設定の下で，輸出相手国が貿易障壁を撤廃すると，自国からの輸出が有利になり，ローテク輸出，ハイテク輸出によって得られる利潤が上昇し，利潤関数の傾きが急になる（第 7-3 図）。その結果，国内企業の中で比較的生産性の高い企業の中には，輸出を開始する企業が出てくる。さらに，ローテクの輸出企業の一部は，ハイテク輸出の固定費を払うことにより，より高い利潤が得られるようになる。2 図と 3 図を比較すると，ハイテク輸出企業のシェアとローテク輸出企業のシェアが，貿易自由化後の 3 図で大きくなっていることが確認できる。ローテク企業がハイテク輸出を開始するために支払う，追加的な

第7-3図

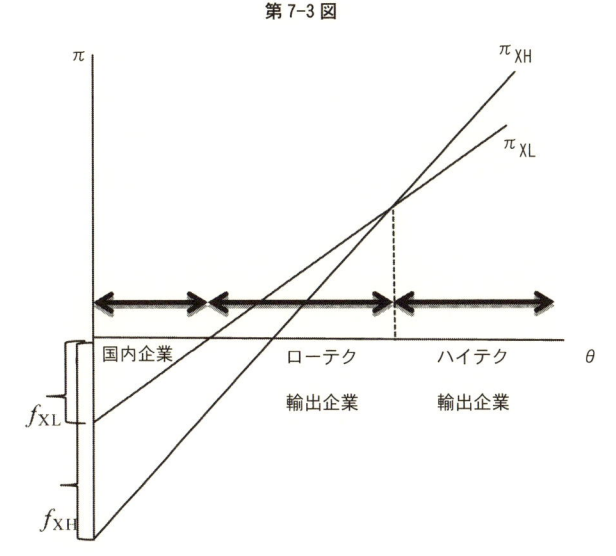

（出所）　Bustos（2011）を参考に著者作成。

　固定費は，R&D 投資等の技術開発投資と考えれば，企業は輸出による収益機会の拡大とともに技術開発投資を行い，費用効率性を高めるので，輸出の拡大と生産性の上昇が観察されると解釈できる。

　Bustos（2011）では，このメカニズムを，アルゼンチンの企業データで検証している。アルゼンチンの主要貿易相手国であるブラジルの貿易自由化により，国内企業のうち比較的生産性の高い企業が輸出を開始していること，既存の輸出企業の多くが貿易自由化後に技術開発投資を活発に行っていることを指摘している。Bustos（2011）の研究では主に技術開発投資に焦点が当てられており，生産性の改善についてはデータの制約もあり，あまり議論が行われていない。この点については，同じ枠組みを米国とカナダの自由貿易協定（NAFTA）の成立前後のカナダ企業の輸出行動と生産性に注目して分析したのが Lileeva and Trefler（2010）である。彼らは，貿易自由化に伴う関税率の変化によって，輸出のステイタス，輸出量，ならびに資本労働比率，労働生産性がどのように変化したかを分析しており，貿易自由化による海外市場アクセスの改善が投資収益率を改善させ，設備投資の拡大を促し，その結果，労働

生産性が改善することが示されている。

こうした議論を踏まえると，冒頭で述べたような経済成長戦略の一環として「新興国の経済成長の取り込み」を図るためには，輸出の際かかる固定費を低下させ，多くの企業が輸出できるようにすることが重要といえる。この点については，様々研究が行われつつある。たとえば，輸出行動の決定要因として生産性以外の要因に注目し，企業の流動性制約に注目するものや，取引企業との関係，輸出企業の集積の意義などに注目した研究が進められている。今後，こうした研究から，より具体的な政策提言を導くことが求められている。

第4節　むすびにかえて

本章は，輸出入の拡大が企業の雇用や生産性に及ぼす影響について，最新の理論・実証研究を中心に研究動向をサーベイし，今後の研究の方向性を展望した。輸入に関しては，企業レベル・データを用いた精緻な研究が進められており，企業が立地する地域や，企業の属性によって輸入増加の影響がどのように異なるかなどが明らかにされてきている。今後は，どのような労働者が失職しやすいかなど，労働者のデータをリンクした研究が必要であると思われる。また，輸出についても企業レベル・データを用いた研究が進められてきており，生産性が高い企業が輸出を開始する傾向にあること，輸出企業は海外市場の拡大期待から設備の拡張などを通じて生産効率を改善させていることが実証研究から明らかになっている。こうした結果を踏まえると，企業の海外進出を支援し，企業の輸出を促進する政策は，国内の企業の生産性向上をさせ，産業の国際競争力を強化することにつながると期待される。今後の研究の課題としては，どのような輸出支援策が有効であるかを調べるために，輸出開始の際にかかる固定費を分析していく必要がある。特に，多くの中小企業にとっては，海外市場にアクセスするためにはコストがかかるため，グローバル化による便益を得ることは容易ではない。この分野については，研究者・政策担当者の強い関心をもっているが，現状では十分な分析が行われておらず，今後の研究の蓄積が期待される分野の1つである。

(松浦　寿幸)

注
1) 本節の議論は，松浦（2013）に依っている。

参考文献

Bernard. A. B, and Jensen. J. B. (1997), "Exporters, skill upgrading, and the wage gap," *Journal of International Economics*, 42 (1-2), pp. 3-31.

Bernard. A. B, and Jensen. J. B. (1999), "Exceptional exporter performance: cause, effect, or both?," *Journal of International Economics*, 47 (1), pp. 1-25.

Bernard. A. B, Jensen. J. B and Schott. P. K, (2006), "Survival of the best fit: Exposure to low-wage countries and the (uneven) growth of U.S. manufacturing plants," *Journal of International Economics*, 68 (1), pp. 219-237

Branson W. H. and Love J.P. (1988), "US manufacturing and real exchange rate," Marston, R.C. (Ed.), *Misalignment of Exchange Rates: Effects on Trade and Industry*, University of Chicago Press, Chicago, pp.241-275

Bustos, P. (2011), "Trade Liberalization, Exports, and Technology Upgrading: Evidence on the Impact of MERCOSUR on Argentinian Firms," *American Economic Review*, 101 (1), pp. 304-40.

Fujita, M, Krugman, P. and Venables, A. (1999), *The Spatial Economy: Cities, Regions, and International Trade*, MIT press, Cambridge, MA.

Girma, S., Greenaway, D., and Kneller., R. (2004), "Does Exporting Increase Productivity? A Microeconometric Analysis of Matched Firms," *Review of International Economics*, 12 (5), pp.855-866.

Hanson G.H., (1998), "Regional adjustment to trade liberalization," *Regional Science and Urban Economics*, 28, pp.416-444

Ito, K., and Lechevalier, S. (2009), "The evolution of the productivity dispersion of firms: a reevaluation of its determinants in the case of Japan," *Review of World Economics*, 145 (3), pp.405-429.

Kiyota, K. (2012), "Exports and Jobs: The Case of Japan, 1975-2006", *Contemporary Economic Policy*, 30 (4), pp.566-583.

Kiyota, K., and Kimura, F. (2006), "Exports, FDI, and Productivity: Dynamic Evidence from Japanese Firms," *Review of World Economics*, 142 (4), pp.695-719.

Lileeva, L and Trefler, D., (2010), "Improved Access to Foreign Markets Raises Plant-Level Productivity... for Some Plants," *Quarterly Journal of Economics*, 125 (3), pp. 1051-1099.

De Loecker, Jan (2007), "Do Exports Generate Higher Productivity? Evidence from Slovenia," *Journal of International Economics*, 73 (1), pp.69-98.

Melitz, M., (2003), "The Impact of Trade on Intra-Industry Reallocations and Aggregate Industry Productivity," *Econometrica*, 71 (6), pp. 1695-1725.

Park Albert., Yang Dean., Shi Xinzheng., and Yuan Jiang (2010), "Exporting and Firm Performance: Chinese Exporters and the Asian Financial Crisis," *Review of Economics and Statistics*, 92 (4), pp.822-842.

Revenga A.L. (1992), "Exporting jobs? The impact of competition on employment and wages in U.S. manufacturing", *Quarterly Journal of Economics*, 107 (1), pp. 255-284

Tomiura E. (2003a), "The impact of import competition on Japanese manufacturing employment," *Journal of the Japanese and International Economies*, 17 (2), pp. 118-133

Tomiura E. (2003b), "Changing economic geography and vertical linkages in Japan," *Journal of the Japanese and International Economies*, 17 (4), pp. 561-581.

伊藤恵子 (2005)「中・低所得国からの輸入競合度と企業成長:『企業活動基本調査』個票データによる実証分析」*RIETI Discussion Paper Series* 05-J-028。

乾友彦・枝村一磨・松浦寿幸 (2011)「輸入競争と集積が雇用・工場閉鎖に及ぼす影響について」『経済分析』No.185, 1-21 ページ。

松浦寿幸 (2013)「企業の輸出・海外生産と生産性に関する実証研究:企業レベル・データによる研究の潮流」mimeo。

第 8 章
サービス貿易の自由化：現状と課題

はじめに

　国際貿易と聞いてまずイメージするのは，農産物や自動車など製造品の国際取引であろう。しかし経済に占めるサービス業の比率は半分以上に達しており，サービスの国際取引も増加しつつある。インターネットをはじめとする情報通信における技術革新がそれを後押ししているともみられる。

　サービス貿易の拡大とそれに対する政策的関心が高まるにつれ，サービス貿易をめぐる障壁・障害も明らかになってきた。しかしサービスには財貿易とは質的に異なる面もある。財貿易ではモノが国境を行き来するが，サービスは消費地で供給されることが多く，海外旅行のように消費者が消費地へ移動する場合もあれば，企業が外国に進出してサービスを提供する場合もあり，直接投資とも密接に関連してくる。専門サービスにおいては専門家が外国へ出かけてサービスを提供することもある。いずれにおいてもサービス貿易の障壁は，サービスが提供される国の政府による規制という形態をとることが多い。これは財貿易の障壁が関税や数量制限など国境措置が主であるのと対照的である。

　本章の目的はサービス貿易自由化の現状を整理し，自由化を進展させるための課題を抽出することである。第1節で世界と日本のサービス貿易を若干の統計により概観し，第2節でサービス貿易の障害とそれを取り除くための活動である自由化への取り組み状況を整理する。第2節での状況把握を踏まえて，第3節で複数の課題を提示する。

第1節　サービス貿易の動向

　全世界のサービスを含めた2011年の総輸出を集計すると，22兆ドル超であり，このうちサービスは20%弱の4兆ドル程度である（第8-1図）。統計上，財貿易よりは少ないものの，サービス貿易は明らかに無視しえない水準にまで拡大している。世界のサービス輸出のトップ10にはアメリカ，イギリス，フランス，ドイツ，中国，スペイン，日本，インド，シンガポール及びオランダといった国々が並ぶ。

　財貿易とサービス貿易の動向は国によって大きく異なっている。日本は財貿易収支の黒字（最近年は赤字）とサービス収支の赤字というパターンが続いてきたが，アメリカは反対に財貿易は赤字でもサービス収支は黒字である。ドイツは従来の日本と同様の傾向にある。新興国のサービス収支はインドが黒字，

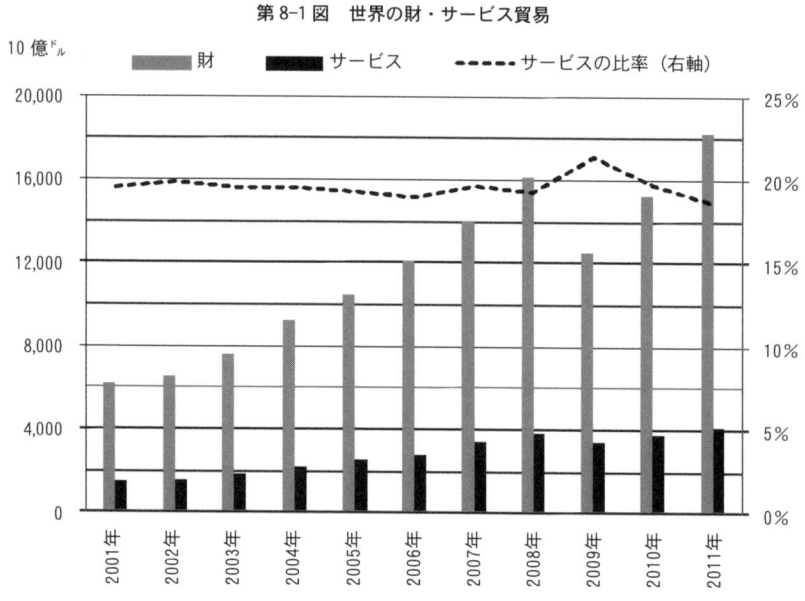

第8-1図　世界の財・サービス貿易

（資料）　IMF, Balance of Payments Statistics より作成。

中国は赤字である。

　サービス収支は旅行収支，輸送収支及びその他サービス収支に分けられる。旅行サービス輸出は欧米が大きいが，途上国でも観光資源の豊かな国などでは旅行収入への期待は高い。その他サービスには建設，金融，保険，通信，情報，特許等使用料，その他営利業務，文化興行，公的その他サービスなど広範なものが含まれる。

　日本では2012年に約312億ドルのサービス貿易収支赤字が生じているが，その内訳は第8-2図に示すように，輸送と旅行の赤字が大きく，黒字は主として特許等使用料と建設である。近年はアジア諸国からの旅行客増加による旅行収支赤字の縮小や，特許等使用料収入の増加などの変化も見られる。

　そもそもなぜサービス貿易の自由化が必要なのだろうか。もちろん自由化によって，財の貿易と同様に，多様な国々が比較優位に沿ってサービスについても貿易できるようになれば，各国の生活水準の向上に資することが期待できる。また後述するようにサービス業は多様であり，消費者に直接提供される

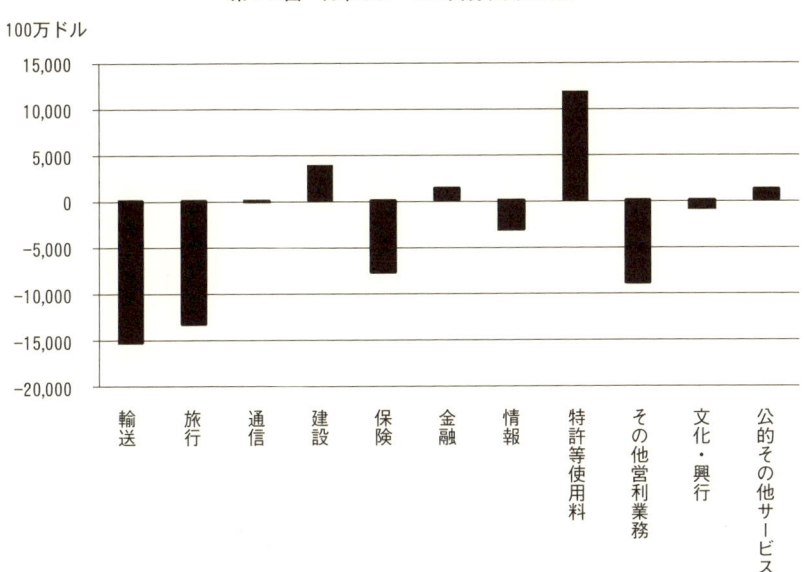

第 8-2 図　日本のサービス貿易収支の内訳

(資料)　IMF, Balance of Payments Statistics より作成。

サービスもあれば，金融，保険，会計，通信そして輸送などインフラ・サービスと呼ばれるものもある。サービス貿易の自由化によって，インフラ・サービスが効率的に提供されるようになれば，それに依存する製造業など他産業にその影響は及び，サービス貿易の自由化による利益はサービス産業自体にとどまらず，経済全体に及ぶことも期待される。

第2節　サービス貿易自由化の現状

1. GATSの自由化方式

　WTO (2001, p.3) は「サービス貿易に関する法的枠組みがないということは，異常で危険な状態であった。異常だというのはサービス貿易の自由化による潜在的な利益は少なくとも財部門と同じくらい大きいからである。また危険だというのは国際利害対立を解決する法的基礎がなかったからである。（筆者訳）」としている。こうした背景のもと，サービス貿易はGATTのウルグアイ・ラウンドで初めて多国間貿易自由化交渉の対象となった。交渉の結果が，GATS (General Agreement on Trade in Services, サービスの貿易に関する一般協定) としてまとめられた。その内容は単なるルールの列挙にとどまらず，加盟国がサービス貿易を自由化するための仕組みであると言える。

　GATSは大きく分けて2つの部分から成っている。1つは全加盟国が満たさねばならない一般的義務である。これはすべての分野のサービス貿易について加盟国に課されるもので，最恵国待遇と透明性が求められている。もう1つは加盟国が自由化を約束したサービスの分野とその態様（「モード」と呼ばれる，後述）に対して課される特定の義務である。特定の義務の2本柱が市場アクセスと内国民待遇である。つまりGATSは各国がそれぞれどの分野のどのモードについて自由化をするのかを約束して自由化を進めていく方式なのである。それゆえGATSの自由化方式はポジティブ・リスト方式であると称される[1]。

　GATSでは12の分野と4つのモードが定められている。12分野とは ① ビジネスサービス，② 電気通信，③ 建設とエンジニアリング，④ 流通，⑤ 教育，⑥ 環境サービス，⑦ 金融，⑧ 健康サービス（医療，介護など），⑨ 観

光・旅行，⑩ 文化・スポーツ，⑪ 輸送，⑫ その他である。これらはさらに，155業種に細分化される。もう1つの軸が取引の態様で，4つの態様（モード）に分類される。4モードとは越境取引（モード1），国外消費（モード2），商業拠点（モード3）及び人の移動（モード4）である。モード1の越境取引には例えば，近年のインターネット経由のサービスのように，人の移動を伴わずに，外国にいる顧客にサービスを提供する場合が当てはまる。外国へ旅行に出かけ，そこでサービスを利用するのがもっとも身近な国外消費（モード2）の例であろう。モード3はある国のサービス事業者が外国に支店・現地法人などの拠点を設置してサービスの提供を行う場合である。モード4はある国のサービス提供者（専門家など）が外国に赴いて，外国の顧客にサービスを提供する場合である。

　各国はサービス貿易自由化の「約束表」と呼ばれるものを提示することになっている。例えば日本の約束表（改訂版）をみると，94ページという大部であるが，形式的には次の通り明確なものである。表は基本的に4列からなっており，1列目にサービスの分野または業種が記載され，これらについて，2列目に市場アクセスへの制限，3列目に内国民待遇への制限，4列目に追加的コメントを記載する形式になっている。市場アクセスの制限のセルと内国民待遇の制限のセルの中に，各々モード1からモード4についてNone（制限しない），Unbound（約束しない），またはその中間で何らかの制限がある場合（Limited）はその内容を記載する。2001年のWTOドーハ閣僚会議において，サービス貿易自由化交渉をドーハ・ラウンドで進めることが決定し，加盟国間でサービス貿易自由化の「リクエスト（他国に対するサービス貿易自由化の要望）」と「オファー（自国サービス市場自由化の提案）」の交換が行われている。

2. GATS約束表にみるサービス貿易の障壁

　上述のようにGATSでは155業種にもおよぶ多種多様なサービスが網羅されているが，何がサービス貿易の障壁となっているのだろうか。日本のGATSリクエストが参考となろう。そこで2002年に日本が提示したリクエストの概要を第8-3図のように整理した。

116　第Ⅱ部　新たな通商立国の条件

第 8-3 図　GATS の重点分野と主たる障壁

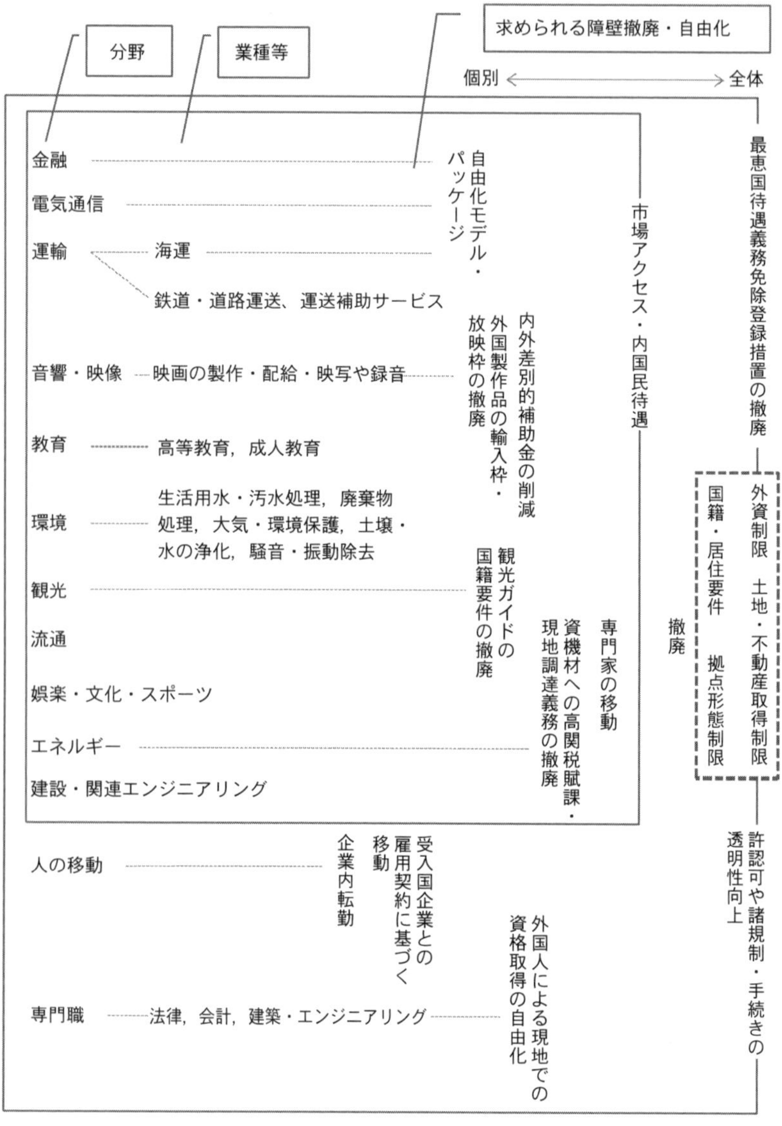

分野	業種等	求められる障壁撤廃・自由化（個別 ←→ 全体）
金融		自由化モデル・パッケージ
電気通信		
運輸	海運	
	鉄道・道路運送、運送補助サービス	
音響・映像	映画の製作・配給・映写や録音	外国製作品の輸入枠・放映枠の撤廃／内外差別的補助金の削減
教育	高等教育，成人教育	
環境	生活用水・汚水処理，廃棄物処理，大気・環境保護，土壌・水の浄化，騒音・振動除去	
観光		観光ガイドの国籍要件の撤廃
流通		資機材への高関税賦課・現地調達義務の撤廃
娯楽・文化・スポーツ		専門家の移動
エネルギー		
建設・関連エンジニアリング		
人の移動		受入国企業との雇用契約に基づく移動／企業内転勤
専門職	法律，会計，建築・エンジニアリング	外国人による現地での資格取得の自由化

市場アクセス・内国民待遇

最恵国待遇義務免除登録措置の撤廃

国籍・居住要件　外資制限　土地・不動産取得制限　拠点形態制限　撤廃

許認可や諸規制・手続きの透明性向上

（資料）　外務省（2002）をもとに筆者作成。

まず分野を問わず全体にかかわるものとしては，最恵国待遇義務免除登録措置の撤廃が挙げられる。日本はすべての分野で最恵国待遇義務を果たしているが，主要国でも複数の分野，例えば輸送サービスなどで最恵国待遇義務免除を求めているのが現状である。また外国企業の活動を阻害する諸規制の撤廃・緩和への期待も高い。具体的には，外資制限，国籍・居住要件，拠点形態制限，土地・不動産取得制限の撤廃などである。さらに許認可や諸規制・手続きに関する透明性向上も求められている。

　市場アクセスと内国民待遇の実現はサービスの各分野で期待されているが，特にインフラ・サービスと新しい情報技術・通信技術に関連するサービスへの期待が高く，重点分野となっている。インフラ・サービスとは，経済活動の基礎をなすサービス，すなわち，電気通信，建設，流通，金融，運送等である。中でも海運，金融及び電気通信に関しては，自由化モデル・パッケージ（モデル約束表）が作られ，特に期待が高いことが読み取れる。新しい情報技術・通信技術に関連するサービス分野とは，コンピュータ関連サービスや，電気通信などである。これらについても更なる自由化が求められている。

　また企業活動を支える人材の国際移動の自由化や，法律・会計業務の専門職における外国人による現地での資格取得の自由化なども求められている。

　次にモードに焦点を当てて約束表を概観すると，表の形式に対応して必ずしも各セルに記述があるわけではなく，空白もあるなど濃淡があることが分かる。山澤（2013）によれば，そうした中で最も密な記述がみられるのは，市場アクセスのモード3（商業拠点）の部分である。つまり実態としては，サービスの各分野について，モード3が争点となっているのである。国内市場でサービスを提供する外国企業の設立条件や営業資格，サービスの内容・範囲についての規制であるので，それが外国企業によって提供される可能性が高まると，完全にモード3を自由化しない国はこの部分に多くの記載をすることになる。また外国企業に対してのみ課される規制がある場合は，内国民待遇のセルのモード3に関する規制として記載されることになる。モード1（越境取引）は業種によってはそもそも技術的に困難であることも多いので，モード3よりは記述が少なくなる。

　他方，対極に位置するのが，モード2（国外消費）とモード4（人の移動）

である。モード 2 はほとんどが None の記載であるので，障壁は少ない。対して，モード 4 はほとんどの国で市場アクセス及び内国民待遇の規制があり，Unbound となっている。

なお先進国と発展途上国との比較では，途上国において，無記載（no legal commitment）のままでおく傾向がある。これは産業自体が育っておらず，そもそも規制に未着手であることを反映しているのではないかと考えられる（山澤，前掲論文）。

交渉状況はどうか。GATS のもとでは，ポジティブ・リスト方式によって，各国とも各々の事情に合わせて自由化を進めることができ，参加を得やすいというメリットが確かにあろう。他方，いざ交渉に入るとゴールが見えず，全加盟国が受け入れられるような合意に達するのは困難である。それゆえ，国により自由化の内容が異なり，部分的・限定的な自由化にとどまっている，とみることもできる。またサービス貿易の障壁は国内規制と密接に関連しており，Hoekman and Mattoo（2013）は，規制は国によって大幅に異なっている上に，規制当局の能力が不十分である国もあるため自由化は容易ではないとしている。実際，経済産業省ウェブサイトでサービスに関するページを参照すると，2005 年の改訂オファーを最後に情報提供が途絶えている[2]。また外務省のウェブサイトにもサービス貿易のページがあり，ここでは逐次会議の情報が更新されているが，議事録の類が積み上がっているような印象を受ける[3]。いずれも 10 年近くにわたり交渉が停滞していることが読み取れ，モメンタムも失われつつあるのではないかと懸念される。2013 年 12 月の WTO 第 9 回閣僚会議でも焦点は貿易円滑化，農業及び開発で，閣僚宣言の中に後発途上国を支援するためのサービス特恵の導入が掲げられた以外は，直接的にはサービス貿易は取り上げられなかった。有志国が開始した新サービス貿易協定（TiSA, Trade in Services Agreement）交渉もあくまでも WTO の枠外という位置付けであろう。

3. サービス貿易障壁の定量化・計測

サービス貿易では通常，財貿易の関税や数量制限等に相当する貿易障壁の定量的な指標がない。そこで Hoekman（1996）らは GATS の約束表を利用し

て，サービス貿易障壁の数値化に取り組んできた。約束表の数値化は，基本的には上述の None, Limited, Unbound にそれぞれ 1 点，0.5 点，0 点を与えて集計し，満点に対する比率を出すというものである。なお Limited は約束表に明示された制限を満たせば貿易は行われるので，自由化を半ば進めたという意味での 0.5 である[4]。この指標は数値自体には意味はないが，数値化により概要が掴みやすくなるとともに，分野間の相対的な自由化度の評価や時系列的な進展度の比較にも有効である。ホックマンは初期の GATS 約束を分析し，先進国と途上国の比較で途上国の自由化度が全般に低いことや，市場アクセスと内国民待遇の比較では市場アクセスに規制が多いこと，また先進国・途上国間格差は市場アクセスにおいて大きいことなどを見出している。ホックマンのアプローチは APEC の貿易・投資障壁を調査した PECC（1995）にも応用され，サービスでは運輸（鉄道，内航海運，パイプライン），研究開発サービス，健康・社会サービス，基本的な通信及び郵便などにおいて特に障壁が高いことが示された。

　Hoekman（2000）は上記以外にも，財務データを利用した障壁の計測を提案している。これは国ごとの各サービス産業の粗利益率に各国の規制など政策の影響が表れているのではないかという発想によるものである。すなわち，粗利益率が高い産業ほどサービス貿易が自由化されていない傾向があるのではないかと考えられるのである。この分析からは例えば，国を問わず，製造業よりもサービス業の方が全般的に粗利益率が高い傾向がある中で，国別には，サービス産業の粗利益率が低いのは，オーストラリア，香港，シンガポールであり，逆に高いのは，チリ，中国，インドネシア，フィリピン，台湾，タイ，アメリカなどであると判明した。セクター別には，ホテル，金融が高く，卸・小売りは低いといった傾向を見出している。

　新しいデータベースの構築・活用も始まっている。その一例が世界銀行の STRD（Services Trade Restriction Database）である[5]。STRD では 103 カ国の 5 分野・19 業種について，モード 3 の障壁が網羅され，モード 1 については金融，輸送，専門サービス，モード 4 は専門サービスの情報が収められている。Borchert ほか（2012）が STRD を用いて行った計測によれば，国別にはアジア新興国や湾岸産油国でもっとも障壁が高く，反対に最貧国で障壁

が低いという傾向が出ている。また分野別には，専門職サービスや輸送サービスが先進国・途上国を問わず障壁が高く，小売りや通信，金融の方が開放されていることが示されている。

　ホックマンが当初提示した定量化手法は，どの分野のどのセクターやどのモードに障壁があるのかを明らかにする第一歩ではあるが，障壁の存在が明らかになっても，それがどのような経済的影響を及ぼしているのかは分からない。そこで tariff equivalent（関税相当率）の考え方での障壁計測も進められている。例えば Doove ほか（2001）が行った航空サービスへの規制の研究では，ビジネス運賃は規制により 200％高くなっていると推計される国もある一方，従来から格安航空網が発達している欧州では，他地域に比べて圧倒的に関税相当率が低いなど興味深い結果が提示されている。このような関税相当率を推計する研究は，データの制約もあり，分野横断的な研究は困難なため，上記のように特定産業に関するものが主である。また貿易の重力（グラビティー）モデルに当てはめた推計や CGE モデルにサービス貿易障壁を導入する研究もある。

4. 地域貿易協定におけるサービス貿易自由化への取り組み

　近年盛んになった各種地域貿易協定（RTA）においてもサービス貿易に関する条項が設けられるようになっている。その多くは形式的にも内容的にもGATS を踏襲したものであるが，特に最近年のものは GATS 約束を超えて踏み込んだ自由化を目指すものも出てきている（Van der Marel and Miroudot（2012））。

　一例としてアセアンの取り組みをみてみよう。アセアン諸国は独自のサービス貿易自由化スキームであるアセアンサービス枠組み協定（AFAS, ASEAN Framework Agreement in Services）のもと，加盟国のサービス産業の効率性・競争力向上をねらって，自由化を進めている。Ishido（2011）はホックマン指数などを用いて，アセアンの複数の RTA を比較・分析している。その中で，アセアン域内でのサービスの自由化，すなわち AFAS での自由化約束が最も進展していることが示されている。国別にはタイが他のメンバーを一歩リードしており，業種別には特にホテル・レストランの自由化約束が高い。

交渉方式においても GATS とは異なるアプローチがとられているものもある。例えば有名な NAFTA ではネガティブ・リスト方式での交渉が行われている。この方式はあらかじめ自由化分野を決めておき，どの部分で自由化ができないのかを示すというものである。日本の EPA の中にも対メキシコ・チリ・スイス・ペルーなどネガティブ・リスト方式を採用しているものもある。ネガティブ・リスト方式が GATS のポジティブ・リスト方式より交渉の進展スピードの点で優れているという見解は多い。

ところが実態については，NAFTA においてすら運輸など自由化の進まない分野もあり，Hoekman and Matoo（2013）の整理に従えば，RTA においてもサービス貿易の自由化は限定的にしか進んでいないのではないかとみられる。例えばチリ，EU，日本とアメリカの RTA の内容を調査した VanGrasstek（2011）は，これらの国・地域が関与する協定において，サービスの域内特恵はほとんどなく，既存の政策が踏襲されているにすぎないと評している。

第3節　サービス貿易自由化の課題

1. サービス貿易データの整備・実態把握を

第1節では国際収支統計を用いてサービス貿易の動向を概観した。しかしながら，あくまでもこれは同統計上の「サービス貿易」であり，今日のサービス貿易の実態を反映していないことが指摘されている。実態把握には FATS（Foreign Affiliates Trade in Services）統計等で補う必要があるが，一部の国についてしか存在しない。第2節でみたように，障壁の計測に関しては新しいデータベースも立ち上がるなど進展もみられるが，サービス貿易自体のデータ整備が遅れている。国際収支統計も BPM6（Balance of Payments and International Investment Position Manual Sixth Edition）に移行し，改善がなされているが，より GATS 分類に整合的なサービス貿易統計の整備が求められる。統計整備により，障壁の影響を分析する実証研究の蓄積も進展するであろう。

また企業の視点を取り入れた実態把握と情報提供がこれまで不十分ではな

かったか。この点で注目すべきはオーストラリア政府の発案による APEC STAR (Services Trade Access Requirements) データベースである[6]。これはサービス事業者が国際貿易・投資を行う際に必要な情報を，ウェブ上で共有し合うというもので，市場アクセスや規制に関する情報を中心に，定期的な情報更新と情報の確認もして，ビジネスに使いやすい形での簡潔な情報提供を行うものである。APEC STAR は金融（銀行・保険），鉱業・エネルギー，運輸・物流，情報通信，専門職（法務・会計・建築・エンジニアリング），教育，流通，コンピュータ及び関連サービスを対象に，一部の分野を除き，全APEC メンバーをカバーする。この種のデータベースへのニーズは高いと思われるが，事業者がここに情報提供を積極的に行うだろうか，情報提供のインセンティブはあるのかという点が懸念される。今後こうしたデータベースを，ねらい通りに"knowledge bank"として活用できるよう，いかに育成していくかが課題である。

2. サービス市場開放のベスト・プラクティス（優良事例）を

近年のインドのいわゆる IT 産業の躍進と関連サービス輸出の成長は，大変興味深く，輸出振興の観点から多くの新興国・途上国の関心も高いはずである。一方，忘れられがちであるのは，こうした輸出振興の視点のみでなく，サービス貿易の自由化は，国内市場でのサービス業の競争を通じて直接的・間接的に生活水準の向上に資するものであるという点である。貿易自由化のリクエストを行う国は，市場アクセスを要求するのみでなく，サービス貿易自由化のベスト・プラクティスを提示すべきである。すなわち，どのような経路を通じてサービス貿易の自由化が消費者の利益につながりうるのかを明らかにし，自由化への関心を醸成すべきである。端的な例は，アメリカのインターネットをはじめとするイノベーションである。これは開放的なサービス産業なくして実現することはなかったのではなかろうか。発展途上国でもサービス市場を開放して，消費者が低コストで多様なサービスを利用できるようになるという直接的な利益に加え，サービス産業が効率化されると他産業の成長や外資誘致の促進などさまざまな経路を通じた利益が得られている事例が共有されるべきである。

3. 輸出振興よりも長期的な視点を

現在のサービス貿易自由化交渉は，各国のサービス輸出振興策としての市場アクセス交渉の様相を呈している。発展途上国ではサービス産業の多くがまだ立ち上がりつつある過程にある中で，先進国はアメリカを筆頭に自国の競争力あるサービス産業の輸出振興に熱心である。これでは，現状を打開して新しいステージへ向かうことは難しい。加えて貿易自由化交渉を輸出事業者のための「攻め」と輸入競争産業のための「守り」としてとらえてしまうと，消費者に対して貿易は国と国との戦いであるかのような，誤ったメッセージを送り続けてしまうことになる。

先進国が果たすべき役割は，自らの経験を踏まえながら，発展途上国の状況に配慮したサービス産業の適切な規制の在り方のモデルを提示し，長期的な視点に立って自発的にサービスの市場開放を行い，消費者の利益を実現することではないか。

（渥美　利弘）

注

1) GATS の主要条文の内容等，より詳しくは，例えば経済産業省（2013，第 11 章）を参照されたい。
2) http://www.meti.go.jp/policy/trade_policy/wto/negotiation/service/service.html
3) http://www.mofa.go.jp/mofaj/gaiko/wto/service/
4) ウェイト付けをするなどさまざまなヴァリエーションがある。例えば Deardorff and Stern (2008) を参照されたい。
5) http://iresearch.worldbank.org/ServiceTrade/
6) http://www.servicestradeforum.org/

参考文献

Borchert, Ingo., Batshur Gootiiz, and Aaditya Mattoo (2012), "Policy barriers to international trade in services – evidence from a new database," World Bank Policy Research Working Paper 6109.

Deardorff, Alan V. and Robert M. Stern (2008), "Empirical analysis of barriers to international services transactions and the consequences of liberalization," Chapter 5, in Aaditya Mattoo, Robert M. Stern and Gianni Zanini eds., *A Handbook of International Trade in Services*, Oxford University Press: New York.

Doove, Samantha, Owen Gabbitas, Duc Nguyen-Hong and Joe Owen (2001), "Price Effects of Regulation: Telecommunications, Air Passenger Transport and Electricity Supply," Productivity Commission Working Paper No. 1682.

Hoekman, Bernard (1996), "Assessing the General Agreement on Trade in Services," Chapter

4, in Will Martin and L. Alan Winters eds., *The Uruguay Round and the Developing Countries*, Cambridge University Press: London.
Hoekman, Bernard (2000), "The next round of services negotiations: identifying priorities and options," *Federal Reserve Bank of St. Louis Review*, No. 82.
Hoekman, Bernard M. and Aaditya Mattoo (2013), "Liberalizing trade in services: lessons from regional and WTO negotiations," EUI Working Paper, RSCAS 2013/34.
Ishido, Hikari. (2011) "Liberalization of Trade in services under ASEAN +n: a mapping exercise," ERIA Discussion Paper, ERIA-DP-2011-02.
Pacific Economic Cooperation Council, PECC (1995), Survey of Impediments to Trade and Investment in the APEC Region.
Van der Marel, Eric. and Sebastien Miroudot (2012), "The economics and political economy of going beyond the GATS," London School of Economics, mimeo.
VanGrasstek, Craig (2011), "The Political Economy of Services in Regional Trade Agreements," OECD Trade Policy Working Papers, No. 112, OECD Publishing.
World Trade Organization (2001) GATS － facts and fiction.

外務省（2002）「WTO サービス交渉の現状―初期リクエストの提出」。
経済産業省（2013）『不公正貿易報告書』。
山澤逸平（2013）「サービス貿易はどれだけ自由化されたか」『貿易と投資』No.91, 3-24 ページ。

第 9 章
アベノミクスと通貨戦争の虚実

はじめに

　2012年12月に成立した第2次安倍政権が打ち出したアベノミクス、とりわけその中でデフレ脱却を目指した金融政策は、「円安誘導」「通貨切り下げ競争」といった視点からの批判と議論を呼び起こしてきた。
　第2次安倍政権の成立と前後して円安が生じ、年明け以降、一部の国からは安倍政権の政策が円安誘導政策であるとの批判や懸念が表明された。また、アベノミクスにおける「異次元金融緩和」が、リーマン・ショック以降のアメリカ、ヨーロッパにおける金融緩和に引き続いたものであったことを受けて、それが1930年代の大恐慌時の通貨切り下げ競争を彷彿とさせるものとして、それを巡ってさまざまな議論を呼び起こした。
　本章は、この2点について分析、検討することを目的としている。円安誘導についてはそれを否定し、通貨切り下げ競争についてはそれを評価するという立場に立っている。
　構成は以下の通りである。まず、第1節では一部の国で主張されたアベノミクスが円安誘導政策であるとの議論を検討している。それは円安誘導政策などではあり得ず、それ以前から続いていた「過度な円高」の修正に過ぎないこと、そしてそれは日本の景気拡大には寄与しているものの、貿易・サービス収支は引き続き赤字状態であることを指摘している。
　第2節では通貨切り下げ競争の問題を取り扱っている。まず第1項で、1930年代の大恐慌時に生じた主要国による通貨切り下げは、むしろ良い結果をもたらしたとする議論を紹介している。これは昨今ではEichengreen (2013) による主張が話題を呼んだが、ここではラグナー・ヌルクセの議論を紹介してい

る。その驚くべき卓見には，今日的な議論のすべてがすでにあることがわかる。

さらに第2項では，マクロ経済政策の国際的協調が難しいという現実の下で，とりわけ，①同様なマクロ的ショックが世界を襲っている（世界大恐慌，リーマン・ショック），②通常の景気後退よりも甚だしく悪化した状況下にある（デフレ，ゼロ金利）の下では，非協調的な金融緩和がかえって望ましい状況を生み出す可能性について，ゲーム論的観点からこれを分析している。

第1節　円安誘導か？

第2次安倍政権によって掲げられた通称アベノミクスと呼ばれる経済政策に対しては，それがもたらした円安によって，海外から少なからぬ批判が寄せられた。

韓国銀行の金仲秀総裁は2013年1月14日，「大幅な円の下落が起きた場合には，積極的に対応する」と異例の発言を行っている。また，アメリカ自動車大手3社で組織するロビー団体の米自動車政策会議（American Automotive Policy Council, AAPC）は2013年1月17日，オバマ政権に対抗措置を取るよう要請した。AAPCのブラント会長は声明で「貿易相手国の犠牲と引き換えに日本の経済成長を促進する『近隣窮乏化政策』を繰り返すことを決めた」とアベノミクスを皮肉っている。さらに同日のIMF（国際通貨基金）による年頭記者会見でラガルド専務理事は，アベノミクスを好意的に評価する一方で「IMFは，いかなる形でも通貨安競争に賛同しない」と行き過ぎた円安誘導にクギを刺している。

ドイツも同じ頃から財務相や中央銀行総裁が日本を批判し，2013年6月17～18日のロック・アーンG8首脳会議においても，メルケル首相が「日米の金融緩和は理解するが，出口戦略をどうするつもりなのか」，「通貨安競争に陥る危険もある」といった主張を行っている。さらにその後の日独首脳会談でも，「労働コストが安い国から競争条件が不利になるとの指摘もある」等といった事実上の批判を行っている。

2013年2月15～16日にモスクワで開かれた20カ国・地域（G20）財務相・中央銀行総裁会議の共同声明では，日本の「円安誘導」という名指しの批判は回避されたが，その後も韓国の中央日報（2013年2月18日付）は「（G20が）日本の円安政策に事実上の免罪符を与えた」と批判的に伝えていた。

その後，「円安誘導」発言は下火になっていったが，果たしてアベノミクスにおける金融緩和は「円安誘導」といわれるような性質を持っていたのだろうか。

第9-1図は，2012年11月1日以降の円ドル・レート，円ユーロ・レートの推移を見たものである。衆議院の解散が2012年11月16日，同年12月4日に公示，12月16日に衆議院議員選挙が執行された。第2次安倍内閣の成立は，2012年12月26日である。そして，日銀の黒田東彦総裁によるいわゆる「異次元緩和」が発表されたのが2013年4月4日である。

この図からわかることは，円の対ドル，対ユーロ減価はそれらのいずれにも先立って生じているということである。ドル，ユーロのいずれに対しても，円は日銀による「異次元緩和」の発表を待つことなく減価している。それは自民党の圧勝や第2次安倍政権の成立すら待つことなく減価しているのである。

これらの動きは，安倍政権によって実行された経済政策によってではなく，むしろ政権交代が経済政策レジーム転換への期待をもたらし，その期待の変化が為替レートに反映したものとみることができる。この点は，利子平価条件から説明することができる。

利子平価条件は，

　日本の実質利子率＝外国の実質利子率＋円の予想減価率

と表すことができる。また，円の予想減価率は，

　円の予想減価率＝（将来の予想円レート－現在の円レート）/現在の円レート
　　　　　　　　＝将来の予想円レート/現在の円レート－1

である。このとき，円レートは円建てで表されているものとする。したがって，円安はその値を増加させる。このとき，両国の実質利子率に未だ変化が生

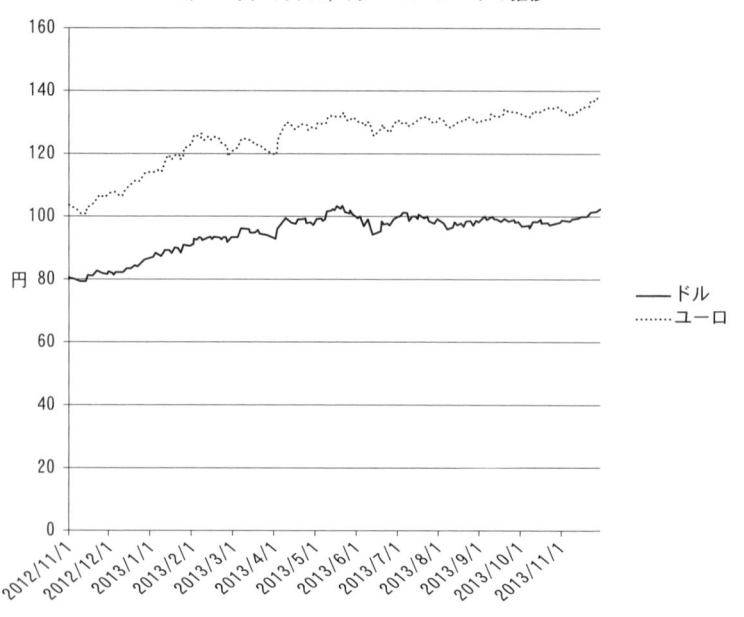

第 9-1 図　対ドル，対ユーロ・レートの推移

＊いずれも日次レート。
（資料）　Pacifi Exchange Rate Service（http://fx.sauder.ubc.ca/）より作成。

じておらず，かつ減価率の大きさそれ自体にも変化がないとすれば，円安予想（将来の予想円レート↑）は，現在の円レートを減価させることになる（現在の円レート↑）。

　一方，「円安の誘導」という表現を用いる時には，それがどのような状況下で，かつどのような時間的経過の中で生じているかを考慮すべきである。この点，以下で見るように，安倍政権成立以降の為替レート変動は，「円安誘導」ではなく，「過度な」円高の修正と考えるべきである。

　片岡（2012）は，リーマン・ショック以降，安倍政権成立以前の為替レートが，「過度な」円高であったことの根拠を指摘している。極めて精緻かつ適切な分析であるが，ここでその内容を整理すると，

(1)　2008 年 8 月と 2012 年 1 月の実質実効為替レートで見た時，日本の通貨高が突出している。

(2) 2007年以降の主要通貨動向を見ると，米ドルおよびユーロは全面安ではなく，メキシコ・ペソ，韓国ウォン，イギリス・ポンドに対しては増価している。
(3) これに対して円は主要通貨すべてに対して増価している。
(4) リーマン・ショック以降の円の実質実効為替レートの増価は，交易条件の変化によって説明できる変化を上回っている。

また，片岡（2012）によれば，円ドル・レートおよび円ユーロ・レートで見た円の増価は，日銀のバランス・シートとアメリカの連邦準備制度理事会（Federal Reserve Board, FRB）および欧州中央銀行（European Central Bank, ECB）のバランス・シートとの比率が拡大するのと軌を一にしている。言い換えれば，FRBやECBが金融緩和を行う規模に比べて日銀の金融緩和が消極的であったことの結果に対応しているということである。

では，この円安は日本に何をもたらしたのだろうか。それは確かに輸出を通じた日本経済への好影響をもたらし，同時にそれに続く国内投資の活性化をもたらしているように見える。第9-1表は安倍政権成立以降，2013年の各四半期における項目別寄与度を見たものである。ここからわかることは当初実質経済成長にもっとも寄与した項目が輸出であったということである（1〜3月期0.60，4〜6月期0.46）。7〜9月期に輸出の寄与が下がったが（-0.10）それに取って代わったのが民間投資支出であった（0.23）。また輸入は一貫してマイナスの寄与（輸入額増加）であることも見落とすべきではないだろう。

第9-1表　2013年各四半期における項目別寄与度

四半期	民間消費支出	民間投資支出	政府支出	輸出	輸入	実質GDP成長率
1〜3月期	0.59%	-0.07%	0.17%	0.60%	-0.14%	1.10%
4〜6月期	0.40%	-0.07%	0.38%	0.46%	-0.24%	0.88%
7〜9月期	0.11%	0.23%	0.32%	-0.10%	-0.31%	0.26%

（注）　第2次速報値。季節調整済み。2005年価格実質値。
（資料）　内閣府HP統計より作成。

しかし輸出の実質経済成長への寄与という点を除けば，日本の貿易・サービス収支状況は一部の国の対抗措置を云々する状況とはほど遠い。第9-2図は

2008年以降の日本の貿易・サービス収支を四半期別に見たものである。日本の貿易・サービス収支はリーマン・ショックを受けてマイナスに転じ，2009年の4〜6月期以降再びプラスになるが，2011年の東日本大震災を受けての4〜6月期以降一貫してマイナスの状態にある。それは安倍政権の成立以降も減少するどころかむしろ拡大しているようにも見える。

これらがリーマン・ショックや東日本大震災といった一時的な要因によるものであるのか，あるいはもっと構造的なものであるのかはここでは論ずることができない。もし後者であれば，日本はいわゆる「国際収支の発展段階説」における「第五段階」（貿易・サービス収支マイナス，投資収益収支プラス，資本収支マイナス）に入ったとも考えられるだろう。とりわけ少子高齢化社会の急速な進展は，それを大いに後押しするに違いない。

結論として，「円安誘導」を云々する前に，理由は何であれそれ以前の状況が「過度の」円高であったという事実が認識されるべきであり，結果として貿

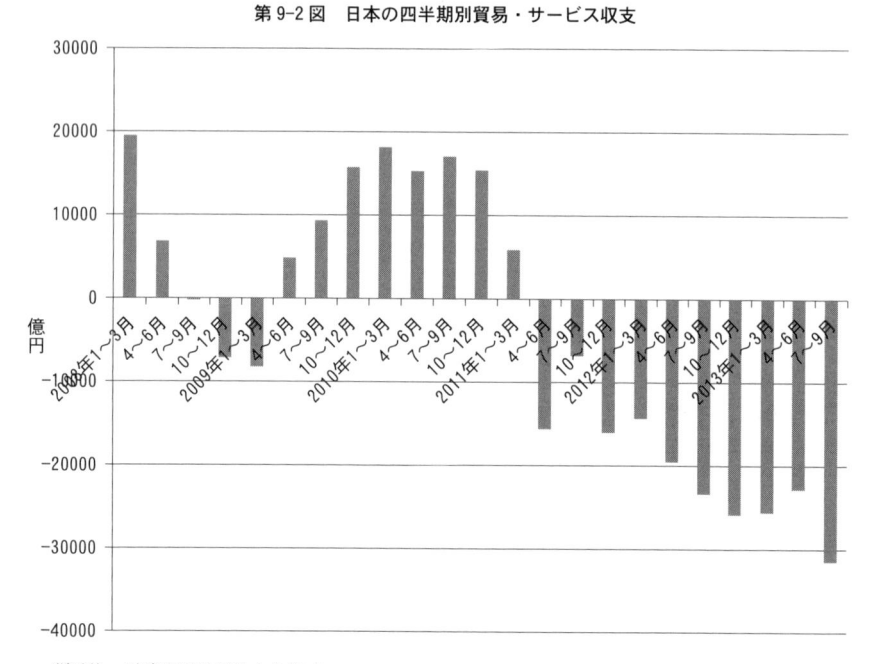

第9-2図　日本の四半期別貿易・サービス収支

(資料)　財務省HP統計より作成。

易・サービス収支の黒字化ももたらされてはいない。日本が過度な円高に苦しんでいた時，もちろんその円高状況を「云々する」国はなかったであろう。それはもはや経済学ではなく，自国の産業の優位をどのような時にも確保しようとする陳腐な政治学に過ぎない。それもまた現実ではあろうが，それを正しいマクロ経済学と混同したくない。

第2節　通貨戦争か？そしてそれは悪か？

　アベノミクスが円安誘導政策ではないとしても，リーマン・ショック以降のFRBおよびECBによる金融緩和政策，そして今時のアベノミクスによる円の減価が，大恐慌時の通貨切り下げ競争を彷彿とさせるが故の批判はなお残るであろう。

　Eichengreen（2013）によれば，それは2010年，ブラジルのマンテガ財務相による「通貨戦争（Currency War）」という言葉でその後のメディアの議論を呼び起こした。

　問われるべき問題は1つである。今時世界が置かれている状況下において，主要国の金融の緩和とそれに必然的に伴うその国・地域の通貨の減価は悪しきマクロ経済政策なのだろうか。もちろんここでの判定基準は，1国・地域のそれではなく，国際的な経済厚生の観点からである。

1. 大恐慌の教訓—ヌルクセの卓見—

　この問題は自然な推論として，そもそも1930年代の大恐慌時における「通貨切り下げ競争」といわれているものは，本当に当時の世界的不況を悪化させた要因であったのであろうか，という問題を伴っている。まずはその点を振り返ることから始めたい。この点に関して，しばしば言及される代表的文献にラグナー・ヌルクセによる研究（Nurkse（1944））がある。それはまるで今時の状況を分析しているかのようであり，一部で話題を呼んだEichengreen（2013）の論考のほとんどは，すでにここにあると言っていい。

　まずヌルクセは，金融緩和政策のいわゆる近隣窮乏化政策（Beggar-Thy-

Neighbor Policy) としての効果が生じうることを認めつつ，その経済拡大効果の重要性を説いている[1]。

> 「・・・何れか一国による平価切下げが貿易収支を改善する以外には少しも効果を持たなかったときには，その国の改善は必ずや他の何処かの国での悪化によって釣り合わされた。しかし，よりしばしば事実であったように，平価切下げに続いて投資，国民所得の国内的拡張が起こった際には，その拡張は世界的見地からみて純拡張であって，外国貿易を全面的に刺戟する傾向があった。或る重要市場における総需要の回復は，如何なる「為替ダンピング」にもまして，平価切下期の貿易の動きを支配した中枢的要因の一つであったと思われる。この事実は，まだ平価を切下げない国の犠牲において，一国が平価切下げによってどんな輸出利益を得ようとも，それが短命でありかつ割合に重要でなかったということを物語るように思われる。」Nurkse（1944，邦訳，199 ページ）

「通貨切り下げ競争」といった表現で否定的に言及される場合，それを通じて切り下げが過大になり，エスカレートすることも懸念される傾向がある。この点についても，ヌルクセは，1931 年 9 月の金支払い停止後に起こったイギリス・ポンドの減価について，次のように述べている。

> 「・・・大部分の観察者は為替切下げが，過大評価を除去するのに必要であった水準を超えて行われたという点で意見の一致を見ている。」Nurkse（1944，邦訳，191 ページ）

しかしその一方で，次のようにも述べているのである。

> 「もとより，ポンドの過小評価を少なくし，消去したものは大部分，その後に起こった他通貨の平価切下げであった。」Nurkse（1944，邦訳，196 ページ）

すなわち 1 つの通貨による「過度な」切り下げを阻止するのは，他通貨による追随的な切り下げであることが指摘されているのである。結果として，

「・・・1936年末には，1934年或いは1932年とは異なり，主要自由通貨間の為替関係は，平価切下げの波が始まる前の1930年の状態とはそれほどに違っていなかった。」Nurkse（1944，邦訳，198ページ）

では当時の主要国における「通貨の切り下げ競争」は結果として為替レート変動の不確実性を高めただけで無意味だったのであろうか。そんなことはない。

「・・・しかしあらゆる国が不況に陥り，国際収支を均衡に保つならば，どの一国といえども完全雇用の点までは拡張することができるし，適当にその為替を切下げて，依然として国際収支を均衡に保ちつづけることができるのは明らかである。すべての国が同時に拡張を行うならば，この定義による均衡為替相場は，実際の相場を全然変えなくても到達されるかも知れない。」Nurkse（1944，邦訳，194ページ）

「残余の金ブロック諸国では依然デフレーションが続いていたが，これは世界的回復の足手纏いと感じられた。早期に平価を切下げた若干の主導国は，競争力の優越を保とうという意欲からではなく，金ブロックを整理することに強く賛成していたことは意義深い。」Nurkse（1944，邦訳，197ページ）

そして今日のマクロ経済政策における国際協調の問題について，われわれが知っている問題がすでに，そして適切に述べられているのは驚くべきである。少し長くなるが，そのまま引用せずにはいられない。

「若干の通貨膨張手段をもちいずして，景気回復を達成した国は一つもなかった。平価切下げを次ぎ次ぎにやることを不可避ならしめたものは，通貨膨張が時間においてもその程度においてもまったくばらばらに行われたことにもとづくものであった。もし指導的な工業国が，それぞれの国内事情に適した手段によって，例えば1931年の春に，通貨膨張政策を同時に始めていたならば，恐らくこれらの諸国は相互間の為替相場の安定を維持するのに殆ど困難を感じなかったであろう。事実当時は，国内でも国際間

でも，不況を克服するために何をなすべきかについての意見の一致が完全に欠けていた。また人々が，実際には結局採用された解決方法に同意していたとしても，依然として，少なくともタイミングについて国際的協力が必要だということを理解しなければならなかったであろう。1933年のロンドン経済会議において諸代表により表明された見解が当惑するほど相違していたことは，共通基盤が欠けていたことの端的な證左であった。

同時的不況対策が失敗に終り，しかも為替管理を避けようとするならば，実際に採りうる唯一の方策は，通貨膨張を導く相次ぐ平価切下げだけであった。」Nurkse（1944，邦訳，200ページ）

繰り返しになるが，これは今日国際経済が直面している問題そのものであるように思えてならない[2]。とりわけ筆者にとって興味深いのは，その後半部分である。今から80年前の国際社会におけるマクロ経済政策へのコンセンサス状況が今日のそれとほとんど変わっていない事実と，その問題の本質を指摘した今から70年前の経済学者の著述が，今なお極めて優れていると思われる様は，マクロ経済学の進歩とは何であったのかをあらためて考えさせる。今日的な観点からは古いタイプに属する経済学者の卓見を，現在の「世界に通用するマクロ経済学」はどのくらい越えられているのだろうか。

ちなみに，かのHawtrey（1933）もまた通貨切り下げ競争に対し肯定的な卓見を少なからず述べている。彼の巧妙な表現によれば，

「状況は漁船隊が嵐に脅かされたようなものである。彼らの避難港への帰還が「競争的」であったとしても何の害もない。彼らを競争させるがいい。より早く帰り着くほど良い。」(Hawtrey (1933), p. 157. 筆者訳。)

2. 近隣窮乏化のドミノ効果

変動相場制下における金融緩和政策は，多かれ少なかれ為替レート変動を通じて他国に負のスピルオーバーをもたらす。しかし，それをすべて否定するのであれば，もはや世界はユーロ圏と変わらなくなる。また為替レートの変動だけでなく，金融緩和を通じての景気回復，輸入拡大による正のスピルオーバーも併せて考えられねばならない[3]。

真の問題は，マクロ経済政策に関する国際協調が今なお困難であり，期待できない時，各国による非協調的マクロ政策が何をもたらすかである。大恐慌の教訓は，それが非協調的なものであったとしても，結果としてそれが好ましいものであったことを伝えているように思われる。

以下，この点をゲーム論的に検討してみたい。問題は，1国の金融緩和は為替レート変動を通じて近隣窮乏化効果をもつが，「だからこそ」負のスピルオーバーを被った国が追随的に金融を緩和する誘因をもつことになるということである。いわば「近隣窮乏化のドミノ効果」とでも呼ぶべきものが存在すると考えられるのだ。そしてそれは，主要国が同種のマクロ的ショックに見舞われている時（世界大恐慌，リーマン・ショック）そしてそれが通常の景気後退を遥かに凌駕する深刻な事態である時（デフレ，ゼロ金利），とりわけ有効に働くであろう。

第9-2表は金融緩和政策のゲーム論的側面を表したものである[4]。自国と外国はそれぞれ，金融政策として「緩和」と「超緩和」の戦略をもっているとする。両者が協調的に緩和を行った場合の利得は（6，6）であるとする。このとき両国間の為替レートはほぼ変化せず，国内的な拡大効果のみがもたらされることになる。

第9-2表　金融政策ゲーム

		外国	
		緩和	超緩和
自国	緩和	(6, 6)	(3, 10)
	超緩和	(10, 3)	(?, ?)

（出所）　著者作成。

これに対して，自国は「超緩和」を選択し，外国が「緩和」に止まったままだとすると，自国通貨は減価しこれが輸出拡大効果を伴うことで，また外国は通貨の増価と輸出の減少を通じて，両者の利得は（10，3）になる。表の利得は，左側の数字が自国の，右側が外国の利得を表している。

問題は両国がいずれも「超緩和」を選んだ時の利得である。今，仮にこれを（4，4）であるとしよう。これは通常レベルの景気後退時であれば，行き過ぎた緩和が各国にインフレをもたらすことを表している。そしてその場合，

Nash 均衡として実現するのは両国とも「超緩和」を選んだ状態であり，その場合の両国の利得は，両国がいずれも「緩和」を選んだ時の (6, 6) よりも劣っており，明らかに最適ではない。これは通常論じられるマクロ経済政策協調の望ましさを表現している。

他方で，もし両国が「超緩和」を選んだ時の利得が，(8, 8) であったならどうであろうか。これは両国を襲うマクロ的ショックが深刻であり，ゼロ金利下でもはや通常の景気後退に応じるような金融政策が機能し得ない場合に対応すると考えられる。そこでも Nash 均衡として実現するのは，両国が「超緩和」を選ぶ状態である。これは非協調的に達成された状態ではあるが，両国が「緩和」を選んだ場合よりも結果として望ましい状態となっている。

望ましい経済政策についてのコンセンサスが必ずしも存在せず，デフレ下においてさえ消極的な金融政策が選択されがちな状況では，近隣窮乏化を被った国による非協調的（報復的？）超緩和は，結果として望ましい状況を作り出すことが考えられるのである。安倍政権成立後に日本で生じたことも，1930 年代の大恐慌時に生じたことも，このようなメカニズムだったのではないかと思われる。

通貨の減価による国際競争優位は，他国通貨の追随的減価によって失われる。しかし，双方にとっての金融緩和による所得拡大効果は残るのである。ではその減価競争は際限なく続くであろうか？ Hawtrey (1933) の指摘によれば，それはそれぞれの国における景気過熱の頃合いを見計らって，自然に止まると考えられる。現在の主要国は金融緩和に当たって，やや慎重に過ぎるほどの出口戦略を模索する傾向があることを思い起こせば，それはなおさら正しいと考えざるを得ない。

金融の緩和に出遅れた国は，確かに自国通貨の増価を通じて景気の悪化を被るかも知れない。しかし，それを解決する手段はその国の手にあるのである。先進国の同時通貨安が新興国に及ぼす影響については，もしその国が経済成長の鈍化ないし景気の腰折れに直面しているのであれば，それは結果として良い影響をもたらすと言えるだろう。逆に景気の過熱ないしバブルの兆候に直面しているのであれば，そこで採られるべき政策は Eichengreen (2013) が述べているように緊縮財政であろう。政治的な理由でそれが困難である可能性も充

分に想像できる。しかし，そうではあってもその時「戦争」の火種は世界の通貨にあるのではなく，国内にあるのだと理解するべきであろう。まさに日本がそうであったように。

(西　孝)

注

1) 以下，ヌルクセからの引用はすべて 1953 年刊の邦語訳からである。また漢字や送り仮名については，原文のままとしてある。
2) Eichengreen and Sachs (1986) は，競争的減価が 1930 年代の大恐慌を悪化させたことを指摘する歴史的文献の 1 つとして Nurkse (1944) を挙げているが，何とも不思議なことである。
3) マクロ経済政策のスピルオーバー的側面については，西 (2007) も参照されたい。
4) 西 (2010) では，財政政策についても同様の分析を行っている。

参考文献

Eichengreen, Barry (2013), "Currency War or International Policy Coordination" (pdf). http://emlab.berkeley.edu/~eichengr/curr_war_JPM_2013.pdf
Eichengreen, Barry and Jeffrey Sachs (1986), "Competitive Devaluation and the Great Depression: A Theoretical Reassessment," Economic Letters 22, pp. 67-71.
Hawtrey, Ralph (1933), *Trade Depression and the Way Out*. New Edition, Longmans, Green and Co., London.
Nurkse, Ragnar (1944), *International Currency Experience: Lessons of the Inter-War Period*, Princeton: Princeton University Press. (小島清・村野孝訳 (1953)『国際通貨―20 世紀の理論と現実』東洋経済新報社。)

片岡剛士 (2012)『円のゆくえを問いなおす』ちくま新書。
西　孝 (2007)「政策協調の意義と G7 の限界」田中素香・馬田啓一編著『国際経済関係論―対外経済政策の方向性を探る―』文眞堂，第 6 章所収。
西　孝 (2010)「金融危機と新たな国際協調体制」馬田啓一・木村福成・田中素香編著『検証・金融危機と世界経済―危機後の課題と展望』勁草書房，第 6 章所収。

第III部
次世代型の通商課題

第10章
アフリカの資源をめぐる貿易・投資と貧困削減

はじめに

　2003年以降の天然資源・一次産品の国際価格の上昇傾向を背景に，アフリカ地域は目覚ましい経済成長を遂げている。そこでは，資源獲得を狙う中国により官民連携した積極的な外交・貿易・投資活動が展開され，世界の注目を集めている。

　それに対して日本は，政府開発援助（Official Development Assistance: ODA）を中心に非政府組織（Non-Governmental Organization: NGO）等の活動も含め長年にわたってアフリカ支援を継続してきた。日本の対アフリカ戦略には，貿易・投資を通じた国益の追求だけでなく，アフリカの「貧困削減（poverty reduction）」に実質的な貢献を果たすべきという明確な理念が存在している。

　本章では，アフリカ地域に対して日本がとるべき通商戦略を考えるために重要と考えられる論点を適示し，経済学の立場から考察を進めていきたい[1]。

第1節　日本の対アフリカ通商戦略を考察するためのアプローチ

　第1節では，本章の考察をどのようなアプローチで進めるかを説明する。

1. アフリカの経済成長・中国の存在と日本社会の反応
　2003年のアメリカによるイラク戦争を契機として，中国の経済成長に伴うエネルギー需要の増大を背景に，石油や金属等の天然資源（以下，資源とい

う）の国際市場価格が高騰した。これにより，資源豊富なアフリカ諸国に大きな資源収入がもたらされ，とくに 2000 年代のサブサハラ・アフリカ諸国では年平均実質 GDP 成長率が 5.8％という消費主導型の高度成長が生じた。1990 年代まで「貧困の罠」に嵌まり込んだかに見えていたアフリカが，かくも著しい経済成長を見せたことは，21 世紀初めの世界経済における括目すべき出来事と言ってよい[2]。

こうしたアフリカの経済成長の中で，資源獲得のための積極的な外交・貿易・投資活動で大きな存在感を示しているのは中国である。1990 年代半ば以降，中国政府はアフリカ諸国への外交努力を強化し，中国企業もインフラ投資の実施と交換に資源採掘権を入手する（チャイナ・ディール方式）など，官民連携して一気呵成にアフリカ諸国との経済関係を深化させた。これを受けて，日本のマスメディアにおいても，アフリカとの経済関係が「援助から投資へ」切り替わったと捉え，中国との資源獲得競争で「日本，アフリカ投資に出遅れ」（日本経済新聞 2013 年 5 月 3 日朝刊）とする見方や，「開発の時代は終わった」，「成長を続けるアフリカはもはや「貧困の大陸」ではない」（日本経済新聞 2013 年 6 月 14 日朝刊）とする認識が語られるようになっている。

2. 日本のアフリカ協力と貧困削減

日本政府は，長年にわたり ODA を中心にアフリカ支援を継続してきた。とくに 1993 年からは，「人間の安全保障」の理念を基礎に[3]，アフリカ開発会議（Tokyo International Conference on African Development : TICAD）を 5 年ごとに開催してきた。これは，アフリカ自身のオーナーシップ（自助努力）とアジアとのパートナーシップ（国際協調）の 2 本を原則とする，国際機関，NGO にも開かれたマルチの会合であり，中国，韓国，インド等のような国益を重視した二国間会合とは一線を画するものである。2013 年 6 月の TICAD V でも，今後 5 年間で ODA 約 1.4 兆円（140 億ドル）を含む最大約 3.2 兆円（320 億ドル）の官民の取組みによりアフリカの成長を支援するとの基本方針が打ち出された[4]。日本の対アフリカ戦略には，貿易・投資を通じて日本の国益を追求するのみでなく，援助（経済協力）を重要なチャネルとして同地域の「貧困削減」に実質的な貢献を果たすべきとの明確な理念が存在しているの

である[5]。

　ところが，アフリカの「貧困削減」の重要課題は2000年代の経済成長によってもなお解決されていない。例えば，中国の資源権益獲得の過程でインフラ整備は一定の進展を見せてはいるものの，食糧生産の増大，都市工業の発展，貧困層の栄養・健康・教育の改善などは必ずしも進んでいない[6]。21世紀の日本にとっては，高齢社会を支えられるだけの高い生産性を実現するために付加価値生産性の高い技術に不可欠なレアアースを入手する，環境保全のために硫黄分の少ないアフリカ原油の調達を増やすなど，アフリカとの関係においても貿易・投資（ビジネス）を通じて国益を高める必要性が大きくなっていることも事実である。しかし同時に，従来からの「貧困削減」努力の重要性が減じたわけではない。

　したがって，今後のアフリカ地域との関係においても日本は「ビジネス・援助ミックス」戦略を継続するべきである。そして，アフリカ経済がたしかな発展軌道を辿るためにどのように通商（貿易・投資）戦略と援助政策を組合せるべきかを考えていくのが適切であるように思われる。こうした理解からいえば，アフリカでの資源獲得を巡り日本が中国（や欧米）との貿易・投資競争での遅れを取り戻すべきだという問題提起の仕方は，日本の対アフリカ戦略の在り方を考察する際の視野を大幅に狭めてしまう恐れが大きく，適切とはいえない。

3.「ビジネス・援助ミックス」戦略への本章のアプローチ

　上述のような考えに立ち，本章では，現在成長しているアフリカ地域に対して今後日本が「ビジネス・援助ミックス」戦略によって経済関係を深化させていくに際しどのような視点や理解の枠組みをもっておくべきかを，経済学的な観点から考究することにしたい。

　ここで注意したいのは，今後のアフリカ経済の行く末をあらかじめ予測して日本の「ビジネス・援助ミックス」戦略の在り方を構想するというアプローチは採用しないということである。今後のアフリカ経済の成長を正確に予測することは一般に困難であり，戦略構想の前提が不確かなアプローチは採るべきではないと考えるからである[7]。むしろ，アフリカ経済が将来どのような変動過

程（成長や衰退）を見せようとも，そこに生起する社会状況のもつ意味を読み解けるような視点や理解の枠組みを形成することに注力する[8]。

そうした視点を選び出す際のポイントは，アフリカ経済が望ましい発展軌道に着実に乗っていけるかを見定められるような論点に注目することである。言い換えれば，アフリカ経済の発展基盤を形成することに重要な貢献をすると考えられる要因を探ることである。

まず，2003年以降にアフリカの資源国が成長した点に着目するなら，「資源の呪い（resource curse）」の回避という論点を考察するのがよいようにも思われる。だが，オランダ病以来「資源の呪い」の研究は多く行われてきている。そして今日では，資源収入を成長阻害要因の除去や成長促進的な投資に結び付けることで「資源の呪い」が回避できることは，ほぼ了解されているように思われる。アフリカの好例としてはボツワナが取り上げられることも多い。同国では，ダイヤモンドの販売収入を社会インフラへの投資，教育（国家予算の30-40パーセント），医療に優先的に配分するとともに，ダイヤモンドを研磨し加工して商品とする「川下」産業の育成までも行ってきた。そして，ダイヤモンド鉱脈の枯渇後にも他国からダイヤモンドを輸入して研磨産業を維持できるような投資を行っている[9]。「資源の呪い」の回避はたしかに重要な論点ではあるが，他の文献に譲ることとしたい[10]。

筆者の見解では，アフリカ経済の発展基盤を形成するために重要な要因として，(1) 貧困層の栄養・健康・教育の改善，(2) 資源利用の世代間公平性の確保，(3) サブサハラ・アフリカの穀物土地生産性の向上の3つに着目することが有益である。第2節で(1)と(2)を検討し，第3節でアフリカでの貧困削減にとって決定的な重要性をもつと思われる(3)に関する考察を深めることにしたい。第4節では，今後のアフリカ経済理解の基本になりうる簡潔な理論的枠組みを提示する。

第2節 アフリカ経済の発展基盤：
栄養・健康・教育の改善と資源利用の世代間公平性

本節では，アフリカ経済の発展基盤を形成する要因として，栄養・健康・教育の改善と資源利用の世代間公平性の2つが果たす役割について考察を進める。

1. 栄養・健康・教育の改善

アフリカの貧困層にとって栄養・健康・教育の改善が緊急の重要課題であることはすでに周知のところである[11]。例えば，2000年のミレニアム開発目標の8つの目標のうち6つは，栄養・健康・教育の深刻な不足を解決しようとするものである。その理由として従来から指摘されていることは，2点ある。第一に，栄養・健康・教育の深刻な不足自体が基本的人権の実質的侵害であり，その改善は「人間開発」，「人間の安全保障」を直接的に推進することになるということである。第二に，栄養・健康・教育の改善により人的資本が増加（毀損が減少）し貧困層の労働生産性が上昇することで，彼らの稼得所得したがって民間購買力の増大が生じて市場の成長が期待できることである[12]。これらはいずれも妥当な見解であるように思われる。

本節では，それらに加えて，栄養・健康・教育の改善がアフリカ経済にとってもつ従来必ずしも強調されてこなかった意義を，経済学の新たな研究成果を踏まえて適示しておきたい。それは，これらの改善がアフリカ域内での貯蓄のインセンティブを創出することの重要性である。この点は，今後アフリカ経済に自律的発展の基盤が整えられてくるかを見分けるポイントにもなると考えられる。

2003年以降のアフリカの成長を支えたのは，主に国際価格の高騰による資源収入の増大と外国からの投資であった。つまり，アフリカ域内の貯蓄を原資とする自律的な成長というよりは，域外世界に依存した成長であったことは否定しきれない。それゆえ，資源の国際価格が低下してもなお高度成長が維持さ

れるかは，じつのところ不明瞭である。この点で，今後アフリカ域内での貯蓄が増大し自律的な成長が可能になるかを注視することは，本質的に重要である。

　Steger（2000, 2002）は，貧困国では消費の増加が栄養・健康・初等教育の改善に貢献する面が大きい点を強調し，「生産的消費仮説」にもとづく成長モデルを構築した[13]。そして，消費の増加が人的資本蓄積を加速する（生産的消費）ような経済では，消費者が所得の一部を貯蓄に回す行動をとる場合だけでなく，貯蓄をゼロにする場合がある（貯蓄をすると現在消費が減少し却って成長が鈍化するため）ことを論証した。そうした経済では，人的資本水準が低い初期段階では生産的消費による人的資本蓄積のみでの成長が生じ，人的資本水準が臨界値を超えるとプラス貯蓄の局面に移行して物的資本蓄積も始まることが示されている。これによれば，アフリカの自律的成長のカギは，栄養・健康・教育の改善により域内に貯蓄のインセンティブが創出されプラス貯蓄局面への移行を達成できるかにあると解釈できよう。さらに言えば，その域内貯蓄を投資基金として，後述する再生産可能な人工資本や穀物土地生産性の向上に役立てることが重要であろう。

　さらに，Daitoh（2010）はSteger（2000）モデルを人口成長率を内生化して拡張し，ゼロ貯蓄からプラス貯蓄への局面移行を通じて，現実のデータで観察される人口成長率が上昇から低下に転じる（逆U字型）現象や単調に低下する現象を理論的に説明した。これによれば，プラス貯蓄局面に移行すれば人口成長率は低下し始めると推定されるので，アフリカ人口を扶養するための食糧需要の伸びが抑制されることも期待できるかもしれない。アフリカは世界の代表的な人口増加地域であり世界全体の食糧需要に大きな影響を及ぼすとされているにもかかわらず，第3節でも論じるように食糧（穀物）生産性が極めて低い。それゆえ，栄養・健康・教育の改善により人口成長率の低下する局面に移行できる可能性を追究することの意義は，決して小さくはないであろう。

2. 資源利用の世代間公平性の確保

　第2に目を向けたいのは，アフリカ経済が辿る発展軌道，とくに資源国の成長経路が世代間公平性の観点からみて望ましいものかどうかという点である。

アフリカには木材や魚介類といった再生可能資源の輸出国（ガーナ，ウガンダ，セネガル等）もあるものの，資源国の輸出品は基本的には枯渇性資源（石油，天然ガス，金属等）とみてよい。こうした資源は，現在世代が採掘・利用してしまうと，将来世代がそれを採掘・利用することは不可能となる。そのため，たとえ現在世代が時間を通じた効率性の観点からみて問題のない採掘をしていても[14]，その収入の多くを自ら消費してしまい将来世代に価値を残さないならば，世代間公平性の観点からは問題である[15]。

　経済学では，世代間公平性を満たす成長経路として，「時間を通じて経済厚生が低下しない成長経路」に注目している。その特別なケースとして，「時間を通じて消費水準が一定である成長経路」を考えよう。浅子・川西・小野（2002）によれば，社会において (1) 再生産可能な人工資本と労働の完全利用，(2) ホテリング・ルール[16]，(3) ハートウィック・ルールという3つの条件が満足されるとき，こうした経路が可能であることが知られている（241ページ）。条件 (1) と (2) はパレート最適な経路が選ばれるための条件である。条件 (3) は消費水準を一定に保つための条件であり，「任意の時点において，枯渇性資源の利用に係る競争的な使用料相当額だけ再生産可能な人工資本の蓄積が行われる」という内容をもつ。これをもとに解釈すれば，アフリカでの世代間公平性のためには，採掘される枯渇性資源の限界生産物価値の大きさだけ物的資本投資が行われることが要請されることになろう。

　それに対し，2003年以降のアフリカの成長に「消費爆発」が伴っている側面を強調し，民間消費という内需が主導する高度成長である点を肯定的に捉える向きもある（日経ビジネス（2013），20-23ページ）。経済学の立場からは，Young（2012）が，人口・健康調査のデータを用い，1990年以降のサブサハラ・アフリカの実質家計消費の成長が年率3.7-3.9パーセントであったことを示している。これは従来の国際データ（Penn World Tablesや国連統計）から計算される値の3.5-4倍であり，同地域では実質消費の成長率が高いことが確認されている。

　近年のアフリカ地域が辿っている高度成長経路がこのような特徴を持つことを考慮すれば，世代間公平性の観点からみて物的資本投資が過少となるほどの大きな消費が行われていないか，冷静かつ慎重な考察が求められるのである。

第3節　貧困削減の鍵としての穀物土地生産性の向上

　本節では，今後のアフリカの発展基盤を形成する要因として決定的に重要と考えられるサブサハラ・アフリカの穀物土地生産性の低さの克服について，考察を深めたい。

　はじめに，アフリカでの貧困削減を困難にしている決定的に重要な要因がサブサハラ・アフリカにおける穀物土地生産性が非常に低いことにあると考えられる経済学的理由を，平野（2009，2013）にしたがって説明しよう。つぎに，その低生産性を克服するための方策に関するコリアー（2012）の主張を批判的に検討する。そして，特にサブサハラ・アフリカでの穀物土地生産性の向上にとっては，遺伝子組み換え作物の解禁よりも，アフリカ域内での肥料増産を可能にするための化学産業の支援・育成を図るべきことを述べる。

1. 穀物土地生産性の低さと貧困の連鎖

　サブサハラ・アフリカの穀物土地生産性は，世界の平均的水準の3分の1に届いていない（平野（2013），124ページ）。この低生産性は，以下のような論理で，農村の所得増加を阻み，かつ都市の製造業（フォーマル部門）の賃金水準を高めることによって工業化をも阻害していると考えられる。

　サブサハラ・アフリカでは都市化率が約40%である。ところが，農村での穀物土地生産性が低いため，農村人口（約60%）に食糧穀物を供給することを前提としてさらに扶養できる都市人口比率は15.7%である（平野（2013），116ページ）。そのため，これを超過する都市人口約24%（＝40%－15.7%）が食糧として必要とする穀物が，基本的にはアフリカ域外から輸入するほかはない（北アフリカでの穀物生産力で扶養できる都市人口は2%程度なので，アフリカ全体でみてもあまり大きな違いはない）。すなわち，総人口のおよそ4人に1人が都市で支払う穀物代金は，農村に所得として還流することなくアフリカ域外に流出するのである。これにより，サブサハラ・アフリカでは農村都市間での所得循環の大きな部分が断ち切られてしまい，農村所得の上昇は困難

となる。

　他方，都市においては，低生産性のアフリカ農村からの過少供給により，食糧穀物の域内価格が高くなる。国内には超過需要があるので，（国際価格がこれより高いとしても）穀物輸入が行われる。これにより，都市での食糧費は高くなる傾向をもち，都市の製造業企業は労働者の生活費の高さを考慮して高い賃金を支払わざるを得ない。すなわち，都市の製造業も生産コストが高くなる傾向をもち，工業化が阻害されるのである。こうして，農村での穀物土地生産性の低さは，農村の穀物生産部門と都市の製造業部門がともに比較劣位産業となる傾向を生み出すのである。

2. コリアー（2012）による遺伝子組み換え作物解禁論の批判的検討

　穀物生産の低生産性を克服することが重要であるという認識は，コリアー（2012）によっても共有されている。彼は，アジアの成長に伴う世界の食糧価格の上昇を抑えるためにはアフリカにおいても中長期的に食糧生産を増加させなければならず，それを妨げる3つの共同幻想，(1) 小農礼賛，(2) ヨーロッパでの遺伝子組み換え作物の禁止，(3) アメリカでのバイオ燃料への補助金を，打破するべきであると主張している[17]。このうち，サブサハラ・アフリカでの穀物土地生産性の向上に強い関連性をもつのは，(1)と(2)であろう。

　まず，(1) 小農礼賛の打破，つまり小規模な自給自足的農業を大規模な商業的農業に転換することによって土地生産性が向上するという説には，大きな疑問はないように思われる。なぜなら，農地利用に規模の経済性を活用できることや，大規模組織であれば技術革新に伴う外部性を内部化することができる（コリアー（2012），236ページ）ことから，効率性が改善されると考えられるからである[18]。この考えは，基本的には，サブサハラ・アフリカについても適用して差し支えないであろう[19]。

　それに対して，(2) 遺伝子組み換え作物の解禁は，サブサハラ・アフリカでの穀物土地生産性の向上という目標に対する最善の手段であるかという観点から，慎重な検討が必要であるように思われる。政策目標と政策手段の対応関係に関する経済学の原則的な考え方は，「目標に対して直接的に作用する手段がファーストベスト（最善）である」というものである。そう考えられる理由

は，目標に対して間接的に作用するような手段を用いると，当該目標に直接の関わりのある経済主体や生産部門以外の主体や部門に資源配分上の追加的な歪みが生じ，非効率性が増すからである。この基本原則を適用するなら，低い土地生産性を補正するという政策目標にとっては，土地生産性を直接的に向上させる政策手段が最善のものだということになる。したがって，もっとも自然な最善政策としては，土地への肥料投入や農地関連インフラ（灌漑設備等）投資などが考えられる。

遺伝子組み換え作物の解禁は，土地で栽培する作物を害虫抵抗性や除草剤耐性の大きな品種に改良することだから，これも直接的に土地生産性を高める手段のようにも思われる。だが，土地への肥料投入等と比較すれば，次のような追加的な非効率性を伴うため，最善政策といえるかには疑問が残る。

第1に，遺伝子組み換え技術とは，DNAを細胞から取り出して遺伝子の構成や並び方を人為的に変えたうえで元の生物や別の種類の生物の細胞に入れて働かせる，新しい技術である。したがって，遺伝子組み換え作物の開発や健康影響の科学的研究は成果の蓄積が始まったばかりである。コリアー（2012）も「遺伝子組み換え技術の研究はまだ第1世代にあり」と述べ，初期段階であることを認めている（245ページ）。そのため，人間の健康への影響評価にはさまざまな不確実性・リスクが残っている。実際日本でも，厚生労働省が食品安全検査の対象として遺伝子組み換え作物の厳格な検査を行っているのが現状である[20]。

いま生産を解禁すれば，遺伝子組み換え作物はその耐性の強さから世界の基礎食糧の中でも有意な割合を占めるようになる（そう予想できるからこそコリアー（2012）も解禁を主張するの）であろう。その結果，遺伝子組み換え作物のもつ（未発見の）健康リスクは，基本的には社会のすべての人々が負担することになる。ところが，不確実性の経済学が教えるように，社会の中にはリスクに対して回避的，中立的，愛好的な選好をもつ異なったタイプの消費者が混在している。そのため，健康リスクを回避したいと思う消費者もまた遺伝子組み換え作物を消費せざるを得ない傾向が強くなる。遺伝子組み換え作物のもつ未発見の健康リスクに対して中立的または愛好的な消費者ばかりであれば，少なくとも経済学の立場からは非効率性は生じていないということになるだろ

う。だが，現在未発見の健康リスクをリスク回避的な消費者にも負担させることは，経済厚生の低下という非効率性を生じさせると考えられるのである。

ただし，遺伝子組み換え作物の表示義務を徹底して市場で識別できるようにする対策を講じれば，この非効率性を回避することも理論的には可能である。だが，そのためには生産・流通を担当する企業が表示のためのコストを負担し，政府がきめ細かい検査や監督行政を確実に実施することが必要である。各国政府のガバナンスの悪さが指摘されることも少なくないサブサハラ・アフリカ諸国で，こうした企業行動や政策が実現できる見込みが十分に大きいといえるのかには，大きな疑問が残るところである。

第2に，遺伝子組み換え作物の遺伝的影響にも今のところ不確実性が伴っていることから，「世代間の外部不経済」ともいうべき非効率性も存在しうる。すなわち，遺伝子組み換え作物を生産し消費するという現在世代の意思決定がまだ生まれていない将来世代の健康に望ましくない影響をもたらす可能性をも考慮する必要がある。上述の，リスクに関する選好を基準とした静学的な非効率性は，リスク回避的な消費者にとっての選択の自由が制限されるために生じており，遺伝子組み換え作物を識別できる手段があれば遺伝子組み換えでない作物を選択することで回避できるものであった。それに対して，世代間の外部不経済は，その影響の受け手（将来世代）に選択の自由がまったく欠如しているという意味で，より深刻な非効率性と解釈することもできよう。

こうした動学的な非効率性に対処する最善の政策手段が何かについて現在の経済学には一般的な合意はないように思われる。だが，1992年の国連環境開発会議のリオ宣言以来しばしば言及される予防原則（precautionary principle）を適用することが，ひとつの有力な対応策となりうる。それは，「将来において不可逆的または深刻な影響がありうる活動に関しては，科学的因果関係が不確定であることを規制措置などの対策を講じない理由としてはならない」とする原則である。予防原則に沿って考えるならば，遺伝子組み換え作物の解禁は世代間の遺伝的影響を検出するのに十分な時間が経過するまでは差し控えるべきということになるだろう。たしかに予防原則は，濫用されると「疑わしいものはすべて禁止」という極論に結び付けられる恐れもあるため，慎重な適用を心がけなければならない。だが，すでに述べたように，サブサハラ・アフ

リカでの穀物土地生産性の向上を図るための最善政策として土地への肥料投入や農地関連インフラ投資という他の手段が存在することは明瞭であるのに，あえて予防原則の適用を拒んで遺伝子組み換え作物を解禁する必要性は小さいように思われる[21]。

3. アフリカ域内での肥料生産の増加と化学産業の育成

　以上より，本章の立場は，サブサハラ・アフリカでの穀物土地生産性の向上という政策目標に対する政策手段の選択として，コリアー（2012）の主張する(1)小農礼賛の打破には基本的に賛同するが，(2)遺伝子組み換え作物の解禁は支持しかねる，というものである。コリアー（2012）は肥料投入の増大を支持しない理由を，「肥料価格が低水準のときでさえ，アフリカは肥料を十分に投入することができなかった。ましてエネルギー価格の高騰で肥料価格が押し上げられたら，アフリカにおける緑の革命は肥料という推進力を失ってしまうだろう」（コリアー（2012），245ページ）と説明している。つまり，従来よりも安価な肥料の投入が困難なので，（たかだかセカンドベストの政策ではあっても）遺伝子組み換え作物の解禁を主張するというのである。

　だが，従来の肥料価格が十分な投入量を確保できないほど高いというのであれば，アフリカ地域で化学肥料の生産を増加させることによって肥料の均衡価格の低下を促すことも考えられる。現に北アフリカ各国ではリン酸肥料と窒素肥料の生産が行われ，アルジェリア以外は肥料輸出国となっている。他方，サブサハラ・アフリカでは国産肥料がほとんどなく，輸入した肥料を内陸部に運搬する輸送インフラも整っていないために肥料が高価になり，結果として無肥農業に陥るのである（平野（2013），128-130ページ）。そうであれば，サブサハラ・アフリカの穀物生産地域に対しヨリ安価な肥料供給を可能にするという方向で対応策を講じることは有効なはずである。第1に，北アフリカ諸国の肥料生産者が安価な肥料をサブサハラ諸国に輸出できるように肥料産業の支援をすることが考えられる。第2に，窒素肥料は天然ガスから生成するアンモニアが原料であり，リン鉱石はトーゴの輸出品であるから，サブサハラ・アフリカ地域において肥料生産を可能にする化学産業を育成するという選択肢も有力である[22]。アフリカの得る資源収入や援助資金あるいは第2節で指摘した域内貯

蓄を，こうした産業支援・育成に投資できるようにすることが，有効な政策となるであろう。

第4節　アフリカ経済の構造理解のための理論的枠組み

　第3節では，穀物土地生産性の向上がサブサハラ・アフリカ地域での貧困削減にとって決定的に重要な要因であること，そのための最善政策として土地への肥料投入の増加（や農地関連インフラ投資）が重要であること，そして同地域内での肥料増産のための化学産業への支援・育成や投資が有益であることを論じた。ここであらためて注意を向けたいのは，上記の議論では「農業生産性の向上が経済成長を促進する」という考え方が前提とされていることである。
　だが，これは経済学で知られている「開放経済での農業生産性の向上は成長率を低下させる」というMatsuyama（1992）の理論分析の結果と，一見矛盾するように見える。そこで本節では，Matsuyama（1992）モデルを出発点にして，開放経済の下でも穀物（＝農業）生産性の向上が経済（とくに工業部門の）成長を促進すると解釈できるような，アフリカ経済の特色と整合的な理論的枠組みがどのようなものかを探ることにしたい。これにより，今後のアフリカ経済に生起しうるさまざまな社会状況を理解するのに役立つ思考の枠組みと視点を得ることができるであろう。

1. 農業生産性と経済成長

　農業生産性の向上が1国の経済成長を促進するのか阻害するのかという問いは，古くから経済発展論の重要な課題とされてきた。イギリスや日本の経験では農業生産性の向上が経済成長の前提とされ，開発経済学での伝統的考え方（conventional wisdom）ともなった。だが，ヨーロッパ大陸では最初にベルギーやスイスが工業化に成功し農業国オランダの工業化が遅れたこと，アメリカ南北戦争期には農業地域の南部ではなく北部のニューイングランドで工業（繊維産業）の発展が生じたことなどから，農業生産性の高さが経済成長を妨げる可能性もあるとされた。

この違いの原因が経済が閉鎖的か開放的かにあることも指摘されていたが，これを理論的に基礎づけたのが Matsuyama (1992) である。彼は工業での学習 (learning-by-doing) 効果を成長の原動力とする農工2部門の内生成長モデルを構築し，農業生産性の向上によって自給自足経済では成長率が高められるのに対し，自由貿易下の開放経済では成長率が低下することを示した。

アフリカ諸国が貿易の行われている開放経済であることに鑑みると，穀物（=農業）生産性の向上が成長を促進するという第3節の議論の前提は，この結果に反しているように思われる。

2. Matsuyama (1992) モデルとアフリカの経済構造

この不整合を解消し，「穀物（=農業）生産性の向上が成長を促進する開放経済」のモデル構造を探るため，はじめに，Matsuyama (1992) モデルに働く経済的論理を確認しよう。自給自足経済では，農業生産性が向上すると，(1)少ない農業人口で農業品を生産できるため農業部門の労働者が工業部門に移動できるようになる一方，(2)農業部門での所得が高まるため増産される工業品を購入できるだけの需要が発生する。この需給均衡においては，(3)工業の資本蓄積に必要な国内貯蓄が増加するため，成長が促進されるのである。他方，開放経済では，農業生産性が向上すると，農業の比較優位が強まるため農産物の生産が拡大し，工業生産は相対的に縮小する。これにより工業での学習効果が弱められるため，成長が阻害されるのである。このような経済的論理を踏まえれば，Matsuyama (1992) モデルの理論的帰結を貿易に開放的なアフリカ経済に対応させて理解するためには，アフリカ経済の構造を比較優位部門と比較劣位部門の区別を明確にして描き出すことがポイントになることが分かる。

そこで，アフリカ地域の「定型化」された経済構造を捉えるため，農業部門を①比較劣位な穀物（食肉を含む）産業と②比較優位な輸出商品作物（コーヒー，カカオ，綿花等）産業とに区別し，工業部門を③比較優位な（天然）資源産業と④比較劣位な（都市）製造業とに区別することにしよう。この理論的枠組みは，2部門より複雑な4部門モデルであるが，Matsuyama (1992) の教える経済的論理を活用してアフリカ経済を理解する上では有益と思われる。

この理論的枠組みでは，初期において輸入財となっている穀物の（土地）生

産性が向上すると，比較劣位が弱められた穀物産業では生産が拡大し，相対的に比較優位が弱められる資源産業や輸出商品作物産業では生産が縮小する傾向が生じると考えられる。製造業の比較劣位がどう変化するかは，要素集約度などの条件にも依存するであろうから，一概には言えない。しかし，穀物の域内生産の増加によって穀物輸入が減少するのであれば，都市住民の支払う穀物代金のうちアフリカ域内（農村）の穀物産業に還流する所得部分が大きくなり，農村所得の上昇も期待できるであろう。また，穀物生産の増加によってアフリカ域内での食糧費が低められるならば，都市フォーマル部門の高賃金も低下して，製造業の比較劣位も弱められ，工業化が進展するかもしれない。このように考えれば，穀物土地生産性の向上がアフリカの開放経済において貧困削減（経済成長）にプラスに働くことを理論と整合的に理解することができるであろう。

この理論的枠組みや例示はあくまでも概念的なものであり，数学的に厳密な構造をもつ一般均衡モデルとなっていないことは言うまでもない。だがそれは，アフリカ経済の基本的な構造を簡潔に捉え，問題の性格や意味を理解する手掛かりを与えてくれるものであろう。

（大東　一郎）

注

1）　本章は，アフリカ経済に関する基礎知識をもつ読者を想定して書かれている。成長著しい近年のアフリカ経済についての解説や情報はすでに多くの文献に記されているので，その種の記述は避け，筆者が新たに考察した内容を中心に論じる。基礎知識を初学者にも分かりやすく提供してくれる文献には，青木（2011），日経ビジネス（2013）がある。平野（2009, 2013）は必読の研究書である。

2）　アフリカの高度成長を可能にした要因は，資源収入の増加だけではない。1990年代末から2000年代初頭までの先進国によるアフリカ債権の放棄，2002年国連開発資金国際会議（モンテレー会議）でのODAの大幅増額の合意も，重要な役割を果たした。平野（2009）第6章を参照。

3）　「人間の安全保障（human security）」の概念やそれと「人間開発（人間的発展：human development）」や「人権」との関係に関する考察は，セン（2006）22-34ページにおいて行われている。

4）　http://www.mofa.go.jp/mofaj/area/page2_000016.html にある「日本の支援策」を参照。

5）　日本の開発援助の理念や実態を知るには，西垣・下村・辻（2009）が有用である。

6）　国連ミレニアム開発目標報告2010も参考になろう。

7）　2013年末の本章執筆時点でも，すでに「アフリカに中国リスク　資源価格下落も重荷に」（日本経済新聞電子版，2013年11月25日）という情報が伝えられている。

8）　アフリカ社会を理解するには紛争やガバナンスなど政治経済学的分析や制度の考察もきわめて重

要である。だがそれは「通商戦略の論点」を考察する本書の範囲を超える大きな問題であるから，本章では扱わない。
9）「NHK スペシャル」取材班（2011），第 4 章を参照。
10）最近の包括的な研究展望が Van der Ploeg（2011）にある。コリアー（2012）第 3 章も有益である。
11）ここで「栄養」とはカロリーと微量栄養素の摂取を指している。「健康」には，医療サービスの提供をはじめ安全な水の確保，HIV/AIDS，マラリア，肝炎等の疾病の予防も含まれる。「教育」は生活に必要な基礎的知識や初等教育を指す。
12）味の素（アミノ酸）や住友化学（オリザネット）など，日本企業による貧困層をターゲットとする BOP（Base of the Pyramid）ビジネスが重要な成果をあげていることは，よく知られている。
13）この考え自体は基本的に「効率賃金仮説」と同じものである。Steger の新たな貢献は，労働市場での非自発的失業の説明を超えて，経済全体の成長を描写できる新たな定式化を考案した点にある。Daitoh（2010）を参照。
14）以下の議論ではホテリング・ルールの下で考えるので，効率性は満たされる。
15）コリアー（2012）も，現在世代は資源の所有者ではなく管理者に過ぎないと見て，将来世代が満足する方法で資源の価値を残すように現在世代は資源を利用するべきだという「カストデイアンの倫理規範」を提唱している。
16）これは「資源価格が金融資産の長期利子率と同率で上昇する」というルールである。資源価格上昇の理論的説明は他にもある。東田（2013）は，資源採掘市場に不完全競争のある 2 期モデルで資源価格が上昇する条件を導いている。
17）彼は，2005 年から 2008 年の世界の基礎食糧価格の 80％以上もの上昇で都市住民，とくに貧困層が打撃を受けたことを問題視している（コリアー（2012）228-229 ページ）。3 つの共同幻想の打破は，直接はサブサハラ・アフリカでの穀物生産性の低さへの対応策として考えられたわけではない。
18）最新の研究である Collier and Dercon（2013）にも詳細な議論がある。
19）ただし，小農生産が地域社会の文化的基盤を形成している場合には，その限りではないかもしれない。とりわけ文化的要因が外部経済効果として働いていれば，効率性の観点からみるとしても小農生産を肯定すべき場合はあるだろう。
20）詳しくは，http://www.mhlw.go.jp/stf/seisakunitsuite/bunya/kenkou_iryou/shokuhin/idenshi/index.html にある「遺伝子組換え食品 Q＆A（平成 23 年 6 月 1 日改訂第 9 版）」を参照。
21）化学肥料にも未発見の健康リスクが潜在している可能性がある。しかし，肥料の使用には，欧米やアジアの近代農業での長期にわたる経験と研究の蓄積がある。遺伝子組み換え作物と同様の非効率性が皆無だとはいえないが，今日では現実的なリスクは比較的小さいであろう。
22）近年，モザンビークからタンザニア，ケニアにかけての地域に巨大な埋蔵量をもつ天然ガス田が発見されたことも，すでによく知られている。

参考文献

Collier, P. and Dercon,S. (2013), "African Agriculture in 50 Years: Smallholders in a Rapidly Changing World?," *World Development*, http://dx.doi.org/10.1016/j.worlddev.2013.10.001

Daitoh, I. (2010), "Productive Consumption and Population Dynamics in an Endogenous Growth Model: Demographic Trends and Human Development Aid in Developing Economies," *Journal of Economic Dynamics and Control* 34, pp.696-709.

Matsuyama, K. (1992), "Agricultural Productivity, Comparative Advantage, and Economic

Growth," *Journal of Economic Theory* 58, pp.317-334.
Steger, T.M. (2000), "Productive Consumption and Growth in Developing Countries," *Review of Development Economics* 4, pp.365-375.
Steger, T.M., (2002), "Productive Consumption, the Intertemporal Consumption Trade-off and Growth," *Journal of Economic Dynamics and Control* 26, pp.1053-1068.
Van der Ploeg, F. (2011), "Natural Resources: Curse or Blessing?," *Journal of Economic Literature* 49-2, pp.366-420.
Young, A. (2012), "The African Growth Miracle," *Journal of Political Economy*, Vol. 120, No. 4 (August), pp. 696-739.

青木一能(2011)『これがアフリカの全貌だ』かんき出版。
浅子和美・川西諭・小野哲生(2002)「枯渇性資源・環境と持続的成長」『経済研究』Vol.53, No.3, 236-246ページ。
アマルティア・セン(2006)『人間の安全保障』東郷えりか訳,集英社新書。
「NHKスペシャル」取材班(2011)『アフリカ:資本主義最後のフロンティア』新潮新書。
国連ミレニアム開発目標報告2010(2010),国際連合広報センター。
日経ビジネス(2013)『アフリカビジネス:灼熱の10億人市場を攻略せよ』日経BPムック。
西垣昭・下村恭民・辻一人(2009)『開発援助の経済学 第四版 「共生の世界」と日本のODA』有斐閣。
東田啓作(2013)「資源獲得戦略と資源価格」馬奈木俊介編著『環境・エネルギー・資源戦略:新たな成長分野を切り拓く』日本評論社,第10章。
平野克己(2009)『アフリカ問題:開発と援助の世界史』日本評論社。
平野克己監修,株式会社レッカ編著(2011)『日本人が知っておきたい「アフリカ53ヵ国」のすべて』PHP文庫。
平野克己(2013)『経済大陸アフリカ:資源,食糧問題から開発政策まで』中公新書。
ポール・コリアー(2012)『収奪の星:天然資源と貧困削減の経済学』みすず書房。

第11章

日本における地球温暖化対策の苦悩

はじめに

　日本は2012年をもって，国際的削減義務を持つ温暖化対策から離脱し，アメリカなどがおこなう自発的な温暖化対策へ移行した。2020年の全世界的な地球温暖化対策に向けて，日本は抜本的な制度設計が作れるのか，時間は限られている。

　本章では日本における地球温暖化対策に関し，第1節で地球温暖化対策第1局面の京都議定書達成状況を確認し，第2節で第2局面における日本の対策に関し検討をおこなう。

第1節　日本における京都議定書の達成状況

1. 京都議定書までの動き

　地球温暖化問題は既に1980年代より知見されていたが，その対策について本格的な国際議論が試みられたのは，1990年の第2回世界気候会議からである（第11-1表を参照）。1992年には気候変動枠組条約が採択され，1995年より気候変動枠組条約締約国会議（Conference of the Parties：以下COPと約す）が毎年開催され，COP3の京都議定書が初めての国際的な地球温暖化対策としてスタートした。京都議定書の2008年〜2012年を国際温暖化対策の第1局面とすれば，2013年から2020年までが第2局面，2020年以降が第3局面となる。現在は第2局面の初期，すなわち，2020年からの具体的な枠組を2015年までに検討するという時期である。

第11-1表　地球温暖化対策年表

1979	第1回世界気候会議
1988	IPCC結成
1990	第2回世界気候会議
1992	地球環境サミット　気候変動枠組条約
1997	気候変動枠組条約第3回締約国会議（COP3　京都議定書）
2000	COP6（京都議定書の細目決定不調）
2001	COP7（京都議定書の細目合意）アメリカ離脱
2002	日本が京都議定書締結
2004	11月18日　ロシアが京都議定書締結
2005	2月16日　京都議定書発効
	COP11（第2約束期間（2013年以降）の取組検討開始）
2007	COP13（バリ行動計画　第2約束期間の行動計画をCOP15までに策定し合意）
2009	COP15（コペンハーゲン合意）
2010	COP16（カンクン合意）
2011	COP17（ダーバン・プラットフォーム）
2012	COP18（ドーハ気候ゲートウェイ）
2013	COP19（ワルシャワ）

（出所）　筆者作成。

　世界の環境政策は1国内の環境政策と大きく異なり，環境問題の認知や協議の枠組設定（枠組条約）と具体的な行動計画（議定書）の2段階アプローチが基本である。例えばオゾン層保護の場合は1985年のウィーン条約でオゾン層保護の一般原則（枠組条約）が決定され，続く1987年のモントリオール議定書でフロンなどの具体的な削減措置を定めた。地球温暖化対策の場合，1992年に採択され1994年発効した気候変動枠組条約で条約の目的や一般原則を設定し，締約国会議（COP）を交渉の場とすること，詳細はその後に作成される議定書で決定することとしている。また枠組条約では温室効果ガスの安定化を目標とする，先進国は二酸化炭素の排出量を1990年の水準に戻す，締約国会議で具体的な交渉をおこない，国別の削減目標を示すことなどがまとめられた。

　具体的な行動計画は1997年京都で開催された気候変動枠組条約第3回締約国会議（COP3）で，京都議定書として実現した。その概要は第11-2表に示すように，①温室効果ガスは二酸化炭素，メタン，亜酸化チッソ，及び代替フロン3種（HFC（ハイドロフルオロカーボン），PFC（パーフルオロカーボン），六フッ化硫黄）の合計6種（量的には二酸化炭素が圧倒的に多い），②

第 11-2 表　京都議定書の概要

対象ガス	二酸化炭素，メタン，一酸化二窒素，代替フロン等 3 ガス（HFC，PFC，SF$_6$）
吸収源	森林等の吸収源による二酸化炭素吸収量を算入
基準年	1990 年（代替フロン等 3 ガスは 1995 年としてもよい）
約束期間	2008 年〜2012 年の 5 年間
数値約束	先進国全体で少なくとも 5%削減を目指す日本△6%，米国△7%（＊）京都議定書非締約国，EU△8%等
京都メカニズム	国際的に協調して費用効果的に目標を達成するための仕組み ・クリーン開発メカニズム（CDM） 　先進国が，途上国内で排出削減等のプロジェクトを実施し，その結果の削減量・吸収量を排出枠として先進国が取得できる ・共同実施（JI） 　先進国同士が，先進国内で排出削減等のプロジェクトを共同で実施し，その結果の削減量・吸収量を排出枠として，当事者国の間で分配できる ・排出量取引 　先進国同士が，排出枠の移転（取引）を行うことができる
締約国の義務	全締約国の義務 ○排出・吸収目録を作成・更新する計画の作成 ○緩和・適応措置を含む計画の作成・実施・公表　等 附属書Ⅰ国又はⅡ国の義務 ○数値約束の達成 ○2007 年までに，排出・吸収量推計のための国内制度を整備 ○途上国への資金供与　等

（出所）　環境省編『平成 24 年版　環境白書』，2012 年。

1990 年の排出量を基準とし 2008〜2012 年に削減を実施，③ 森林等の二酸化炭素吸収を算入する，④ 条約の附属書Ⅰ国（先進国と市場経済移行国（旧ソ連，東ヨーロッパ）で数値目標[1])を個別に設定，先進国全体で少なくとも 5％削減をめざす，⑤ 柔軟性措置（京都メカニズム）としてクリーン開発メカニズム（CDM）（先進国が途上国での排出削減事業に投資を行い，事業により生じた排出削減枠を先進国が得る），共同実施（先進国が他の先進国の排出削減事業に投資を行い，事業により生じた排出削減枠を事業のホスト国から投資国へ移転させる），国際排出量取引（先進国間で排出量の売買が出来る）を組み込む，⑥55 カ国以上の国が締結，締結した附属書Ⅰ国の 1990 年の二酸化炭素排出量が附属書Ⅰ国全体の 55％以上，の 2 つの条件を満たして 90 日後に発効，などである。京都メカニズムの目的は排出削減のコストを最小化することであり，

地球全体で温室効果ガスが削減できればよく，その削減場所は地球温暖化と基本的に関係無いことから，地域別の削減コスト差を経済的に利用できるようになっている。日本は1998年に署名し，国内の法律や制度を整備した上で，2002年に締結した。その後2004年11月18日にロシアが締結し発行条件を満たしたことから，90日を経て2005年2月16日に京都議定書は発効した。

温室効果ガス削減に関し，留意すべき点がいくつか存在する。

第1は削減の成果が決してバラ色の未来を保証することでは無いことである。近年温室効果ガスは1年当たり30億炭素トン強蓄積されており，IPPC (Intergovernmental Panel Climate Change：気候変動に関する政府間パネル) の予測では2100年までに現在の排出量を8割削減したとしても平均気温は2.5℃上昇する。いわば大量に削減しても地球環境は良くはならず若干悪化，しかし減らさなければ危機的状況に陥ることから，着実な努力が続けられなければならない。

第2は温暖化ガス削減の技術革新や開発に過度に期待すべきではない点である。京都議定書実施で温室効果ガス削減が新たなビジネスチャンスを作り出し技術革新や開発が促進する可能性もあるが，既存技術はかなりの時間で永続性を有する。例えばハイブリット車や電気自動車が登場しても燃料供給システムが追いつかなければ，普及はおぼつかない。

第3には巨大排出国の削減メカニズムへの取り込みである。2007年以降で世界第2位の排出国アメリカは2001年に離脱し，第1位の中国は未加盟である。さらにインド，メキシコ，インドネシアなど人口規模が大きく，今後の経済発展により急速に排出量が拡大する国も多く存在する。先進国の削減実績や国際技術協力が途上国を説得する糧となり，環境重視の産業社会をグローバルスタンダードとして伝道する努力が必要である。

2. 日本における京都議定書の達成状況

京都議定書の基準年は1990年，日本の削減目標は基準年比で-6%である。1990年における日本の温室効果ガス排出量は12.61億炭素トンであり，ここから-6%すると，11.86億炭素トンになる。基準年から20年以上経過し排出量は漸増する一方，京都メカニズムの活用や森林吸収量の加算もあり，その実現は

注視されていた。

第11-1図に示すとおり，2012年の速報値は13.41億炭素トンである。5年平均は12.79億炭素トン，基準年比＋1.4であるが，森林吸収量が3.8%，京都メカニズムが5.9%であるため，合計で基準年比-8.2%となり，現時点で達成が予測されている。2011年以降は原発の削減と火力発電の増加が起こったが，2008年～2010年はリーマンショックによる世界金融危機と円高や不況による経済停滞を経験している。日本は温室効果ガスに関しては，削減期間前半の貯金が役立ったと言えよう。

2013年から第2約束期間が始まっているが，2011年のCOP17で，日本はロシアやカナダとともに離脱した。

第11-1図　日本の温室効果ガス排出量推移

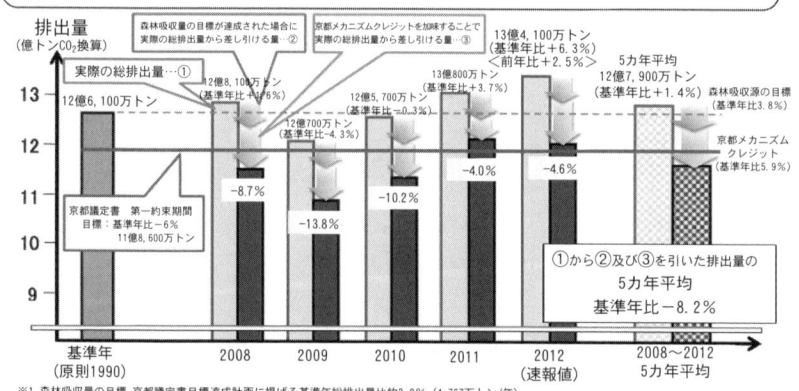

(出所)　温室効果ガスインベントリオフィス編・環境省地球環境局地球温暖化対策課監修『日本国温室効果ガスインベントリ報告書　概要（速報値）』2013年11月。

3. 京都議定書発効以後の国際動向

21世紀に入り，温暖化対策は新たな局面を迎えた。例えば京都議定書の附属書Ⅰ国の二酸化炭素排出量は，1990年では全世界の43%であったが，2005年には28%に低下し，2010年では全世界の1/4程度である。これは附属書Ⅰ国以外（アメリカや途上国など）も含めた全地球的な温暖化対策の必要性を示すものであり，京都議定書第2約束期間も含めて議論が進められていった。

京都議定書が発効した2005年，気候変動枠組条約第11回締約国会議（COP11）がモントリオールで開催され，京都議定書の運用ルールを確定するとともに，2013年以降の温暖化対策が議論の俎上に上った。COP11では，京都議定書第1回締約国会合（COP/MOP1）で京都議定書の運用ルールを確定するとともに各種委員会の設置などが決定された。また京都議定書以後の温暖化対策に関しては，アメリカや途上国など全ての国が参加する「長期的協力に関する対話」を開始することが決定した。

その後，数次のCOPを経て，2011年に南アフリカのダーバンにおいて，気候変動枠組条約第17回締約国会議（COP17），京都議定書第7回締約国会合が行われ，①「強化された行動のためのダーバン・プラットホーム特別作業部会」の設置，②京都議定書第2約束期間の設定に向けた合意，③カンクン合意実施のための決定などが合意[2]された。①は地球温暖化対策に関する枠組みを構築する作業部会であり，遅くとも2015年中に作業を終えて，法的効力を有する合意を2020年から発効させる作業の道筋を合意したものである。②は削減目標の設定をCOP18（2012年，カタールのドーハ）で行うとともに，日本，ロシア，カナダは第2削減期間に不参加となった。③のカンクン合意は2010年メキシコのカンクンにおいてCOP16が行われ，「緑の気候基金」，先進国と途上国による各国独自の自主的な削減目標の設定と報告，などコペンハーゲン合意を更に具体化させたものであり，カンクン合意実施のための細目の検討と合意がなされた。

続く2012年にはドーハでCOP18が開催され，「ドーハ気候ゲートウェイ」が採択された。その主な内容は，①第2約束期間を2013年から8年間とするなどの京都議定書の改正と採択，②2015年までに2020年以降の国際的枠組を決めること，③途上国への資金・技術支援の基盤整備，④気候変動に関する

長期資金提供への合意，である[3]。

　2013年にはワルシャワでCOP19が行われた。その主な内容は，①温暖化対策に関する2020年以降の枠組は2015年のCOP21で決定すること，②全ての国がCOP21までに自主的削減目標を提出すること，③先進国は途上国に資金援助を継続する，④温暖化による「損失と被害」に対処する専門組織「ワルシャワ国際メカニズム」を新設，などであった[4]。また日本は温室効果ガスの削減を，2020年に2005年比で-3.8％にするという暫定目標を提示した。

　世界の温室効果ガス排出量は，2025年頃には1990年の2倍を超えると予想されており，途上国が削減に参加しなければ温暖化防止の意味はない。京都議定書時代のダブルスタンダードでは問題の解決は困難で，途上国の参加をいかに実現するかが，今後のカギを握る。地球温暖化対策に途上国が協力するためには，①先進国が更なる削減努力を進め，それを背景に途上国を説得すること，②削減の国際技術協力を促進し，安価な削減技術を提供してゆくこと，③環境を重視しないと企業も消費者も国際的に存立し得ないという，環境重視の産業社会を伝道し，これをグローバルスタンダードにまで高めてゆくこと，などが求められている。

第2節　温室効果ガス削減に向けた国内対策

1. 国内対策の経緯

　日本における温室効果ガス削減対策は，1998年公布の「地球温暖化対策推進法」をもって嚆矢とする。これは当時日本がCOP3の議長国であり京都議定書成立の推進役であったこと，欧州諸国に比べ温室効果ガス削減が遅れていたこと，などによる。推進法の下で国，地方自治体，事業者（企業など），国民に対する温室効果ガス削減を喚起するとともに，その計画および実施状況の公表（国と地方自治体は義務，事業者は努力目標）を求めた。日本は2002年に京都議定書を締結し，それに伴い具体的な京都議定書策定計画や「地球温暖化対策推進本部」の設置などの法改正を行った。2005年，京都議定書発効に伴い，「温室効果ガスの算定・公表・報告制度」を創設し，一定以上の温室効

果ガスを排出する事業者に算定と報告を義務づけた。2006年には京都メカニズム実施のための温室効果ガス排出割当量や口座簿を整備した。2008年にも京都メカニズムの運用改正を行った。

　2005年4月には温室効果ガス削減の具体的実施計画を示した「京都議定書目標達成計画」が，閣議決定された。その骨子は ① 企業や事業所に自主的行動計画の策定を義務づけ，② 減税措置（低公害車を取得した場合の自動車取得税の軽減措置，燃料税のうちバイオエタノール部分を無税化など），③ 温室効果ガス削減のための国民運動（「チーム・マイナス6％」，「クール・ビズ」，「ウォーム・ビズ」，「うちエコ」（家庭でできる温暖化対策），③ 温室効果ガス低減技術の開発（低公害車の開発，鉄道整備の推進，高度道路交通システムの推進など），④ 公的機関の削減努力，⑤ 温室効果ガス排出量の算定・報告・公表，などである。温室効果ガスの目標値は2008年に改訂された。

　2010年3月閣議決定された地球温暖化対策基本法案[5]は2013年の衆議院解散で廃案となったものの，京都議定書以後の日本の温暖化対策の方向性を示したものであった。法案の趣旨は，温室効果ガスの削減を2020年に1990年比で25％削減，2050年に80％削減とするものであり，数値目標の設定自体がその後の東日本大震災による火力発電増加などを背景に論議を呼んだ。しかし国内排出量取引制度，炭素税導入，再生可能エネルギー利用促進など，近時の方向性を示したものであった。

　また，同年1月にはそれまでの「チームマイナス6％キャンペーン」を「チャレンジ25キャンペーン」に改組し，① クールビズ・ワームビズ・マイバックに代表されるエコな生活スタイルの推進，② LED・省エネ家電・エコカーなど省エネ製品の選択促進，③ 太陽光発電の採用や太陽光や風力などのグリーン電力を利用する企業を支援するという，自然エネルギーの選択，④ ビル，住宅のエコ化，⑤ カーボンフットプリント・カーボンオフセット[6]によるCO_2削減を支援，⑥ 地域社会での温暖化防止（地域の環境活動に参加，カーシェアリング，レンタサイクル，公共交通機関の利用など）の指針を示した。

2. 温室効果ガス削減に向けた国内対策

従来まで日本の温暖化対策は，欧米諸国と比べ環境税や炭素税などの課税手法がほとんど導入されておらず，低減税やエコポイント，各種補助金など経済的インセンティブによる政策誘導が主体となっている。期待される誘導が成功した場合，技術開発の促進，エコビジネスの振興，経済成長などが実現できるが，結果の不確実性も伴っていた。

こうした状況の中で2011年に東日本大震災が発生し，原子力発電所が漸次操業停止され，LNGを中心とする火力発電が復活するに従って，二酸化炭素排出量も増大していった。第11-2図に示すように，発電に占める原子力の割合は最盛時は37%（1998年），2000年代を通じて概ね20%代後半〜30%代前半であったが，2011年は10.7%。2012年は1.6%にまで低下し，再生可能エネルギーと同程度の規模にまで減少した。結果として発電におけるCO_2原単位（$kgCO_2/kWh$）も0.4程度の数値が0.6近傍にまで上昇し，温室効果ガス削減の効率性を低下させている。

原発の安全性や環境に対する影響は重要な議論であるが，温室効果ガス削減

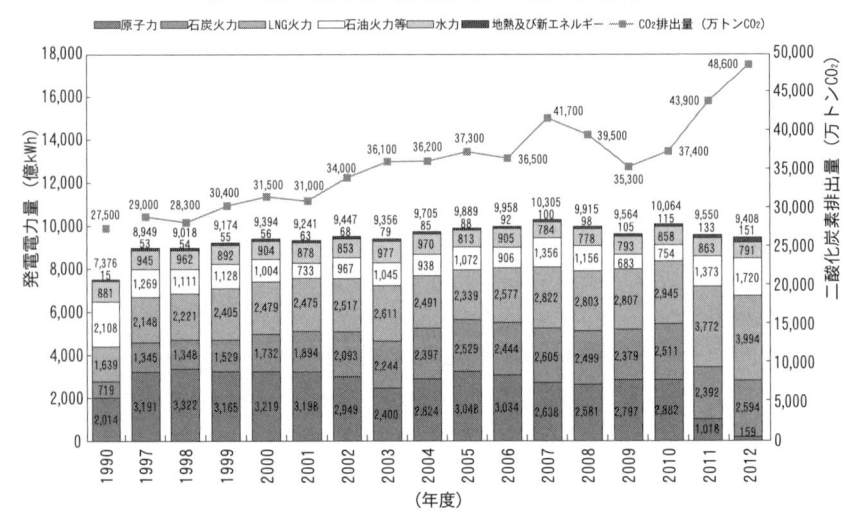

第11-2図　電源種別の発電電力量と二酸化炭素排出量

（出所）　温室効果ガスインベントリオフィス編・環境省地球環境局地球温暖化対策課「2012年度（平成24年度）の温室効果ガス排出量（速報値）に付いて」，2013年11月。

への方向を政策的に誘導してゆくには，経済的手段の利用が望ましい。直接規制に比べ即効性や効果の確実性は劣るかもしれないが，産業・技術開発や，削減努力への経済的インセンティブが働くからである。具体的には，①炭素税などのエネルギー消費抑制税制の導入，②新エネルギー開発支援，③温室効果ガス削減費用の最小化，などである。

いずれも地球温暖化問題登場の早期から議論の俎上に上っていた政策手段であるが，日本では東日本大震災をうけて本格的な検討がされていった。

まず①は平成24年度の税制改正で成立した制度であり，その概要を第11-3図に示す。これは課税による経済的インセンティブを活用して，化石燃料を抑制することを目的にしている。2012年10月に導入し，2度の段階的引き上げ（2014年4月，2016年4月）を行うこと，税収は再生可能エネルギー促進や省エネに利用することとされている。家計への負担は，標準的な家庭で，段階的引き上げにより，各段階で月30円程度負担増となり，最終的には月100円程度の負担増が見込まれる。また環境政策の経済的手段で重要な，課税による二重配当が期待される。すなわち①課税による消費削減効果（2020年では1990年比で，CO_2を0.2%削減，約176万トン）と，②税収による省エネ対策などの実施効果（CO_2を0.5〜2.2%削減，400万トン〜2200万トンと推計）[7]の2者である。

次に新エネルギー開発支援は再生可能エネルギー固定価格買取制度が代表的であり，2011年夏に成立し，2012年7月からスタートした制度である。

太陽光，風力，地熱，水力，バイオマスなどが再生可能エネルギーであるが，火力発電や原子力発電に比べて発電コストが高いため，利用促進が進まなかった。そこで電源種別や発電容量などに応じて10〜20年の固定買取価格を設定し，電力料金に上乗せする方法で自然エネルギーの開発推進を図る制度である。いわゆる自然エネルギーは2012年度で，一次エネルギー供給の1%程度であるが[8]，エネルギー自給の上昇は輸入エネルギー依存を低下させ，温暖化対策のみならず，国際収支赤字の改善も期待される。しかしかつて日本は数十年かけて原発依存度を高めていったように，エネルギー構造の変革には時間とともに，エネルギーの消費者負担も大きくなることが想定される。

一方，温室効果ガス削減費用の最小化としては，国内排出量取引制度と二国

第11-3図 「地球温暖化対策のための税」

- 全化石燃料に対してCO₂排出量に応じた税率（289円/CO₂トン）を上乗せ
- 平成24年10月から施行し、3年半かけて税率を段階的に引上げ
- 税収は、我が国の温室効果ガスの9割を占めるエネルギー起源CO₂排出抑制施策に充当

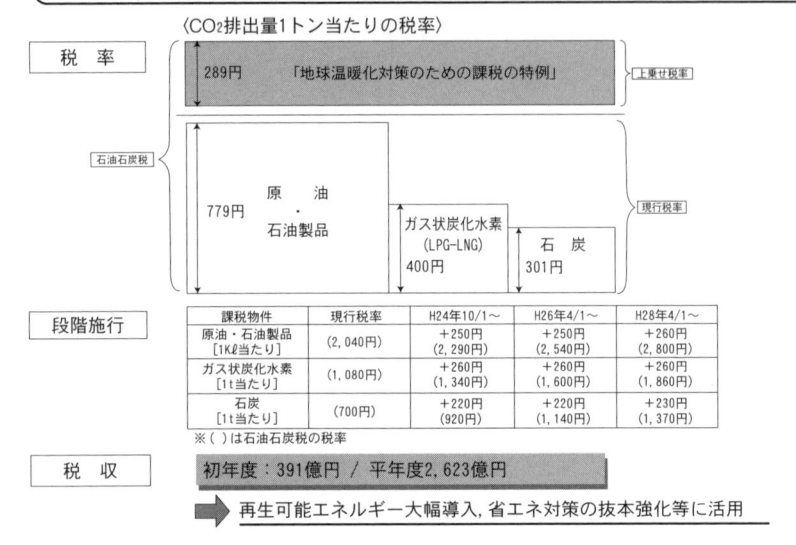

〈CO₂排出量1トン当たりの税率〉

税率

石油石炭税	289円「地球温暖化対策のための課税の特例」	上乗せ税率
	原油・石油製品 779円 / ガス状炭化水素(LPG-LNG) 400円 / 石炭 301円	現行税率

段階施行

課税物件	現行税率	H24年10/1～	H26年4/1～	H28年4/1～
原油・石油製品 [1kℓ当たり]	(2,040円)	+250円 (2,290円)	+250円 (2,540円)	+260円 (2,800円)
ガス状炭化水素 [1t当たり]	(1,080円)	+260円 (1,340円)	+260円 (1,600円)	+260円 (1,860円)
石炭 [1t当たり]	(700円)	+220円 (920円)	+220円 (1,140円)	+230円 (1,370円)

※( )は石油石炭税の税率

税収 初年度：391億円 ／ 平年度2,623億円

⇒ 再生可能エネルギー大幅導入、省エネ対策の抜本強化等に活用

（出所）環境省「地球温暖化対策のための税の導入」

間クレジット制度が挙げられる。そもそも排出量取引制度は、CO₂削減コストの最小化を目的とするもので、国内、国際、二国間いずれの場合でも基本構造は同じである。ただし国内の場合は排出権（クレジット）購入費用が海外に流失しないため、温室効果ガス削減のための投資が国内に発生することから、技術革新や新規事業の出現を促進する。

　国内排出量取引は2005年のEUをはじめとして欧米で既に実績があるが、オーストラリアや韓国などアジア近隣諸国でも導入や検討が開始されている。日本でも2005年度から企業による自主参加型の排出量取引が開始され、公的な制度検討も2008年よりスタートしている。日本は現在も制度設計途中[9]であるが、2015年のCOP21や2020年を見据えて、制度化法制化が急がれる。また例えば都県レベルにおいても、大規模事業所を対象に「温室効果ガス排出総量削減義務と排出量取引制度」（東京都）や「目標設定型排出量取引制度」[10]（埼玉県）など、先行して実施している地方団体もある。

一方，二国間クレジット制度は，日本が2012年をもって京都議定書第2約束期間より離脱したため，CDMを補完する制度として，2014年1月現在，10カ国と二国間クレジット文書の署名をおこなっている[11]。

　日本は2010年まで原子力を中心にエネルギー供給，エネルギー安全保障，温室効果ガスの削減を実施してきたが，東日本大震災はその基盤構造に大きなインパクトを与えた。原発依存への脱却は検討されつつあるが，その速度や経済へのインパクトにおいてなお意見は分かれる。2020年の全世界的な地球温暖化対策に向けて，日本は抜本的な制度設計が作れるのか，時間は限られている。

（小野田　欣也）

注

1）　主な数値目標については，ポルトガル＋27％，ギリシャ＋25％，フランス0％，イギリス－12.5％，ドイツ－21％，EU合計で－8％，ロシア0％，ポーランド－6％，オーストラリア＋8％，カナダ－6％，日本－6％，アメリカ－7％，などである。
2）　日本政府代表団『気候変動枠組条約第17回締約国会議（COP17）京都議定書第7回締約国会合（CMP7）等の概要』2011年12月11日，による。
3）　「国連気候変動枠組条約第18回締約国会議（COP18），京都議定書第8回締約国会合（CMP8）等の概要と評価」，外務省，2012年，を参照。
4）　日本政府代表団『気候変動枠組条約第19回締約国会議（COP19）京都議定書第9回締約国会合（CMP9）等の概要と評価』2013年11月23日，による。
5）　環境省・報道発表資料「地球温暖化対策基本法案の閣議決定について（お知らせ）」2010年3月12日，による。
6）　カーボンフットプリント制度とは，原材料調達から廃棄やリサイクルにいたる商品ライフサイクル全体において，温室効果ガス排出量をCO_2に換算し表示する仕組みである。それによりCO_2をどれくらい排出しているのか，商品などに排出量を明示して購入選択時の目安にする事ができる。
　　また，カーボンオフセットとは，日常生活や企業活動等による温室効果ガス排出量のうち削減が困難な量の全部又は一部を，他の場所で実現した温室効果ガスの排出削減や森林の吸収等をもって埋め合わせる活動を示す。すなわち，経済活動において排出される温室効果ガスについて，排出量に見合った温室効果ガスの削減活動に投資すること等により，排出される温室効果ガスを埋め合わせるという考え方である。
7）　環境省「地球温暖化対策のための税の導入」による。
8）　資源エネルギー庁「平成24年度エネルギー需給実績（速報）」2013年10月，による。
9）　環境省地球温暖化対策課市場メカニズム室「国内排出量取引制度について」，2013年7月，による。
10）　東京都環境局のホームページ（http://www.kankyo.metro.tokyo.jp/climate/large_scale/cap_and_trade/index.html）
　　及び埼玉県環境部温暖化対策課のホームページ（http://www.pref.saitama.lg.jp/soshiki/f02/）を参照。

11) 日本政府発表資料「二国間クレジット制度（Joint Crediting Mechanism（JCM））の最新動向」，平成 26 年 1 月。

第12章
世界食糧危機と農産物貿易

はじめに

　2008年世界は35年ぶりに食糧危機に見舞われた。本章では食糧危機に農産物貿易の観点から接近する。先ず，食糧危機の背景を国際的需給関係から確認する。次いで，現代のグローバル食料・農業システムの形成過程を検証したうえで，世界農業の特徴である先進国における余剰生産と途上国における農業の停滞の淵源である，米・欧の攻撃的農業保護政策とIMFの構造調整政策が途上国に与えた影響を検討する。そのうえで食料貿易の自由化を謳うGATTウルグアイラウンド交渉およびWTO農業交渉の実態を踏まえ，2000年代に入って顕著となったWTO交渉への牽制ともいえる「食料への権利」「食料主権」さらに代替案としてのIAASTD報告を足掛かりに，食糧危機を回避し，持続可能な開発につながる農産物貿易のあり方を論考する。

第1節　世界食糧危機

1. 2008年の世界食糧危機，その後

　新興国の成長はエネルギー需要の増大につながり，石油・天然ガス価格の高騰の一因となる。また中国，インド，ブラジル，インドネシア，メキシコの新興国5カ国でだけでも世界人口の約半分を占め，新興国の所得上昇による食生活の高度化，とりわけ食肉需要の増大は飼料用穀物需要を増大させる。さらに石油・天然ガス価格の高騰は燃料，農薬，化学肥料など食糧生産コストを引き上げるとともに，代替エネルギーとしてサトウキビやトウモロコシなどを原料

172　第Ⅲ部　次世代型の通商課題

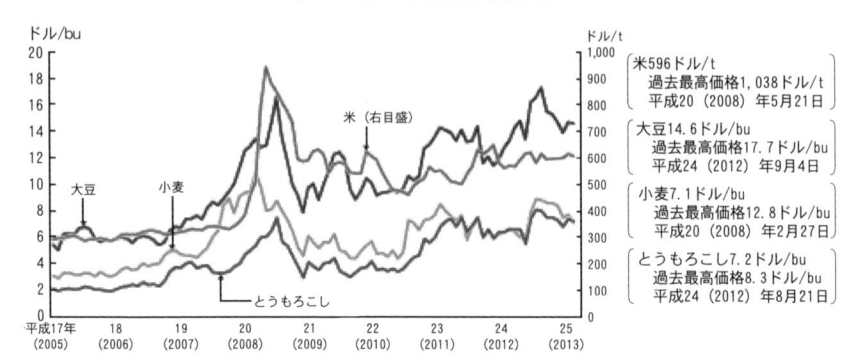

第 12-1 図　主要穀物の価格推移

米596ドル/t
過去最高価格1,038ドル/t
平成20（2008）年5月21日

大豆14.6ドル/bu
過去最高価格17.7ドル/bu
平成24（2012）年9月4日

小麦7.1ドル/bu
過去最高価格12.8ドル/bu
平成20（2008）年2月27日

とうもろこし7.2ドル/bu
過去最高価格8.3ドル/bu
平成24（2012）年8月21日

（出所）　農業白書 2013 から作成。

とするバイオエネルギー開発を促進し，新たな穀物需要を増大させる。こうしたことから 2000 年代に入って資源価格が趨勢的上昇をたどった。サブプライムローン問題に端を発した世界金融危機は，投機資金を金融市場から資源市場に向かわせ，世界の食糧価格は 2007 年から 2008 年にかけて約 70％急騰し，世界食糧危機を招いた。2007 年以前の飢餓人口は 8 億 6000 万人であったが 2008 年には 10 億人に達した。2008 年には 40 カ国で食糧暴動が発生したが，すべてが途上国である。先進国の世帯所得に占める食料支出の割合は 10−20％程度であるが，途上国では約半分であり，FAO（国連食糧・農業機関）があげる食糧ショックに脆弱な 36 カ国では 60−80％に及ぶため，70％の価格上昇は所得のほぼ全額を食料支出に充てることを意味する。2008 年にアルゼンチン，パキスタン，ベトナムは穀物の輸出制限をし，ボリビアは関税を撤廃する一方，小麦輸出を禁止した。インドでは高品位のバスマティ米以外のコメ輸出を禁止し，バスマティ米の最低輸出価格を引き上げた。コメ不足の暴動からハイチでは首相が辞任に追い込まれた。幸い 2008 年は史上稀な豊作になった。仮に，不作であったら事態は一層悲惨なものであったであろう。

　国連，G8，世銀，OECD，IFPRI（国際食糧政策研究所）なども政策提言を相次いで発表した。いずれも，緊急援助・融資の供与，農業投資による供給増加，国際農産物市場の改善，バイオ燃料政策の見直しを取り上げるが，投機とアグリビジネスの行動には触れていない。2008 年 6 月には，FAO 主催の「食

料サミット」が開催され，2008年7月洞爺湖サミットでは世界食料サミットを踏まえWTOでの交渉を加速化，途上国のイニシアティブに対する支援を大幅に増加させる目標に向け取り組むとした。2008年後半には食糧価格は豊作と世界経済危機の深化によって下落したものの，株価や不動産価格に比べれば低下は僅かであった。穀物価格は2010年夏，ロシア・東欧を襲った記録的干ばつとオーストラリアの洪水によって穀物価格が高騰すると，ロシア，ウクライナ（2011年）が小麦・トウモロコシの輸出禁止を課した。これがロシアからの小麦輸入依存を高めてきた中東で「アラブの春」の契機の1つになった。2012年，米国は56年ぶりの大干ばつに見舞われた。穀物価格は急騰し，トウモロコシ，大豆共に過去最高値を記録した。高騰した食糧価格は依然高水準で横ばいとなり，貧しい途上国の人々を苦しめている。

2. 国際食糧需給と世界食糧危機

2000年から2007年までの記録的豊作にもかかわらず，世界は生産量以上に食糧を消費した。その8年で6年，需要が供給を上回った。この結果，穀物の期末在庫率は2000年代になって低下し，世界食糧危機の2年は，FAOのいう安全在庫水準指標17-8％を下回り，1973/74年の世界食糧危機時に記録され

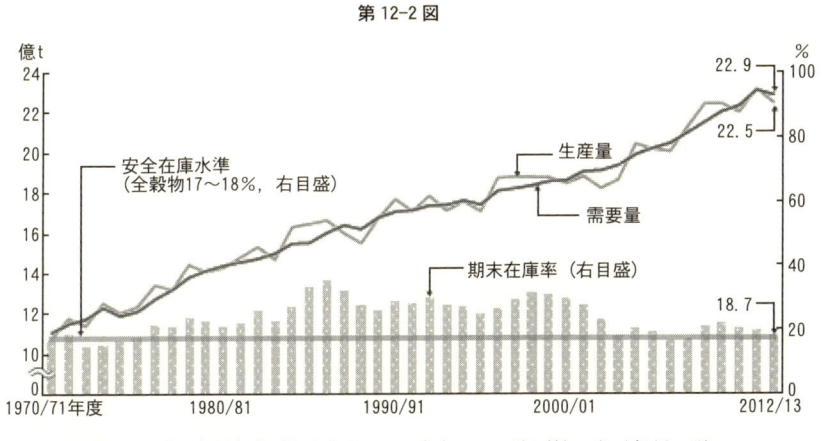

第12-2図

(注) 穀物は，小麦，粗粒穀物（とうもろこし，大麦，ソルガム等），米（南米）の計。
(出所) LSDA「PS&D」,「World Agricultural Supply and Demand Estimates」を基に農林水産省で作成（平成25（2013）年3月末現在）。

た15.1%以来,過去40年で最低の水準になった[1]。そうした中で,2008年には多くの国が穀物輸出の制限,禁止,価格統制,消費者補助金の支給,穀物備蓄などに走ったため,世界の食糧需給は尚更逼迫した。12/13年は18.7%と辛うじて安全水準に留まった。

　このように食糧需給は全体として逼迫しているが,年間穀物生産量24億tを世界人口71億人で除した1人当たりの食糧供給量は324kgであり,1人当たり年間標準量とされる180kgを大きく上回る。勿論,飼料やバイオエネルギーむけの需要もあるが,さらに生産される食糧の3分の1が廃棄[2]されていることからすれば,食糧危機は食糧の絶対量の不足によるものではないといえる。アマルティア・セン[3]がベンガル大飢饉の経験から指摘したように,今日の食糧危機も貧しい家計が購買力不足のため食料へのアクセスを持てないことによって生じる,社会的不平等の問題である。

　今後,需要サイドでは2050年には93億人に達するという人口増大,新興国の食肉需要の増大による飼料穀物需要,バイオエネルギー生産という要因から増大が見込まれる一方,供給サイドは価格上昇を受けた投資・生産の増加や生産性上昇が期待されるものの,エネルギー価格の高騰,水資源不足,農耕地の不足,気候変動という,相互に関連する厄介な制約要因が顕在化しよう。絶対量が不足すれば,これまでにない深刻な世界食糧危機が発生することになる。

第2節　グローバル・フードレジーム

1. フードレジーム論と米国・EUの農業貿易政策

　ハリエット・フリードマンとフィリップ・マクミカエルはグローバルな農業・食糧システムの展開過程を政治経済学的視点から分析した「フードレジーム論」を展開した。ここではフードレジーム論を基に,現代のグローバル農業・食糧システムの形成過程を確認しよう。フリードマンは1870-1914年を第1次フードレジーム:コロニアル=デアスポリックフードレジーム,1947-72年を第2次レジーム:マーカンタイル=インダストリアルレジームとする。第1次フードレジームは,英国のヘゲモニーの下,欧州のディアスポラ国家

（米国，豪，ニュージーランド）や植民地の入植者が家族農業で生産する食料を，工業化（農業の衰退と移民の送出）により発展する欧州に輸出する食料貿易体制である。戦後期の第2次レジームは米国のヘゲモニーのもと米国の農業保護政策による余剰農産物を復興期の欧州・日本，その後は途上国に「食糧援助」ないし輸出補助金により輸出する食料貿易体制である。第2次レジームは重商主義的，工業的農業であり，第1次レジームの自由貿易的，家族農業とは対照的である。第2次レジームのもと，農業の工業化は，穀物商社，加工食品，スーパーマーケットチェーンなどの巨大なアグリビジネスを誕生させた。第2次フードレジームはニューディール政策に起源をもつ。ルーズベルト大統領は政府買上による価格支持政策と生産制限による価格安定化政策をとった。米国は終戦後，食糧の供給管理を行う世界食糧委員会構想を立案したが，冷戦と米国内の保護政策による余剰農産物の増大から，自らこの構想を否定し，余剰農産物を47年のマーシャルプランによる対外援助法（48年）によってヨーロッパに，余剰農産物がさらに増大すると54年に農業貿易促進援助法（PL480）によって途上国に向けた。こうした米国の農業保護政策と「食糧援助」による余剰農産物の対外処分が重商主義と農業の工業化を特徴とする第2次フードレジームの基礎となった。PL480による小麦「援助」は最盛期には国際農産物取引の40％以上になった。

　57年のローマ条約（EC設立条約）でCAP（共通農業政策）は欧州統合の基盤となった。ECの小麦と乳製品の輸入制限を米国が認める代わりに，ECは米国の新たな輸出品であるトウモロコシと大豆の輸入を制限しなかった。CAPは，1967年に域内共通価格を確立し，支持価格での無制限買入れによって生産が増大する。冷戦を背景に米国を世界の食糧供給センターとさせた第2次フードレジームが崩壊する事態が訪れる。72年，ニクソン政権は不作から穀物取引を求めたソ連に，全穀物貿易量の4分の3に匹敵する穀物輸出を行った。これが米国の大豆禁輸につながる世界食糧危機を引き起こす。価格支持をとるECでは生産が増大し，75年に小麦の純輸入地域から純輸出地域に変わり，1980年には主要農産物の自給率は100％を越えた。ECの農産物輸出は域内共通価格が国際価格よりも高いため輸出補助金によって実現したものである。EC市場のみならず，EC以外の市場も奪われた米国の農産物輸出額は，

1981年から1986年にかけて40%減少した。米国は85年，輸出補助金の効果を持つ，農務長官裁量による「販売融資」制度を新設した。米・EC間の輸出競争で財政支出の膨張を招くと，それまで農業貿易をGATTで取り上げることを忌避してきた米国は，GATTウルグアイラウンドでの農業交渉に同意した。

2. GATT ウルグアイラウンド（UR）と WTO 農業協定

　交渉は市場アクセス，国内支持，輸出競争の3分野を対象とした。URでは国内支持政策を貿易歪曲効果の程度によって，削減対象となる「黄の政策」（価格支持や不足払い），生産制限があれば削減対象外となる「青の政策」（農家に対する直接支払い），削減対象外となる「緑の政策」（研究開発，基盤整備，公的備蓄，生産と関連しない直接支払い等）に3分類した。ECへの市場開放や輸出補助金削減要求の高まりから，ECは1992年に「マクシャリー改革」と呼ばれるCAPの政策転換を行った。URを切り抜けるために，①域内価格支持（支持価格を下回る場合の買い支え），②生産調整を行う農家への直接支払い，③輸出補助金，農村開発その他等にCAPを組み替えた。この改革でURの妥結に向かうためには，直接支払いが削減対象外の政策として取り扱われることが必要であった。92年11月に米・EC間のブレア・ハウス合意で，この直接支払いとアメリカの不足払い[4]を，生産制限条件を伴うことから「青の政策」とした。その後，輸出補助金の削減方法やECの市場アクセスを巡って第2ブレア・ハウス合意が成立し，農業交渉が終了した。UR農業交渉は，農産物貿易の合意を新たに形成した点で，画期的意義を有するが，輸出国と輸入国に課せられた義務の不均衡等の課題を持ち越した。またアフリカなどの途上国には先進国に対する市場アクセスの改善と，EC・米国の輸出補助金による安価な穀物の流入制限などが関心事であったが，議論の中心は先進国間の貿易調整に終始した。

第3節　不平等な農産物貿易システム
―先進国の攻撃的農業保護政策，構造調整政策と途上国農業―

　高収量品種による「緑の革命」は途上国に60年代から70年代にかけて広がり，灌漑，機械化，化学肥料・農薬の使用を伴いながら穀物の生産性の向上に大きく貢献した。途上国政府は農業技術・知識の普及，食糧物流の改善，灌漑，農産加工設備，食糧備蓄などに投資した。冷戦下，西側先進国もアフリカ，アジアの「緑の革命」を肥料輸出，農薬で援助した。緑の革命は，飢餓の不安を低減させ，インド，ケニア，メキシコなどで自給自足を達成させた。一方，国内生産に注力せず，食糧を援助や輸入に依存した途上国は73・74年の食糧危機では，価格が高騰し，援助が途絶え，石油危機と相まって，対外借入に頼る最悪の事態になった。食糧危機後，ニクソン政権の生産促進策から穀物価格は急落した。農業の振興に努めていた途上国政府も補助と価格支持に莫大な財政支出を迫られ，対外債務を増加させた。

　レーガノミックスによる高金利・ドル高によって1982年メキシコのモラトリアム宣言に始まり，多くの債務国が危機に陥ると，IMF・世銀は融資条件に市場原理主義に立つ構造調整政策の遂行を課した。IMF・世銀は先ず補助金を削減させ，さらに関税の引き下げ，国営農業部門の解体，さらに投資自由化によって，効率的な大量生産型農業への転換を図った。構造調整政策の求める市場開放は途上国の農民が先進国の大規模生産者や企業と競争することを意味する。しかし，先進国は生産と貿易の支援のため毎年3000億ドルもの補助金を支出している。米国では80-90年代前半まで輸出補助金によって生産コストをトウモロコシは27%，小麦は33%，牛乳は39%，砂糖は56%，鶏肉は60%[5]も下回る価格で国際市場に売却している。途上国は補助金や関税障壁がなければ，このようにダンピングされた先進国の輸出品とは競争できない。加えて，先進国はタリフピーク（高関税）やタリフエスカレーションによって途上国産品のアクセスを制限している。途上国の農業生産への誘因が失われ，農業生産量は激減し，1960-70年代に「緑の革命」によって築かれた食料安全保障

は崩れ去り，新興国以外でもアフリカなどの農産物輸入は増加している。

　このように欧米の農業・貿易政策と構造調整政策によって，途上国の農産物貿易収支は1960－70年代は輸出超過であったが，80年代以降は輸入超過となり，赤字幅は持続的に拡大している。リカードやヘクシャー・オリーン，サミュエルソンの説く比較優位の理論とは異なり，現実の農産物貿易での比較優位は補助金，輸出補助金，関税，公共投資によるインフラ整備の差異という政策的要因によってつくられた。先進国，例えば米国にとって農業は全雇用の2％以下，GDPの1％以下の経済の一要素に過ぎないが，途上国では雇用の半分以上を占める重要な産業である。本来農業に比較優位をもつはずの途上国で国内農業が衰退し，食料自給が難しくなり，食糧の輸入依存を高めるようになった。

　世界銀行の推計によると[6]関税と補助金による世界全体のコストの3分の2が農業分野である。先進国の農業政策は途上国に年間170億ドルのコストを生じさせており，これは農業分野のODAの5倍に相当する。しかし，途上国が求める先進国の輸出補助金や国内支持が削減され，その結果農産物の国際市場

第12-3図　開発途上国の農業貿易収支の推移

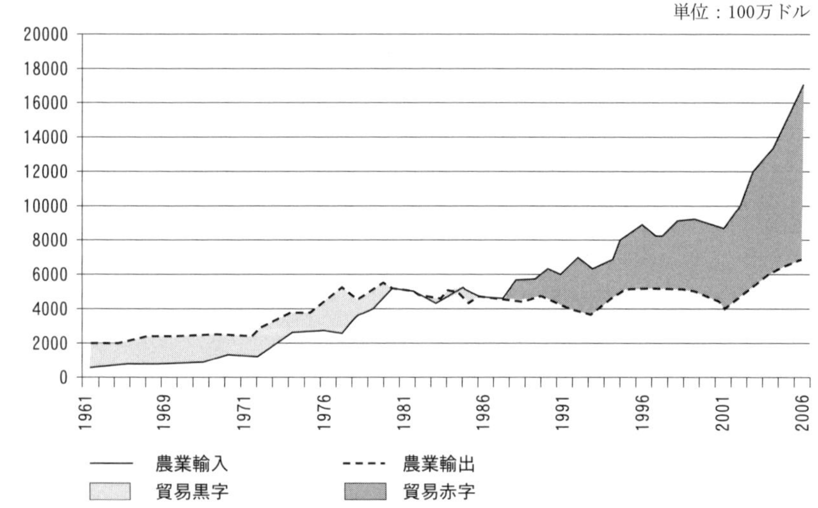

単位：100万ドル

――　農業輸入　　----　農業輸出
▢　貿易黒字　　▨　貿易赤字

（出所）　FAOSTAT.

価格が上昇したとしても，既に，食糧輸入に依存し，農業基盤が衰退してしまった途上国にとっては輸入農産物の価格高騰は，国内農業生産の増加よりも，実質所得を減少させる効果の方が大きい。また，価格上昇が生産を増加させたとしても付加価値の増分の大半が生産者である農民よりも，市場支配力をもつ流通業者，とりわけ穀物商社やスーパーマーケットチェーンなどの多国籍企業に帰属する可能性が高い。

第4節　岐路に立つグローバル農業・食糧システム

1．WTO農業交渉

　ドーハ・ラウンド交渉の当初，米国やケアンズグループは「黄の政策」と「青の政策」の全廃を主張し，EUや日本と対立した。EUでは03年6月にディカップリング，すなわち直接支払いの大部分を各作物の生産要素と切り離すCAP改革が合意され，これによって，直接支払いを「青の政策」から「緑の政策」へと組み代えさせられることになった。米国は，2002年農業法で，96年の農業法の直接固定支払い（緑の政策），価格支持融資に生産制限が要件とされない黄の政策に分類される「価格変動対応型支払い」を新たに加えた。米国とEUは03年9月のカンクンWTO閣僚会議に共同ペーパーを提示した。これは大幅な保護削減を求めるものであった。しかし，米国は価格変動対応型支払いを守るべくデミニマス（削減対象外とされる農業生産額の5％以内の黄色の政策）の維持を主張し，米国・EU合意ではこれを削減対象外の「新・青の政策」としたことに対し，批判が集中した。交渉は停滞したが，04年7月のジュネーブ一般理事会において関税削減方式を中心とする議長案が提示され，交渉の大枠が合意された。「枠組合意」は成立したものの，重要品目の数・範囲や上限関税の設定，国内補助金の削減幅など実際の運用にかかわる項目では激しい対立が続いた。2008年7月のジュネーブにおける主要国非公式閣僚会合ではラミー事務局長からの調停案が示され，重要品目数は4％を基本（代償付2％追加）とされ，一時モダリティ合意に接近したものの，途上国の緊急輸入制限（SSG）と米国の国内補助金をめぐるインド・中国と米国の対立

が決定的となり決裂した。

2013年12月バリでの第9回WTO閣僚会議では，①貿易円滑化，②農業補助金の特例措置，③途上国の開発支援の3分野でドーハラウンド初となる合意「バリ・パッケージ」に至った。農業補助金をめぐってはインド政府が国内貧困層向けの食糧備蓄のための補助金をWTO協定違反の対象としないよう要求，4年間の猶予を与え，その間も協議を継続することで合意が得られた。

農業協定20条Cにはラウンド交渉にあたって，「非貿易的関心事項，開発途上加盟国に対する特別のかつ異なる待遇」を考慮に入れるとされている。しかし，これまでの交渉では市場アクセスや国内支持などに終始し，非貿易的関心事項や途上国に対するS&Dは限定的にしか扱われていない。タリフエスカレーションやタリフピークが工業製品に比べて農産物に多いこと，無税無枠問題という途上国の関心事，途上国の生産拡大政策を貿易歪曲政策と同一視して削減対象とする問題や輸出国と輸入国に課せられた義務の不均衡問題は依然，棚上げにされている。

2. WTOへの牽制：「食料への権利」と「食料主権」

「食料への権利」は，世界人権宣言第25条に謳われ，また子どもの権利条約24条，27条にも言及されている。「国際人権規約」のA規約11条は食の権利保障について国家の義務を認め，締約国の権利実現のための義務を規定している。「食料への権利」は，1996年の世界食料サミットの「ローマ宣言／行動計画」でも確認されているように，既に国際法体系に位置付けられた各国・国際機関が実現すべき規範的法概念である。WTO協定と人権である「食料への権利」の法的階層関係からは，貿易，投資が人権の尊重に優先されないことになる。こうした観点から，農業貿易自由化交渉が国際法上WTO加盟国に遵守義務のある食料への権利と齟齬を来すものではないかを検討するため，2008年に国連人権委員会はLouvain大学のオリバー・デシュッターを特別報告官としてWTOでの調査を行った。『ドーハは新たな食料危機を防止できない』と題したデシュッター報告[7]では，農産物貿易の自由化が食料に対する権利を侵害することを指摘して，農産物の貿易制度が食料に対する権利などの人権に

抵触しないためには，①各国は食料への権利と両立しない WTO 合意は行わず食料権実現の立場を明確にすること，特に途上国にとってセーフガード措置は重要であること，③各国は，食料安全保障を追求するうえでは貿易への過度な依存を避けること，④農産物貿易市場における多国籍企業の力を制御すること，を勧めている。また，食料安全保障および環境保護と貿易の調和が図られるよう，WTO 交渉の枠組みの見直しを求めている。「食料への権利」アプローチは国際人権法の立場から，「食料への権利」の遵守を，WTO や IMF などの国際貿易・金融体制にも求めるものである。

93 年ベルギーに 36 カ国 55 の農民組織が結集し，先進国・途上国の垣根を越えた農民組織のネットワーク「ラ・ビア・カンペシーナ（La Via Campesina: 農民の道）」の設立を宣言した。96 年の世界食料サミットで，「食料主権論」を唱えたことから注目を集めた。食料主権は「生態系と調和した持続的な方法により生産された，健康で文化的に適切な食料を得る人民の権利，また，自らの食料および農業システムを決定する権利」と定義される。食料主権概念は国際社会で急速に認知度を増している。

3. 『岐路に立つ農業 (Agriculture at a Crossroads)』
―IAASTD 報告書―[8]

02 年 8 月にヨハネスブルグにおける持続可能な開発のための世界サミットで世銀と FAO が提案し，UNDP，WHO，UNESCO，GEF，UNEP が支援し，30 カ国の政府代表，30 の NGO・消費者団体・企業代表からなる事務局をもって設立されたものが IAASTD（開発のための農業科学技術の国際評価）である。その研究成果である 80 カ国，400 人を超える多様な分野の科学者による報告書が 2008 年に公表された。参加国の 95％にあたる 57 カ国が署名したが，米国，カナダ，豪の 3 カ国が拒否した。IAASTD は社会，環境，経済を包括する総合的な政策選択の枠組みを提示している。簡潔にまとめると，小規模農業の強化，地場・地域の食料システムの再興，地域・国レベルでの生物多様性保護，農業生態学的農法の採用，公平で持続可能な開発に向けた公的・民間投資の活用，目的達成のための支援機関や制度的対応をあげている。以下に「貿易と市場」にある政策オプションを示す。

農産物貿易に関する政策オプション
・途上国への特別で差異のある対応として農業・貿易政策への柔軟性を付与すること：食料安全保障，農民の生活保護，農村開発
・途上国が比較優位をもつ商品への貿易障壁の除去
・後発途上国への優遇的市場アクセスの提供
・途上国の開発水準に基づき世界貿易システムへの統合に異なった段階を設定する。途上国の市場開放のスピードは，余剰労働力の農業から製造業・サービス業への移動のスピードに合わせること
・片務的な市場アクセスを先進国やより豊かな途上国が後発途上国に提供する原則を定める。
・途上国の加工部門への投資を促進する農産加工品へのタリフエスカレーションの廃止
・農産加工や市場インフラ整備のための公共投資
・産直のためのインフラ整備など

第5節　結語

　GATT ウルグアイ・ラウンド農業交渉の開始にあたって米国農務長官ジョン・ブロックは「食料の自給自足という概念は滅びた。途上国は自給自足しなければならないという考え方は，もはや過去の話であり，時代錯誤である。より安価な米国産農産物に依存した方が，彼らの食料安全保障はより確実なものになるであろう。」と述べた[9]。2008年まで途上国の多くは，経済を自由化し，必要であれば，巨大な国際市場から食糧調達する方が，国内生産の支持や国内備蓄よりも有利と考え食料政策を放棄していた。ジョン・ブロックのように，こうした考え方は食糧輸出国を主とする援助国が推奨してきたものである。多くの食料・栄養不足の人口があり，死に至るものがいてもそれは長期的発展によって解決されるという'期待'のなかで無視されてもきた。
　第二次大戦後の世界農業の特徴は，先進国における生産余剰と開発途上国における農業の停滞である。輸入からの国内農業保護を超えた，米国，EC の

「攻撃的」保護政策は農業補助金によって過剰生産を助長し，余剰農産物は生産コストより低い価格で国際市場に輸出され，国際価格を引き下げる。先進国の税金で途上国消費者の厚生を高める（生産者は不利化）といえるが，長期的には比較優位を持つ途上国の農業生産を破綻させ，途上国の経済の規模を縮小させる効果が大きい。補助金を与えられない国の生産者は世界市場から締め出され，その地域経済は荒廃する。食糧自給率の低い国々は，余剰外貨がある限り食糧輸入に頼り，貧しい国々は食糧援助に支えられるというものである。フリードマンらの捉えた，こうした戦後のフードレジームの側面は80年代からIMFの構造調整政策によって一層強化される。「小さな政府」，経済自由化による補助金の削減と関税引下げによって，途上国の農業は先進国の補助金付き輸出に対抗できず，主食たる穀物から換金性の高い，園芸農業などに生産をシフトせざるを得なくなった。食糧危機によって深刻な影響を被る途上国を，いっそう食糧危機への対応能力が低下した脆弱な国家に造り替えた。

　これまで見てきたように，URもWTO農業交渉もこうした課題の解決につながらない。食糧危機を回避するには，途上国での一定の自給率と備蓄の確保が不可欠である。このためには先進国は攻撃的農業保護政策を停止し，援助国やIMF・世銀は農業分野への急激な経済自由化への圧力を止め，食料の配布から政府への財政支援を含めた現地のメカニズムや制度構築への支援供与にシフトすべきである。WTOは途上国に農業保護政策やセーフガードを特例として認める（S&D）こと，途上国により付加価値の高い加工分野への展開を可能とさせるタリフエスカレーションを撤廃させること，片務的優遇措置を一般化することが求められる。さらに今後の食料供給は水資源，土地，エネルギー，気候変動という相互に関係する地球規模の制約要因に関わる。IAASTDの研究報告は科学的検証をもとに，これらへの包括的対応を可能にする。公正で持続可能な農業のあり方としてその実行が大いに期待される。

（吉竹　広次）

注

1) 穀物在庫率が低下したのは90年代以降のITの技術革新によって情報・物流の穀物ロジスティックスの進歩によるものだとする見解もある。川島博之（2009）『食糧危機をあおってはいけない』文芸春秋，144ページ。

2) 2013年10月16日FAO「世界食料デー」でのグラツィアーノ事務局長報告。
3) Amartya Sen (1982), *Poverty and Famines : An Essay on Entitlement and Deprivation*, Oxford: Oxford University Press.
4) 販売価格と目標価格の差額を不足払いする制度。輸出価格と国内価格の差額を補償すれば輸出補助金の機能になる。
5) ポール・ロバーツ『食の終焉』神保哲生訳 (2012),ダイヤモンド社,244ページ。
6) 世界銀行, *World Development Report* 2008.
7) Olivier De Schutter (2009), *International Trade in Agriculture and the Right to Food*, Friedrich-Ebert-Stiftung, Geneva November 2009.
8) IAASTD, Agriculture at a Crossroads: Synthesis Report: A Synthesis of the GLobal and Sub-Global IAASTD Reports, Island Press, London, 2009.
9) ポール・ロバーツ『食の終焉』(神保哲生訳, 2012),ダイヤモンド社, 236ページ。

参考文献

Schanbacher, W. (2010), *The Politics of Food*, Santa Barbara, alifornia, Praeger.
Christoper, R. et.al (2010), *Food Systems Failure*, London, Routledge.
Marsden, T. (eds) (2012), *The New Regulation and Governance of Food*, London, outledge.
McNichael, P. (2013), *Food Regimes and Agrarian Question*, Black Point, Nova Scotia, Fernwood Publishing.
Magdoff, F. & Brian Toker (2010), *Agriculture and Food in Crisis*, New York, Monthly Review Press.

ポール・ロバーツ『食の終焉』(神保哲生訳, 2012),ダイヤモンド社。
エヴァン・D・G・フレーザー『食糧の帝国』(藤井美佐子訳, 2013),太田出版。
ヘンリー・バーンスタイン『食と農の政治経済学』(渡辺雅男監訳, 2012),桜井書店。
鈴木宣弘『食の戦争』(2013) 文芸春秋。
ラジ・パステル『肥満と飢餓』(佐久間智子訳, 2010),作品社。
ジャン・イブ・カルファルタン『世界食糧ショック』(林昌宏訳, 2009), NTT出版。
ジュリアン・クリブ『90億人の食料問題』(片岡夏実訳, 2011),シーエムシー出版。
ハリエット・フリードマン『フードレジーム』(渡辺雅男訳, 2006),こぶし書房。

第13章
日本の食料保障政策：関税から直接支払いへ

はじめに

　本章では，WTO 体制および TPP 交渉の下で，我国の食料自給率の維持に向けた望ましい農業措置について検討する。カロリーベースで測った近年の日本の食料自給率は，先進国で最低の約 40%（生産金額ベースでは約 65%）である。TPP の議論が出現する前より，日本政府は，目標値としての自給率をカロリーベースで 50%，生産額ベースで 70% としている。

　現在，日本の農業は国の内と外の両面で大きな変革期にある。

　対外的には，貿易自由化を広める多数国間の取り極めである WTO 協定，および TPP に象徴される広域 FTA（自由貿易協定）の両方に対処する必要性に迫られている。

　他方，国内では，主業農家[1]を含む農家の恒常的な「低収益性→担い手不足→高齢化」の悪循環が長く続いている。

　対外的な課題である「関税の引き下げ・撤廃」と，国内的な課題である「食料自給率の維持」の2つを同時に満たすことのできる解は，今のところ，WTOルール整合的な「直接支払い」（direct payment）を活用するしかない。

　直接（direct）とは，政府が当該措置の対象（農地や農家）へ消費者などを経由せずに，直接に補助金を拠出するという意味である。

　我国でも直接支払いを本格的に導入するのであれば，納税者である国民に，国内農業の存続を支えるという自覚が求められる（中山間地の生産不適格農地に対しては，既に直接支払いが導入されている）。

　政府が TPP 対応と自給率確保の2つの目的のために，所得支持タイプの直接支払いを戦略的に導入するのであればそのプロセスは，先ず直接支払いを導

入し，これが充分に浸透した後に，関税の引下げ・撤廃を行うべきであり，その逆はあり得ない。なぜなら，関税の引下げ・撤廃を先に行えば，輸入が増加した分の国内生産減少が生じ，その後に直接支払いを導入して生産が元の水準にまで増えてしまった場合，その分だけ，相手国（輸出国）に貿易損失を与えてしまうからだ。

直接支払いを大別すれば，生産者である農家の所得支持を目的とするタイプ（民主党政権当時の「戸別所得補償制度」はその典型）と農村景観を含む自然環境の維持・保全を目的とするタイプの2つに区分される。

前者は，農家つまり農業生産の存続，後者は，公共財である農地や農村景観・自然環境の維持・保全に有効である。ただしこの分野で先行しているEUの共通農業政策（CAP）においても，実際の運用面で，これら2つを厳密に分けて支払うことは不可能とされる。というのも，農村景観や自然環境などの「公共財」を維持・管理している農家が所得低下や後継者不足によって廃業すれば，同時にそれら公共財の維持も不可能になるからだ。

第1節　我国農業の内外情勢

TPPの21交渉分野には，直接支払いを含む農業の国内補助金についての項目がなく議論も行われない。他方，WTOドーハラウンドが難航・長期化するに至った要因は，その交渉が貿易と直接関係のない国内補助金の領域にまで踏み込んだことにあるとの見方も識者にはある。

米国は，自国産の綿花向け補助金がWTO違反と認定された後もこれを削減・撤廃する気配が見られない。

国際貿易の視点から，国々が「直接支払い」の導入を検討する際に重要なのは，それが増産効果を伴わない国内補助金である限りWTOルール整合的である，という一点である（WTO整合的な直接支払いと言うこと自体，貿易に関わるWTOルールが国内の農業政策にまでも関与することを示唆している）。

1990年代初めより米・EUの農業は，直接支払いに重点をおいた国内農業政

策を展開してきた。直接支払いは，当時GATTウルグアイラウンドと同時並行的に進められていた油糧種子加工補助金をめぐる米・EUの貿易紛争解決の打開策ともなっていた。

　自民党の「経営所得安定対策」および民主党政権下（当時）の「農業者戸別所得補償」のいずれも，基本的にはWTOルール整合的な直接支払いが参考にされてはいる。

　ただし2010年当時に民主党政権下で実質導入された戸別所得補償制度（同制度は2013年に自民党政権が導入した「経営所得安定対策」に吸収された。）に含まれる「米価変動補填交付金」の部分は，自民党政権下では2014（平成26）年度から廃止されることになった。これは同交付金に増産効果（WTOルール上はイエローボックスと称される。）があるためと推察される[2]。

　両党の考え方で異なるのは，当初の自民党の経営所得安定対策が農地の規模拡大に重点をおいたのに対して，民主党の戸別所得補償制度は農家の所得安定に重点をおいた点にある。その後，2009年の衆議院選挙が近づくにつれて，大規模農家を優遇する自民党案よりも，全ての農家（販売農家）へ補助金を支給するとした民主党の方へ，大票田である農家の関心が移って行き，民主党が圧勝した。「農業者戸別所得補償（制度）」という有権者たる農家に分かり易いネーミングも民主党の勝因につながったと云われる。

　ちなみに，2007年度に当時の自民党政権による「品目横断的経営安定対策」は，それまで農産品目ごとに補助金の支払いを行う仕組みだったのを，WTOルールへ合わせるために農産品目ではなく耕地面積に対して支給するよう変更したものである。加えて同「対策」は農業の規模拡大を目指して，補助金の対象を北海道の農家は10ヘクタール以上，それ以外の地域は4ヘクタール以上（集落営農組織は20ヘクタール以上）に限定するとしていた。

第2節　日本農業の分岐点

　冒頭で述べたように変革期にある日本農業は，TPP交渉の中でさらに大きな分岐点に差し掛かろうとしている。ここで言う分岐点とは次の3点から成

る。

　第一は，日本の農業保護措置がこれまでの輸入関税を中心とする「関税措置」（価格支持ともいう）から，直接支払い（direct payment）を中心とする「国内措置」（所得支持ともいう）へスムーズに移行できるか否かである。

　すでに米・EU は，1992 年の GATT ウルグアイラウンド実質合意（ブレアハウス合意）に基づき，輸入関税や輸出補助金を削減する代わりに，直接支払いと称する増産効果がない国内農業措置への移行を加速化させた。近年，EU の国内措置はさらに CAP（共通農業政策）改革の中で，農村景観を含む自然環境という公共財を維持・管理する目的で農家へ支給される「環境支払い」へ拡充されつつある。

　第二は，日本の農業政策がこれまでのように全ての農家（販売農家）の経営安定化を目指して一律に対応する取組み（いわゆるバラマキ）から，農家の大規模化を促す仕組みへスムーズに移行できるか否かである。

　自民・民主両党とも数年ごとに行われる総選挙を意識して，農業の大規模化（農地の集約化）よりも，農家の経営安定化に重きを置こうとする傾向があった。しかし昨今の TPP，RCEP さらに日・EU の FTA という広域 FTA 交渉で，我国が相手国と対等またはそれ以上の交渉力を確保するには，農産物の関税撤廃にも耐えうる強固な国内農業の確立が求められる。そのためにも，農家の所得を一定水準で支える岩盤の役割としての直接支払いは，それがいかなるタイプであれ国内農業の存続にとって不可欠である。

　第三は，日本国民とくに消費者の意識が，自給率の低下傾向は止む得ないとする他人任せの姿勢から，現行の自給率水準の維持あるいはアップを支持する姿勢へスムーズに移行できるか否かである。国民は本気で自給率のアップを支持するのなら（上記の第 1 点と第 2 点に関連するが）国内生産者への補助金（直接支払い）の財源は，納税者である国民自らが負担することに同意する必要がある。農業は，緊急時を含む食料生産の機能，エネルギー（バイオマス）の生産機能，自然環境の維持・保全機能，など国家安全保障にもかかわる諸機能を兼ね備えている。国民はそれら諸機能の維持を，国内全域の農家に付託していることを認識する必要がある。

第3節　重要5分野とTPP交渉

　我国は，GATT/WTO体制の下で，主要な工業製品（自動車や家電製品など）だけでなく大豆や小麦，トウモロコシなど主要穀物の輸入関税も引き下げて，今や（農産物の輸出額から輸入額を差し引いた金額で）世界最大の「純」農産物輸入国となっている（農産物の輸入金額の大きさだけで見ると我国よりも，米国や中国の方が大きい）。今，我国はTPP交渉を契機に，コメ，麦（小麦・大麦），肉（牛・豚），乳製品，砂糖類のいわゆる「重要5分野」（聖域5分野とも言う。）の関税も全て撤廃すべきか否かという国民的議論の渦中にある（2014年1月現在）。

　2013年3月15日，日本政府はこれら5分野の関税を全て撤廃すれば，3兆円程度の農業生産額が失われるとする政府統一試算を公開した（後述）。

　農業団体からは，日本政府がTPP交渉で5分野全ての関税を現状のまま維持できないのならば，交渉から脱退すべきだという主張が依然としてある。マスコミからは，5分野それぞれの主たる品目（例えばコメ分野の「精米」）だけを残し，国内の損害が少ない品目の関税を撤廃すれば，自民党（安倍首相）の「聖域5分野」を守るとの政権公約を破ったことにならないとの報道も見られる。

　既存FTAの中で貿易自由化度が98％と最も高いとされる米韓FTAに倣えば，2％（＝100−98）に相当する品目数は，TPP下でも自由化の例外となるはずとのマスコミ報道もある。これには米国が，既存の米豪FTAで決められた約束事を修正せずに，TPP下でも豪州産砂糖の輸入を自由化しないなどの推察があるためである。たしかに米国は年間約1000万トンの国内砂糖消費量に比して，WTOルールに基づく関税割当（TRQ）に基づき，豪州から毎年わずか8万9087トンの枠内でのみ粗糖を輸入しており，目下のTPP交渉でこの枠が撤廃される気配は見られない。これらに鑑みて，もし米韓FTAを参考にした98％の自由化が現実的な数値なのであれば，我国の関税対象品目数（タリフライン）が全9018品目なので，その2％，つまり（9018×0.02＝）180

品目が，関税撤廃の例外として関税を今のまま維持できることになる。

　その一方で，政府自民党はコメ（ミニマムアクセス米として年間約70万トンの輸入枠）を含む重要5分野の一定輸入量に低率関税の特別枠を設けて，この枠を徐々に拡大してゆく関税割当制度（TRQ）をTPPで議論する余地があると発言した（林芳正農水相 2013/11/19）。もしこれが可能ならば，輸入枠を徐々に拡大して最後に枠の撤廃に至るまでの期間をFTA原則（GATT第24条）に従って10年以内とするのか，あるいは荒唐無稽かもしれないが99年以内とすれば，雇用維持のための国内構造調整の期間をより長くすることもできる。2013年12月のTPPシンガポール閣僚会議でフロマン米国通商代表（USTR）の「関税撤廃の期間を明示して欲しい」との要求に対し，日本側は「99年後なら関税を撤廃しても良い」と発言している（日経新聞 2014/01/06）。ちなみに，5分野とは，コメ（58品目），小麦・大麦（109品目），牛肉・豚肉（100品目），乳製品（188品目），サトウキビなど甘味資源作物（131品目）の計586品目のことである。

　これら以外にも関税撤廃の対象となりえる皮革（最大輸入関税率60％）と酒類（同30％）の計約40品目や鉱工業品55品目などがある。現下の12カ国によるTPP交渉において，仮に品目数（タリフライン）で98％の関税自由化率が落とし所であって，日本が譲れない5分野，とくにコメは絶対に譲れない（輸入しない）というのであれば，例えば「コメ（58品目）＋牛豚肉（100品目）＋麦類の一部品目数」のように，合計して除外品目が180品目数以内となる色々な組み合わせがある。もし今後，TPP交渉の最終局面で，こうした品目の数合わせに直面した場合，我国は現下のアジア太平洋情勢およびTPP交渉の戦略的見地から，これを受入れるか否かの最終判断を迫られるかもしれない。

第4節　我国の食料自給率とTPP

1. 我国の食料自給率

　我国の食料自給率は，カロリーベースで見れば，どの先進国と比べても著し

く低いが，生産額ベースでの自給率は，英国よりも高く，ドイツの水準に近い（第13-1図参照）。

とくに日本とオランダは，他国に比べてカロリーベースでの自給率が低く，生産額ベースは高い，つまり付加価値の高い農産物の生産に傾斜している。しかしオランダは，アクセスが良いEU域内市場向けに生花や野菜などの農産物を積極的に輸出しており，一部の農産物（生花など）は空輸で世界中へ出荷されている。他方，日本の付加価値の高い農産物は，大半が国内市場向けであり，輸出を想定して生産されるものはまだ少ない。国家安全保障上から一定の自給率確保が望ましいならば，日常生活に不可欠なコメや麦，肉類，乳製品，砂糖などの基礎食料の自給率を一定水準に維持することが必要である。逆に，緊急時には必ずしも必要とされない高級な野菜や果物などを平常時より増産していれば，生産額ベースでの自給率は高まるが，安全保障上から必要とされる基礎食料の自給率を確保することには繋がらない。TPP下にあっては，日本

第13-1図 我国の食料自給率

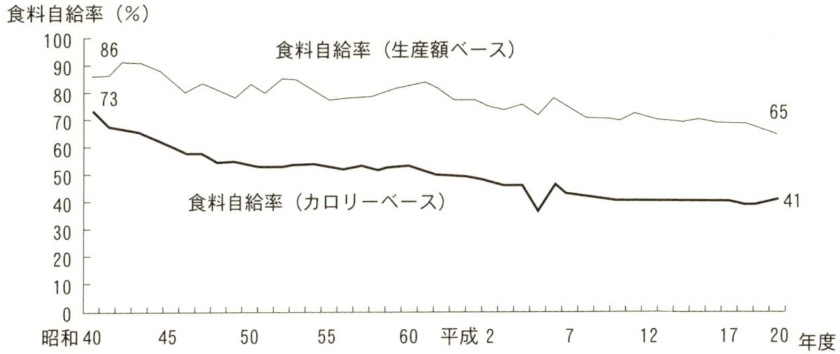

【試算結果（平成15年）】　　　　　　　　　　　　　　　　　　（単位：％）

	オーストラリア	アメリカ	フランス	オランダ	ドイツ	日本	イギリス
生産額ベース	155	102	101	96	75	70	40
カロリーベース	237	128	122	58	84	40	70
穀物自給率	333	132	173	24	101	27	99

（出所）農水省（平成22年1月）「食料自給率の考え方及び食料安全保障について」6ページ及び同（平成25年8月）「平成24年度食料自給率をめぐる事情」1頁。

農業に基礎食料の生産コストを引き下げる仕組みがない限り，自給率は改善しない。

政府発表によれば，現在交渉中の TPP が発効して，これが完成した暁には，我国の自給率は，カロリーベースで今（2013 年）の 40％から 27％へ減少し，金額ベースでも今の約 70％から 20％台へ減少するという。ただしこれは，日本政府が関税を全廃した後でも，それを補う方策を一切講じない場合という非現実的な前提に基づいている上に，政治的思惑も示唆される点，注意が必要である。

TPP 交渉が完了していない現段階（2014 年 3 月）で言えることは，仮に完全な関税撤廃による国内経済への影響がでるとしても，それは WTO の GATT 第 24 条（地域統合）に基づけば，TPP の発効した年から早くて 10 年目以降の 2024 年か 2025 年頃であり，品目によっては 15 年目以降の 2030 年頃になる。つまり我々は今，次世代の日本国民が TPP の下で受ける影響について議論しているのである。

2. 政府の食料自給率目標と TPP

2009 年末まで，我国では TPP に注目する人々は少なかった。当時の自民・民主両党は共に，TPP 対応ではなく農産物の関税引下げが必要な WTO ドーハラウンド対応という見地から，自給率の改善を政権公約に掲げていた。

第 13-1 図に見るように自給率の恒常的な低下が長らく続いていたため，これを改善すべく 2005 年の自民党政権下では，カロリーベースで 45％，生産額ベースで 76％という高めの目標を 2015（平成 27）年までに達成するとしていた。さらに 2010 年の民主党政権下では，カロリーベースで現行の 40％から 50％へ，生産額ベースでも 65％から 70％へと，やや高めの目標を 2020（平成 32）年までに達成する方針を当初は立てていた。

しかし，その後 TPP への参加問題が出現したため，与野党ともに自給率のアップを目指す議論そのものが凍結されてしまった。

我国で TPP への関心が芽生えるのは，2009 年 11 月 14 日，オバマ大統領が東京での講演で，「アジア太平洋諸国とともに強固な関係を築き，21 世紀型の貿易協定に相応しい高水準なスタンダードを目指す」（筆者概訳）と述べたこ

とに始まる。このときオバマ大統領が講演の中で示唆したTPPは，現在交渉中の米国を中心とする12カ国のものではなく，2006年5月に発効したブルネイ，チリ，NZ，シンガポールの4つの小国からなる自由化率100％を目指すP4と呼ばれる自由貿易協定（FTA）であった。その後2010年3月に，米国を含む9カ国（当時）による第一回TPP交渉が豪州・メルボルンで開催され，2010年11月のAPEC横浜会議で菅首相（民主党）による「開国宣言」へと繋がっていく。この開国宣言の真意が，日本政府によるTPP参加意志の表明にあったとしても，当時，日米関係よりも日中関係の強化を目指していた民主党・菅政権と，日米関係の修復が急務と考えていた（経団連を含む）産業界との信頼回復に寄与する一面はあった。

2013年の総選挙で民主党から政権を奪回した自民党・安倍政権は，同年2月の米国オバマ大統領との会談に続き，3月15日には「聖域5分野は守る」とした上でTPP参加の意思表明を行い，「攻めの農業」，「農業の六次産業化」，「農産物輸出を現在の5000億円から将来1兆円規模に拡大させる」など，日本農業の維持・発展を示唆する強気の姿勢を示すことになる（計算式上，自給率を確実にアップさせるには国産農産物の生産と輸出の両方またはいずれかを増やせばよい。したがって政府の言うように農産物の輸出が倍増すれば，自給率はある程度向上する）。

他方，我が国の巨大商社を筆頭に農業ビジネスに携わる企業は，TPP発効後の輸入関税撤廃の時期を見込んで，コストの安い海外での生産を増やしてこれを輸入することで利益を最大化しようとするはずだ。その結果，計算上の自給率は低下する。

第5節　政府発表「試算」をどう見るか

安倍首相のTPP参加表明と同じ日（2013年3月15日），安倍首相を本部長とする「日本経済再生本部」は，政府統一見解としてTPP発効後に関税が撤廃された場合の経済効果を公表した（「関税撤廃した場合の経済効果についての政府統一試算」以下「試算」と略記，2013/03/15)[3]。

同「試算」では，我国が TPP 交渉参加 11 カ国から輸入する産品に対してのみ関税を撤廃した場合が想定された。先の民主党政権時代に公開された同様の試算は，日本が全世界から輸入する農産物の輸入関税がすべて撤廃されるという非現実的な仮定で算出され，各省庁が個々に算出したデータをそのまま公開するなど，正確さに欠けていたためである。

「試算」によれば，TPP の下で我国が関税撤廃を行った場合の経済効果は，実質 GDP が 0.66％，総額 3.2 兆円の増加が見込めるとし，その内訳は，国内消費が 3 兆円（プラス）の増加，国内投資 0.5 兆円（プラス）の増加，輸出が 2.6 兆円（プラス）の増加，輸入 2.9 兆円（マイナス）の拡大とした。「試算」は同時に，農林水産物の生産額は 3 兆円の減少，さらに食料自給率はカロリーベースで現行の 40％から約 27％へ，生産額ベースでは現行の約 70％から 55％程度に低下，農業の多面的機能の喪失額は 1 兆 6000 億円と計測している。ただし試算は，3 つの硬直的な仮定すなわち「関税撤廃の効果だけを見る」，「関税は全て即時撤廃される」，「それに対して一切の対策を講じない」を置いた上で，輸入農産物が国産品と競合する場合は関税撤廃後に全額が輸入品に置き換わる，競合しない場合は，関税撤廃に伴う国内価格の低下分に相当する部分が輸入品に置き換わる，とする 2 つのケースに分けて経済損失額を産出している。

実際の損失額が，これに近くなるか否かは判断が難しい。というのも，全品目の関税が即時に撤廃されることはあり得ず，通常の FTA では，重要品目であるほど関税撤廃までの猶予期間は長くなり，米韓 FTA（2012 年 3 月発効）でさえ，韓国側の輸入関税撤廃に要する期間を，牛肉は 15 年，豚肉 10 年，ニンニク 15 年，大麦 15 年などかなりの品目が 10 年以上を設定しているからだ。

TPP は自由化が最も進んだ次世代型 FTA になるとしても，現実には関税撤廃までに国内構造調整のため一定の猶予期間が不可欠であり，そのために要する調整コストは，本章で述べる農業の直接支払いに要するコストとは別に支出されるべきである。

なお「試算」に示された多面的機能の喪失額とされる 1 兆 6000 億円は，農村景観や水田の涵養機能の喪失などを「見做し評価」した場合の金額値であっ

て実際の経済損失額ではないこと，および TPP 完成に伴うサービス貿易や域内物流（グローバル・サプライチェーン）のコスト削減などの非関税障壁撤廃によるプラス効果などは「試算」に全く含まれていないことに注意が必要である。

第 6 節　WTO 農業協定と直接支払い

　WTO 発足以前の GATT 体制下（1948－1994 年）では，輸出増または輸入減を生じさせる補助金については通報義務があり（GATT 第 16 条 1 項），それが他国に「重大な損害」を与えるようなケースにおいては，当該国と討議する義務があると定めたのみで，輸出補助金そのものを削減する義務は定められていなかった。同第 16 条第 2 項および 5 項においても，一次産品以外の輸出補助金は禁止されるが，「衡平な取り分」（つまり国際市場の中で農産物輸出国が既得権として占有する市場比率）を越えるような一次産品（農産物）向け補助金のみが禁止となっていた。

　その後 WTO が発足（1995 年）してからは，「補助金及び相殺関税に関する協定」と「農業に関する協定」の 2 つが発効したことで，禁止すべき補助金が明確に規定され，さらに貿易に関わる農業と非農業の補助金ルールも明確に区分されることになった。

　特に，WTO 農業協定第 6 条 5 項は，WTO 加盟国が直接支払い（direct payment）として補助金を支給する場合，生産制限（＝減反）計画に基づき，①固定された一定の耕地面積および生産量に対して行う限り，削減すべき国内補助金の対象とならないこと，および同附属書 II によれば，環境保全を目的とする国内補助金（＝グリーン・ボックスと呼ぶ。）も削減しなくてもよいとされた。

【WTO 農業協定】　第 6 条 5 項　　国内助成に関する約束
　5　(a)　生産制限計画による直接支払であって次のいずれかに該当するものは，国内助成を削減する約束の対象とならない。

(i) 一定の面積及び生産に基づいて行われる支払

　(ii) 基準となる生産水準の八十五パーセント以下の生産について行われる支払

　(iii) 一定の頭数について行われる家畜に係る支払

　(b) (a) に定める基準を満たす直接支払に係る削減に関する約束の対象からの除外は，加盟国の現行助成合計総量の算定において当該直接支払の価額を除外することによって行う。

　GATT（ウルグアイラウンド）およびWTO（ドーハラウンド）では，農業へ拠出される様々なタイプの国内補助金が国際貿易に与える影響という視点から，交通信号に例えて，緑・黄・青の3つの政策ボックスに分類した上で交渉された。まず農業の基盤整備や自然環境保全が目的であって，増産効果つまり貿易歪曲効果がほとんどない補助金を「緑の政策」（グリーン・ボックス）と呼んで，該当する補助金はWTO整合的，つまり削減も撤廃も必要がない補助金とした。

　当時より米国やケアンズ・グループに属するオーストラリア[4]などの農産物輸出大国は一層の貿易自由化を主張する一方，我国や韓国，北欧諸国およびEUを含む先進国は多面的機能フレンズ[5]と称するグループを作って農業の多面的機能（いわゆる「正の外部性」）を維持するための国内補助金はWTOルール整合的であると主張していた。

　他方，農産物の増産効果がある補助金は「黄の政策」（イエロー・ボックス）と呼び，徐々に削減すべき補助金とした。さらに増産効果はあるが生産制限（減反）を課すことで両者が相殺され貿易歪曲効果が小さくなる補助金を「青の政策」（ブルー・ボックス）と呼んで削減の対象から外した。

　青の政策に該当する補助金のルールは，WTOの「補助金協定」に定めがなく，農業協定（第6条5項）のみに見られ，GATTウルグアイラウンドの終結時に米国とEUの油糧種子加工補助金を巡る紛争の結果，既存の増産効果がある補助金をWTO整合的なものに移行させるまでの暫定案として設けられた。「青の政策」は，EU共通農業政策に基づく補助金や日本の稲作経営安定対策等を削減対象から除外するための例外措置として設けられたものと云われる。

そもそも，WTO農業協定でこのように補助金が細かく規定されているのは，農業には，時の政権政党を揺るがすほどの少なからぬ影響力があることに加え，異常気象など自然界の天変地異に影響されやすいためである。さらに農業には，農産物をつくる「生産機能」，生物多様性や土壌の維持などの「多面的機能」の2つの機能がある。GATT時代（1948－1994年）より農業と工業が貿易ルールの中で区分されてきた理由がここにある。

第7節　自由貿易体制と直接支払い

1. 直接支払いとは

　WTOの前身であるGATT体制（1948－1994年）において，「直接支払い」の考え方を導入・整理したのは，1958年に当時のGATTの委託を受けてハバラー（Haberler）が中心となって作成されたハバラー報告（1958 Haberler Report）である。同報告は，当時の先進国と途上国の政治的な対立（いわゆる南北問題）の中，米国とEC（欧州共同体，現EU）の先進国型農業が将来どうあるべきか検討するために，農業の保護措置を3つに区分した。第1は，輸入を直接に制限する措置（輸入制限），第2は，輸出を直接に促進する措置（輸出促進），第3は，国内生産へ直接の影響を与える措置（国内支持）つまり，今日「直接支払い」（direct payment）と呼称されるものである。これら3つの概念は，その後のWTO農業協定（前文）に，市場アクセス（market access），輸出競争（export competition），国内支持（domestic support）として明記された。ハバラーは，国内支持を更に2つのケースに分けた。第1は，国内市場価格を世界市場価格を上回る水準（つまり国内市場価格＞世界市場化価格）になるように設定するケース，第2は国内市場価格が世界市場価格と同じ水準（国内市場価格＝世界市場価格）になるまで補助金を支給するケースである。前者には，可変課徴金，輸出補助金，輸出信用などが含まれ，後者には不足払い，耕地面積当たり補助金，燃料補助金などが含まれるとした。

　その後，再び「直接支払い」（direct payment）という概念がクローズアッ

プされたのは，GATT のウルグアイラウンド（1986－1994 年）における農業分野交渉においてである。当時，ウルグアイラウンドの終結を阻んでいたのが先進国と途上国を巻き込んだ農業補助金の問題であった。すでに，鉱工業品などのいわゆる非農業分野では，貿易歪曲的な効果がある政府の補助金を禁止するルールが決められ，残る農業分野における補助金を鉱工業品並みに撤廃すべきか否かの議論が展開されていた。その結果，米・EU がリードする先進国の農業政策は輸入関税や可変課徴金のような価格支持（price support）から，直接支払いを中心とする所得支持（income support）へ移行することになった。

2. EU の直接支払い

2013 年 7 月 13 日にクロアチアが加盟して 28 カ国となった EU（欧州連合）の域内全てに適用される農業政策（Common Agricultural Policy，以下「CAP」）の 総予算の中で常に最大シェアを占めるのが，直接支払い（direct payment）であり CAP 全予算の 7 割を越える。

GATT ウルグアイラウンドが実質終結した 1992 年に導入された EU の直接支払いは，当初，耕地面積や家畜頭数にリンクして支払われていたが，CAP 改革にともなって 2003 年からは，それらとリンクせずに支払う方向へ修正されつつある。

EU では現在，直接支払いの「目的」と「配分」を巡る議論が展開されている。

直接支払いの「目的」は，農家自体の所得を支えること（所得補償），および"正の外部性"である公共財（public goods）を維持することの 2 つに大別され，どちらに重きをおくべきかの明確な方向性は打ち出されていない（ここで言う公共財とは，農村の景観や自然環境だけでなく，農地の生物多様性，土壌の有機的機能，清涼な河川へのアクセス，汚染されてない空気，など）。ただし実際の運用面で，これら 2 つを厳密に区分して直接支払いを行うことは不可能とされる。農家が廃業してしまえば，当該エリアの公共財も劣化するからである。

「配分」についての議論は，EU の英米独などを含む中核的メンバー 15 カ国

と東欧諸国を含む新しく加盟した13カ国との間にある配分金額のアンバランス，および傾斜地（中山間地）と平地の配分金額のアンバランスをどう改善するかにある。

第8節　日本型直接支払い制度

1. 農業者戸別所得補償制度から経営所得安定対策

　2009年の衆議院総選挙[6]に備えて，当時の政権与党であった自民党と，最大野党（当時）である民主党は，ともにWTOドーハラウンドへの対応から，従来の輸入関税からEU並みの所得補償（直接支払）に切り替える方針をマニフェスト（政権公約）に打ち出していた。

　民主党は全ての販売農家を対象とする「農業者戸別所得補償制度」[7]，自民党も（当初は農地面積が一定規模以上の農家を対象としたが，選挙前になってこれを修正し）民主党案と同じく全ての農家を対象とする「水田・畑作経営所得安定対策」（旧称・品目横断的経営安定対策，2007年導入）を掲げた。いずれの案も農地の維持と，そのために直接支払い（direct payment）の仕組みの下で農家へ一定の所得補償を行うことが目的となっていた。つまり両党の案とも，農業の国際ルールであるWTOドーハラウンド対応であった。しかし農業者の票を集めるための工夫という選挙戦略の面では，民主党の案が勝っていた。というのも，名称が分かり易いこと，および農協を通さずに直接に農家の口座へ振り込まれる仕組みであったことである（自民党案は，元々が大規模農家を育成する仕組みであった）。

　民主党が選挙で圧勝して政権政党となったため，戸別所得補償制度が2011年度より本格導入されたことは記憶に新しい。

　ところが2013年の衆議院総選挙で，今度は自民党が圧勝し政権政党となったため，4年前の2009年に元々あった自民党の原案，すなわち農家が経営規模を大きくするように仕向けるインセンティブとしての「経営所得安定対策」が導入されることになった。ただし，すでに民主党の「戸別所得補償制度」が2011年に導入されているため，今後数年間は，民主党政権（当時）の戸別所

得補償制度から自民党政権の経営所得安定対策への「移行期間」ということになる。

2. 日本型直接支払制度

　財政負担のない輸入関税に比べて，国家の財政負担を伴う「直接支払い」の導入には納税者である国民の同意が必要となる。

　農水省が 2013 年 12 月に発表した「日本型直接支払制度」には"多面的機能支払"という文言が付記されていることから，これまでのように農家の所得を支えることよりも，農業の環境保全機能に重きが置かれていることが分かる。「日本型直接支払制度」は，現行の農地維持の目的に合致した農村地域活動に対して支払われる「農地・水保全管理支払」，条件が不利な急傾斜地などでの農地に対して支払われる「中山間地域等直接支払」，および環境保全効果がある営農活動を促進する目的で支払われる「環境保全型農業直接支援」の3つから構成される。

　「日本型直接支払制度」は，従来の戸別所得補償制度の「変動支払い」部分を廃止して「固定支払い」部分だけを残し，これに新たに農業の多面的機能の維持への対価としての環境支払い（直接支払い）を加えたものである。固定支払いは，農地面積の維持が目的であり，環境支払いは農家・農業の環境保全効果に対する支払いを目的としている。

　日本型直接支払い制度が導入されることは，長期的にはドーハラウンド対策とも言えるが，実質的には農業を保護する手段が「関税」から「所得支持」へシフトすることで，TPP 完成後においても日本農業（特に耕地面積）を現状のまま存続させるための措置と言える。

（岩田　伸人）

注

1）「主業農家」とは，農業所得が主で，1 年間に自営農業に 60 日以上従事している 65 歳未満の世帯員がいる農家をいう。
2）これに加え 10 アール当り 15000 円の固定支払い部分は減額して 2018 年度より廃止。
3）東京財団（2013 年 3 月 20 日）「TPP の経済効果についての政府統一試算について」。
　＜http://www.tkfd.or.jp/research/project/news.php＞（access2014/01/13）
4）「ケアンズ・グループ」は，カナダ，オーストラリア，NZ，チリ，アルゼンティン，ウルグァ

イ，タイ，フィリピン，フィジー，南アフリカ等の 18 カ国から構成され，これらは全て輸出補助金を交付しない農産物輸出国であり，農産物貿易の自由化を主張した。
5） ウルグアイラウンド当時，日本，EU，韓国，ノルウェー，スイス，モーリシャスが中心となって，「多面的機能フレンズ」を構成し，無秩序な農産物貿易の自由化に反対する意向を表明した。ケアンズ。グループは「多面的機能」の主張は農業保護主義の隠れ蓑だとして，これに反対した。
6） http://www.yomiuri.co.jp/election/shugiin2009/
7） 2009 年 7 月 27 日民主党本部マニフェスト <http://www.dpj.or.jp/global/downloads/manifesto2009.txt>

参考文献

岩田伸人（2011）「自由貿易体制下における農業・戸別所得補償の展望」21 世紀政策研究所研究プロジェクト『戸別所得補償制度』49-97 ページ。
経済産業省（2010）『不公正貿易報告書』第 6 章。
筑紫勝麿編著（1994）『ウルグアイ・ラウンド』日本関税協会。
農水省（2013 年 12 月）『日本型直接支払制度の創設及び新たな経営所得安定対策等の概要』。

第14章

日本のエネルギー通商戦略の課題
―シェールガス革命への対応―

はじめに

　貿易立国の日本が深刻な貿易赤字に陥っている。福島第1原発の事故をきっかけに，日本では火力発電への依存度が大幅に高まり，燃料となる液化天然ガス（LNG）を割高な価格（ジャパン・プレミアム）で海外から調達せざるを得なくなったことも，その要因の1つだ。

　LNG輸入の拡大に伴う調達コスト増に懸念が高まるなか，貿易赤字を減らすためにも，いかにして安く安定的に天然ガスを調達するかということが，日本にとって喫緊の課題である。

　他方，米国のシェールガス革命でガス価格の下押し圧力が世界に広がるなか，2013年5月，米政府が日本へのシェールガス輸出解禁を決定した。日本のLNG調達コスト引き下げのカギを握るのはシェールガスだ。

　シェールガス革命で塗り替わる世界のエネルギー地図を，日本の国益に結び付ける視点と戦略が今こそ必要である。日本はエネルギー調達のためにどのような通商戦略を進めるべきなのか。

　本章では，LNGを中心にシェールガス革命とエネルギー調達のための日本の通商戦略について論じたい。

第1節　塗り替わる世界のエネルギー地図

　「シェールガス革命」と呼ばれる非在来型資源の開発によって，世界のエネ

ルギー地図が大きく塗り替わろうとしている。米国でシェールガスの生産が拡大し，天然ガス市場にパラダイム・チェンジが起きたからだ[1]。

シェールガスとは，頁岩（けつがん）と呼ばれる硬い岩盤に閉じ込められた天然ガスのことである。高圧の水で岩盤を砕いて回収する「水圧破砕法」と呼ばれる採掘手法が米国で開発され，原油価格の上昇も追い風となって，2005年頃から生産量が急増した[2]。

2000年代初め，米国ではLNGの大量輸入が必要だと見込まれ，LNG輸入ターミナルの建設が全米各地に相次いで計画された。しかし，その後シェールガスの国内生産が本格化したことにより，これら建設計画のほとんどが事実上中止に追い込まれた。

これにより打撃を受けたのが，カタール，ナイジェリア，赤道ギニアなど中東やアフリカのガス産出国である。当てにしていた米国への輸出ができなくなり行き場を失った大量のLNGは，欧州のスポット（随時取引）市場に流れ込んだ[3]。

このシェールガス革命に伴う「玉突き現象」で割を食ったのがロシアだ。欧州におけるLNGのスポット価格が急落，ロシアからの長期契約によるガス輸出が減少した。「ロシアのくびき」[4] と呼ばれた欧州ガス市場におけるロシアの影響力も低下している。

このため，プーチン政権は2012年9月のAPECのウラジオストク会合を契機に，日本などアジアへのLNG輸出拡大に力を入れ始めた。極東のウラジオストクにLNG基地を建設し，シベリアやサハリンのガス田とパイプラインで結ぶ計画を進めようとしている。外資との共同開発を急ぎたいロシアだが，アジアに流入する米国のシェールガスが計画に影響を与えるのは必至で，シェールガスの対日輸出解禁に危機感を募らせている。

第2節　シェールガスの対日輸出解禁：変わる戦略の軸足

米エネルギー省は2013年5月，シェールガスの日本向け輸出を認可した。米国は原則，自由貿易協定（FTA）を結んでいない国への天然ガス輸出を規

制している[5]。非締結国の日本への輸出解禁は，3月に日本がTPP交渉参加を決めたことも好材料となった。

米国内では化学大手ダウ・ケミカルなどがシェールガスの輸出拡大に反対している[6]。そうした中で，2月の日米首脳会談で安倍首相が日本へのシェールガス輸出を要請した。オバマ政権が認可に踏み切ったのは，日本に輸出しても米国内のガス価格上昇は避けられるとの判断からであるが，認可には日米同盟重視という戦略的意味が込められている。

5月に認可されたのは，中部電力と大阪ガスが参画するフリーポートLNG基地（テキサス州）のLNG輸出プロジェクトで，岩盤から採掘したシェールガスをLNGに加工して輸出する事業である。2017年から最大年440万トンを日本に輸出する計画だ。

また9月には，2件目として住友商事と東京ガスが参画するコーブポイントLNG基地（メリーランド州）が承認された。年230万トンのLNGを調達，2017年の輸出開始を目指す。このほかにも三菱商事と三井物産が参画するキャメロンLNG基地（ルイジアナ州）が審査を待っていたが，ようやく2014年2月に認可が下りた。

さらに，2013年9月にカナダで開かれた日加首脳会談で，カナダ産シェールガスの対日輸出が2018年末にも実現する見通しになった。カナダは従来，パイプラインを使った米国への輸出に特化してきたが，米国はシェールガスの開発に成功して消費国から生産国に転換。新たな市場を求めていたカナダと，調達先を多様化したい日本との思惑が一致した。これにより，2017年に始まる米国産の輸出と合わせ，最大で日本のガス需要の約3割を両国のシェールガスで賄えるようになる。

ところで，日本はこれまでLNGの主要調達先であるインドネシア，ブルネイ，マレーシアとの間で，二国間FTAを通じてLNGの供給確保に向けた取り組みを進めてきた[7]。

現在交渉中の豪州とのFTAも含めて，これらの国とのFTAでは，エネルギーに関する章が設けられ，LNG等エネルギーの安定的な供給確保を目的として，政策の透明性確保，投資環境の整備，規制措置を導入する場合の既存の契約の尊重や通報の実施，政策対話の枠組みの設置などが盛り込まれている。

正直なところ，いずれもエネルギー安全保障という観点から，エネルギーの安定調達の確保を優先し，どちらかといえば調達コストは二の次だった。しかし，米国からのシェールガス輸入を契機に，通商戦略の軸足は「安定調達」から「コスト抑制」に転換しつつある。

第3節　割高な LNG 輸入価格：原油連動からの脱却

2011年3月11日に発生した東日本大震災での福島第1原発の事故後，原発はほとんど運転を停止し火力発電への依存が大幅に高まった。火力発電の燃料として需要が増えた LNG の調達は，ガス産出国から足元を見られ，「ジャパン・プレミアム」という高値買いを強いられている。2012年度の貿易赤字が過去最大の8兆円に達したのは，円安も加わって LNG 輸入額が膨らんだことが主因である。

日本が輸入する LNG 価格 (2012年末時点) は，100万 BTU (英国熱量単位) 当たり17ドル程度だが，米国内の天然ガス価格は4ドル前後。米国からシェールガスを輸入した場合，液化や輸送のコストを加えても約10ドルと3割以上も割安になる[8]。

第14-1図　日本の貿易収支の推移
(2004～12年度)

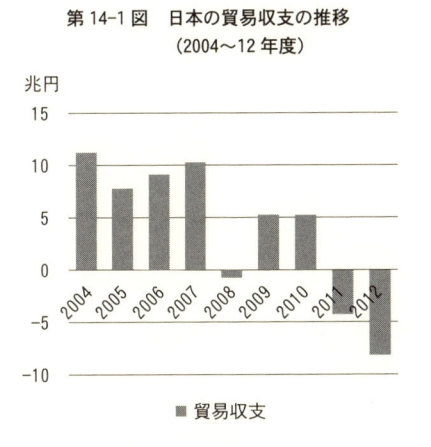

第14-2図　LNG 輸入額の推移
(2004～12年度)

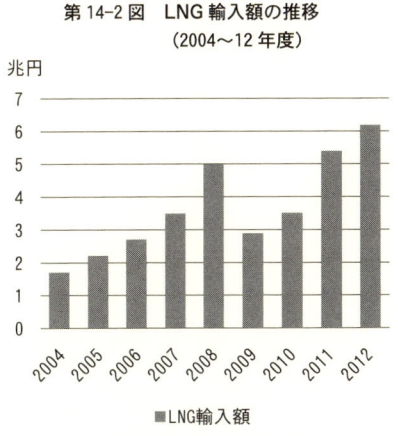

(資料)　財務省貿易統計より作成。

(資料)　財務省貿易統計より作成。

日本のLNGの調達コストが高いのは，ガス産出国との長期契約で原油価格連動型のガス価格決定方式が採用されているからだ。原油価格の上昇でLNG価格も上昇してしまう。

安価なLNGの調達が課題となっている日本にとって，通商戦略上，米国産シェールガス輸入というカードを握ったことの意義は大きい。これを切り札にして，ロシア，アジア，中東・アフリカなど他のガス産出国との間で，LNG価格交渉を有利に進め，日本にとって不利な原油価格連動型の方式を見直すことが可能となる。

ただし，米国産シェールガスへの過大な期待は禁物だ。日本政策投資銀行の試算によれば，米国からのシェールガス輸入と，他のガス産出国との交渉で原油価格連動型の契約も改善されることになれば，日本のLNGの平均調達価格は，2020年時点で最大15.2%の価格引き下げにつながるとしている（価格の基準時点は2012年12月）[9]。この結果から明らかなように，シェールガス革

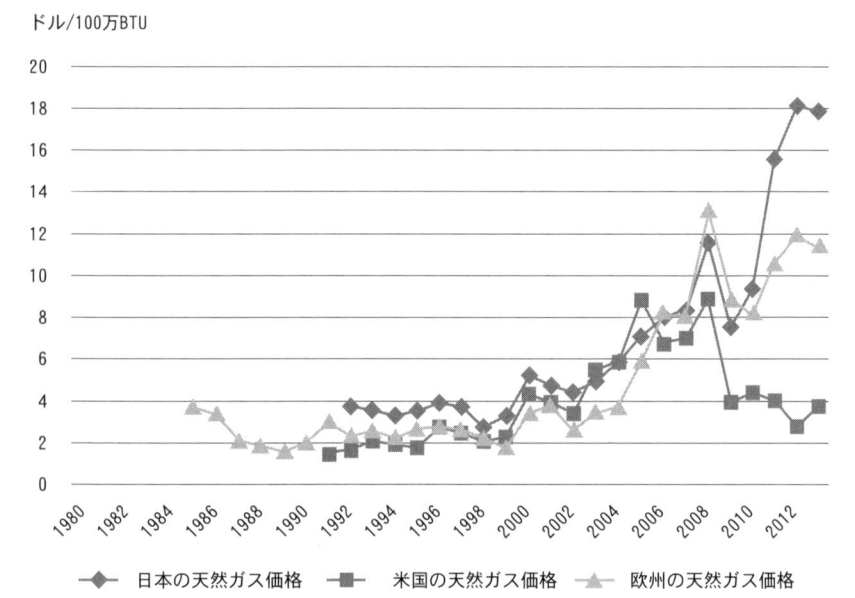

第14-3図　天然ガス価格の推移：日米欧の比較

ドル/100万BTU

（注）　年次価格は年間の平均価格。
（資料）　IMF-Primary Commodity Prices より作成。

命によって日本のエネルギー調達コストが劇的に下がるというわけではない。

北米からの輸入を増やしても日本の需要のすべては満たせない。また，中国などの需要も増えるため，北米産のLNG価格が安いままとは限らない。それでも調達先を増やす意義は大きい。エネルギー安全保障の面に加え，中東や東アジアなど既存の供給国に対し交渉力が強まるからだ。

第4節　LNG調達先の多様化：価格交渉のカード

米シェールガスの輸入を契機に，LNG調達先の多様化を進めていくことが重要だ。調達先の多様化は，日本のエネルギー・セキュリティを拡充させるだけでなく，ガス産出国との価格交渉のカードとして使える。

日本はLNG調達先を，従来からのカタール，豪州，マレーシア，インドネシア，ブルネイなどにとどまらず，シェールガスの対日輸出が解禁となった米国はもちろん，シベリアやサハリンの天然ガス開発を進めているロシアなどにも調達先を広げるような戦略を進めるべきである[10]。

LNG調達先に関して注目すべき動きとして，ここ数年，ナイジェリア，赤道ギニア，エジプトなどアフリカからの輸入が急増している。日本の2012年のアフリカ産LNG輸入量は，前年比で2倍に増え過去最高，全体の1割を占める。このほか三井物産が参画するモザンビークのLNGプロジェクトも，新たな調達先として有望視されている。

さらに，シェールガスの生産は米国だけに限らない。今や欧州，アジアなど世界各地でシェールガスの開発が進められている。カナダや豪州，インドネシアからシェールガスを調達する可能性も十分にある。シェールガス生産の世界への広がりは，LNG調達先の多様化と調達コストの低下を狙う日本にとって，追い風となりそうだ[11]。

なお，2013年3月，日本政府は愛知・三重両県沖の海底のメタンハイドレートからガスを生産した。メタンハイドレートとは，メタンと水が結晶化した氷状の塊で，「燃える氷」とも呼ばれる。日本の周辺海域でメタンハイドレートが埋蔵されており，日本の天然ガス消費量の100年分ともいわれる。海

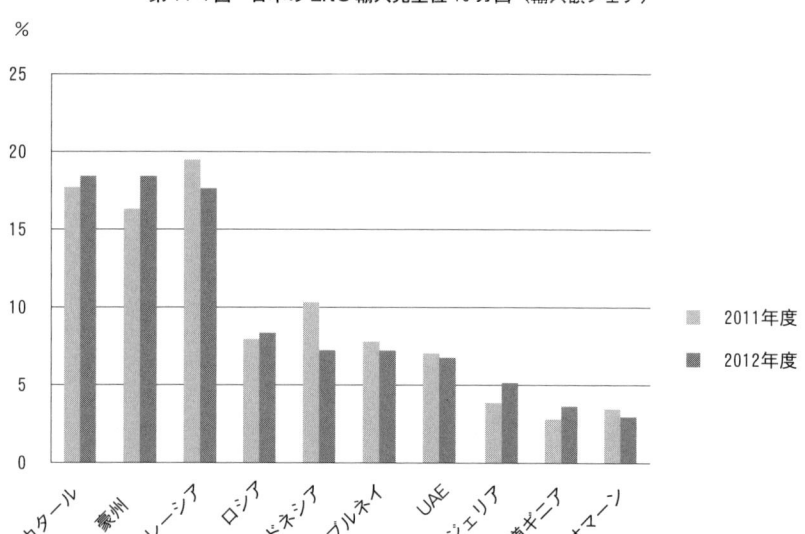

第14-4図　日本のLNG輸入先上位10カ国（輸入額シェア）

横軸：カタール、豪州、マレーシア、ロシア、インドネシア、ブルネイ、UAE、ナイジェリア、赤道ギニア、オマーン

凡例：2011年度、2012年度

（資料）財務省貿易統計より作成。

洋産出や輸送などコスト面での課題が残るが，日本政府は，商業化は早くて10年後と見ている。メタンハイドレートの開発は，日本にとってガス産出国との価格交渉に使えるカードになる。

第5節　焦るロシア：LNG調達で日本に好機到来か

　ロシアは焦っている。シェールガス革命の余波による「ガスの玉突き」で，欧州へのガス輸出が伸び悩み，ガス価格の引き下げを迫られているからだ。苦境に立たされたロシアは，アジアへのLNG輸出に活路を求めている。
　ロシア国営ガス会社ガスプロムは2013年6月，伊藤忠や丸紅など日本の5社と極東ウラジオストクに合弁でLNG基地を建設することで基本合意した[12]。2015年にも着工し，2018年に稼働，日本向けにLNGを輸出する。
　ガスプロムは，2009年に三井物産や三菱商事などと共同で進めるサハリン

大陸棚の資源開発「サハリン2」でLNGの生産と日本などへの輸出を始めており，極東でのLNG生産量を倍増させる計画だ[13]。

ロシアは世界第2位のガス産出国であるにもかかわらず，LNGの世界シェアは約4%にとどまっている。ロシアの天然ガス輸出は，パイプラインを利用した欧州向けが大半を占める。LNGの技術は遅れており，このままでは今後急増すると見込まれる世界のLNG需要に対応できない。

そこでプーチン大統領は2013年2月，ガスプロムが持つガス輸出独占権の自由化を打ち出した。LNG開発を加速させる狙いからだ。ロシアが日本や中国などアジア諸国へのLNGの供給拡大を急ぐ背景には，米国産や豪州産のガスとの競争に負ければ急成長するアジア市場を失いかねないとの危機感がある。

ロシア下院は2013年11月，国営天然ガス企業ガスプロムが独占するLNG輸出を他のエネルギー関連企業に開放する法案を可決した。プーチン大統領の署名を経て12月に発効した。

そうしたなかで，国営石油最大手ロスネフチも2013年2月，米エクソン・モービルとガス田開発事業「サハリン1」のLNG基地の建設に関する契約を締結した。また，丸紅がロスネフチと20年の長期契約を結んだ。日本企業がガスプロム以外から長期契約でLNGを調達するのは初めてである。

ロシア国内では今後，ウラジオストクとサハリンの極東LNGプロジェクトの開発をめぐって，日本企業を巻き込んだ形で，ガスプロムと新規参入のロスネフチの間で激しい競争が繰り広げられることになろう。

ロシアは，極東のLNG基地の共同開発で，高い技術力と豊富な資金力を持つ日本の協力に大きな期待を寄せている。日本は，これをガスの輸入価格引き下げの好機と捉え，LNG開発協力のカードもちらつかせながら，ロシアとの価格交渉では米シェールガスと競合できる価格の設定を要求していくべきだ。

2013年4月末の日露首脳会談で発表した共同声明には，石油・ガス分野における日露協力の拡大が明記された。プーチン露大統領との会談で，安倍首相はロシア側を牽制するため，米国からのシェールガス輸入拡大に言及したと言われる。米国産シェールガスの輸入は，すでにロシアに対する強力な「牽制球」となりつつある。

第 6 節　エネルギー調達でアジアは連携できるか

　安価なLNGを安定的に確保することが日本の通商戦略にとって優先課題である。そのためには，LNG調達でアジア域内の連携を進めるべきだ。
　2012年9月，東京でLNGの生産国と消費国双方の官民が集まる世界初の国際会議である「LNG産消会議」が開催された。会議では日本や韓国など消費国側から，LNG価格の決定方式について具体的な改善を求める声が上がった。
　アジアのLNG価格は市場メカニズムが十分に働いていない。米国ではシェールガス生産の本格化で天然ガスの価格が下がっているのに対し，アジアのLNG価格は原油価格に連動して決まるので，原油高でLNGも高止まりしている。LNGの需給バランスと関係なく，LNG価格が決定される現行の仕組みは改善されるべきだ[14]。
　国際エネルギー機関（IEA）は2013年2月，アジアのガス市場の課題について報告書を発表した。高いガス価格がアジア経済の負担になっているとし，需給に応じた価格を設定するため，アジアのガス取引市場を整備すること（ハブの創設）の必要性を指摘している。
　アジアにおけるガス取引ハブの創設は，価格設定の透明化につながるとIEAは見ている。スポット契約の交渉が可能になるため，ガス価格が需給で決定される傾向を強めるからだ[15]。
　ところで，一般的にLNG消費国が価格交渉を有利に進めようとすれば，個別の交渉は避けて，消費国同士が1つにまとまって共同戦線を敷くのが常套手段である。交渉中の日中韓FTAの枠組みを利用し，世界全体のLNG輸入量の6割近くを占める日中韓3国が共同して，ロシアの弱みに付け込んで原油価格連動型の見直しをロシアに迫るやり方は，きっと功を奏するだろう。
　だが，残念ながら現在の日中韓はそんな雰囲気でない。日中韓のぎくしゃくした関係がいつまでも続き，LNG調達で他国を出し抜こうとして性急な個別交渉に走れば，まさにロシアの思う壺である。プーチン政権は極東のLNG開発で日中韓を分断し，互いに競わせて，実利を引き出すのが狙いだ。

原油価格連動型の契約見直しに加えて，もう1つ改善すべき契約事項がある。売り手の了解なしには第3国への転売を禁じた「仕向け地条項」(destination clause) が，通常，LNGの契約に盛り込まれている。このため，現状ではガス消費国は余ったLNGをお互いに融通し合うことができない。

しかし，EUは2000年代に入り，競争的なガス市場の実現を妨げるとして，転売禁止契約の撤廃をガス産出国に要求し，改善に取り組んでいる。アジアにおいてもエネルギー安全保障の点から，EUと連携し，転売禁止契約の撤廃をガス産出国に要求すべきである。

2013年9月に第2回LNG産消会議が開催された。今回，EUもLNG産消会議に参加したのは，アジア諸国と連携してガス産出国に原油価格連動型の見直しと仕向け地条項の撤廃を迫るなど，局面打開を狙っているからだ[16]。アジア諸国とEUがエネルギー調達において連携を図ることは，日本のエネルギー通商戦略に資することになろう。

結びにかえて：ウクライナ危機の影響

ウクライナ危機を背景に，米国・EUとロシアが対立し，予断を許さない状況が続いている。これは，もともとウクライナのEU加盟問題とロシア離れに端を発した問題であり，基本的に米欧とロシアのゲームである。2014年3月，ロシアによるクリミア編入で米欧とロシアの亀裂は決定的となった。

ロシアの軍事介入を抑えるため，米欧は対露制裁を打ち出したいところだが，EUは天然ガス消費の3割をロシアに依存しているため，微妙な対応にならざるを得ない。下手をすれば，EUが自分の首を絞めることにもつながりかねないからだ。このため，米議会ではシェールガス革命を背景に，ロシアの天然ガスに対するEUの依存度を軽減するために，米国が欧州向けのシェールガス輸出を促進すべきだとの議論が出ている。

こうした動きに対抗して，ロシアも欧州からアジアに天然ガスの輸出先をシフトさせる動きを一段と強めている。そうしたなか，ウクライナ危機で中立を保つ中国が「漁夫の利」を得る可能性が高まっている。中国はロシアの天然ガ

スの最も有力な輸出先となった。西側諸国の制裁が続けば，ロシアは中国への依存を強め，これまでよりも安い価格で天然ガス輸出契約に合意することになるだろう。ウクライナ危機が中露を急接近させるという構図になっている。

一方，日本はどのように対応すべきか。G7のメンバーとして，米国とロシアの間に挟まって，日本は極めて難しい外交上の判断をしなければならない。安倍首相は，日露関係を「ポテンシャルの最も高い2国間関係」と捉え，プーチン大統領と1年間に5回も会談を行っている。しかし，ウクライナ危機の行方次第では，そうした外交努力も水泡に帰すかもしれない。

日本としてはロシアとの関係を大きく傷つけたくないとの思惑も働くが，ウクライナ情勢がさらに悪化した場合には，当面，小休止せざるを得ないのではないか。北方領土問題の不確かな進展を期待し，米国との関係を悪化させてまでロシアとの良好な関係を目指すという状況ではない。中国との尖閣諸島をめぐる問題を考えれば，日米同盟を前提としない外交政策などは考えられない。

ただし，長期的なエネルギー通商戦略の観点からは，ロシアとの関係強化を模索しなければならない。繰り返すが，ウクライナ危機を契機に，ロシアの天然ガスがアジア市場に流れ込むという動きは今後ますます強まるだろう。したがって，ロシアとの対話の窓口は維持しつつ，再び追い風が吹く時期を待つべきである。

(馬田　啓一)

注

1) 国際エネルギー機関（IEA）が2012年11月に発表した「世界エネルギー見通し」では，米国は非在来型資源の開発によって，2017年までに世界最大の石油・天然ガス生産国に躍り出ると予測している。IEA（2012）。
2) シェールガス革命に沸く米国だが，環境問題への課題も抱える。「水圧破砕法」と掘削技術をめぐって地下水の汚染などの懸念が浮上している。一部の州では環境規制を強化する動きもある。このため，ガス価格と環境規制の動きが，今後のシェールガス生産の拡大ペースに大きな影響を与えるだろう。実際，米エネルギー省（EIA）は，シェールガスの生産見通しについて，4つのシナリオを想定しており，2035年時点の米シェールガス生産量は，最も多いケースと少ないケースで2倍以上の開きがある。EIA（2012）。
3) 原発停止で火力発電用のガス需要が激増した日本は，これらカタールからの余剰LNGをスポット市場で買い集め，急場を凌いだ。
4) 東欧諸国の「脱ロシア」路線を牽制するため，ロシアが2009年1月にウクライナへのガス供給を停止した。このガス紛争がきっかけで，「ロシアのくびき」（ロシアへのガス依存）への懸念が強

まった。
5) 米天然ガス法は，FTA締結国には速やかな輸出許可を認める一方，非締結国向けは，米エネルギー省が個別の事業を審査し，「公共の利益に反しない」と判断した場合のみとしている。しかし，米国のシェールガス輸出規制は，WTOルール（GATT第11条）に抵触する恐れがある。なお，非締結国向けの輸出申請は，2013年12月現在で日本の3件を含み27件である。
6) シェールガス輸出拡大の是非をめぐり，米産業界が2つに割れている。大口需要者である化学や鉄鋼大手は，国内需給の逼迫からガス価格の上昇につながるとして輸出拡大に反対する一方，供給先を増やしたいエネルギー業界は成長・雇用への効果を主張している。なお，米エネルギー省は2012年12月，LNGの輸出拡大は「米経済の利益になる」とする第三者機関の調査報告書を発表した。
7) 日本とマレーシアとのFTAは2006年7月，インドネシア，ブルネイとのFTAはともに2008年7月に発効している。
8) 日本は島国であることからパイプラインが未整備で，LNG以外に天然ガスの調達手段がない。このため，LNGの輸入価格には，液化と輸送のコストを上乗せされている。
9) 日本政策投資銀行（2013）。
10) LNGを輸出するには液化設備（LNG基地）に巨額の投資コストがかかるため，LNG市場への参入は容易でない。このためLNG市場の規模は小さく，天然ガスの取引はパイプラインによる供給が大半で，LNG取引の占める割合は約1割程度にとどまる。LNG輸出国は現在20カ国程度。
11) 日本政府は2013年2月の産業競争力会議で，コスト削減策の柱として，シェールガス事業に参入する日本企業の資本調達を支援するために，1兆円の債務保証枠を新設する方針を打ち出した。これを受けて，4月から石油天然ガス・金属鉱物資源機構（JOGMEC）を通じ，日本企業のシェールガス事業への保証制度を拡充。調達額の最大50％の保証上限を75％に引き上げ，保証料も基準料率0.8％を0.1％下げた。米国のほか，ロシアや豪州，アフリカなどのガス権益の取得なども保証の対象になる。
12) 2009年にガスプロムと伊藤忠，丸紅などとの間で，LNGプロジェクトの検討が開始され，これを資源エネルギー庁も支持。2012年9月にウラジオストクで日露首脳の立会いの下で，ガスプロムのミレル社長と資源エネルギー庁の高原長官が「ウラジオストクLNGプロジェクトに関する覚書」に調印している。
13) 日本とロシアの間で海底パイプラインを敷設して天然ガスを直接供給する構想について，ガスプロムのメドベージェフ副社長は，「漁業権と環境保護の問題があり，今は検討していない」と語った（日本経済新聞，2013年10月1日）。
14) だが，ガス産出国も一筋縄ではいかない相手である。ロシアやカタールなど13カ国が加盟する「ガス輸出フォーラム」の首脳会議が，2013年7月モスクワで開催され，原油価格連動型のガス価格設定を支持する共同声明を採択した。世界の天然ガス確認埋蔵量の63％，LNG輸出の65％を占める加盟国は，米国のシェールガス増産がもたらすガス価格低下の圧力に警戒を強めている。
15) IEAは，アジアにおけるガス取引ハブの候補地に関しては，原油取引でもハブの地位を確立しているなどの理由から，シンガポールが，日中韓よりも有望だと分析している。IEA（2013）。
16) 第2回LNG産消会議で，「国際LNG共同研究会」を立ち上げることが決まった。日本エネルギー経済研究所が主催し，インドやEU，中国，韓国など主要な消費国の研究機関がメンバーとして加わり，国際エネルギー機関（IEA）もオブザーバーで参加する。2014年度中に需給に応じて安く調達する方法を提言。消費国が連携してガス産出国にLNG価格の引き下げの圧力をかける戦略である。

参考文献

U.S. Energy Information Administration (EIA) (2012), *Annual Energy Outlook*. (http://www.eia.gov/forecasts/archive/aeo12/index.cfm)

International Energy Agency (IEA) (2012), *World Energy Outlook*. (http://www.worldenergyoutlook.org/)

International Energy Agency (IEA) (2013), *Developing a Natural Gas Trading Hub in Asia : Obstacles and Opportunities*. (http://www.iea.org/media/freepublications/AsianGasHub_WEB.pdf)

石田博之 (2012)「エネルギー問題と通商政策」浦田秀次郎・21世紀政策研究所編著『日本経済の復活と成長へのロードマップ-21世紀日本の通商戦略-』文眞堂, 12月。

磯川晃邦 (2012)「シェールガス・オイルの現状と展望-我が国に与える影響に関する考察-」Mizuho Industry Focus Vol.117, 12月13日。(http://www.mizuhobank.co.jp/corporate/bizinfo/)

伊原 賢 (2012)「シェール革命で日本のエネルギー事情はどう変わるのか」石油天然ガス・金属鉱物資源機構 (JOGMEC), 12月7日。(http://oilgas-info.jogmec.go.jp/pdf/4/4798/1212_)

馬田啓一 (2013)「米シェールガスは天然ガス輸入価格是正のカギ：日本が考えるべきエネルギー通商戦略とは何か」『ダイヤモンド・オンライン』8月12日。(http://diamond.jp/articles/-/40045)

馬田啓一 (2013)「シェールガス革命と日本のエネルギー通商戦略」国際貿易投資研究所『季刊国際貿易と投資』No.93, 9月。(http//www.iti.or.jp/kikan93/93umada.pdf)

経済産業省資源エネルギー庁 (2012)「資源確保戦略」6月。(http://www.enecho.meti.go.jp/policy/shinenseisaku2.pdf)

小山 堅 (2012)「LNG価格『アジアプレミアム問題』に関する一考察」日本エネルギー経済研究所, 3月。(http://eneken.ieej.or.jp/data/4238.pdf)

東京財団 (2012)「日本の資源エネルギー政策再構築の優先課題-制約条件から導くエネルギー増と取り組むべき中長期的課題への提言-」5月。(http://www.tkfd.or.jp/files/doc/2012-01.pdf)

日本国際問題研究所報告書（平成24年度外務省国際問題調査研究・提言事業）(2013)『「技術革新と国際秩序の変化」非在来型資源開発による地政学的変化—日本のエネルギー戦略と資源外交を考える—』3月。(http://www2.jiia.or.jp/pdf/research/H24)

日本政策投資銀行産業調査部 (2013)「シェールガス革命の見方（産業界への影響と日本への示唆)」2月。(http://www.dbj.jp/pdf/investigate/etc/pdf/book1302_02.pdf)

000
索　引

【A-Z】

AEO 制度　31, 34, 43, 44
AEO 認定　35
APEC　18, 20
ASEAN＋1FTA　11, 17
ASEAN＋3　16, 20
ASEAN＋6　16, 20
ASEAN 経済共同体　11
BOP（Base of the Pyramid）ビジネス　156
CAP　175, 186
CDM　160
CEPEA　16, 18, 24
CIF/FOB 比率　39, 41, 45
CLMV　77
COP　158
EAFTA　16, 18, 24
EVSL　18
FAO　172
FTA　16, 33, 48, 193, 203
FTAAP　16, 18, 20
G2 論　21
GATS　114, 118
GATT 第 24 条　192
IEA　210
IPPC　161
LNG　202
　――産消会議　210
MRA　31, 42
　――協定　36, 44
NAFTA　58, 78, 107, 121
ODA　141
P4　20, 193
RCEP　3, 10, 16, 24, 48
S&D　180, 183
TAA　50, 51, 56
TICAD　142
TPP　3, 10, 16, 20, 24, 48, 99, 185
TTIP　3
TiSA　118
WCO　31, 44
WTO　3, 12, 21, 33, 114, 118, 180
　――農業協定　195
　――農業交渉　179, 183
　――ルール　186

【ア行】

青の政策　176
アグリビジネス　175
アジア太平洋経済協力会議　18
アジア太平洋自由貿易圏　16
アフリカ開発会議　142
アベノミクス　125
安全保障　22
アンチ・ダンピング税　54
アンバンドリング　4, 6
異次元緩和　127
一括譲許方式　10
遺伝子組み換え作物　148, 149, 151
遺伝子組み換え食品　10
ウクライナ危機　211
ウルグアイ・ラウンド　114, 176, 187, 196
液化天然ガス　202
エネルギー安全保障　205
円安誘導　125, 126
オバマ・ドクトリン　21
温室効果ガス　159, 164

【カ行】

外貨準備　86, 93
開発格差　6
価格支持　198
ガスプロム　208
為替ダンピング　132
カンクン合意　163
関税同盟　9, 33

216　索　引

関税割当制度　190
環大西洋貿易投資パートナーシップ　3
環太平洋戦略的経済連携協定　3
企業内貿易　39
気候変動に関する政府間パネル　161
気候変動枠組条約　158
　　──締約国会議　158
黄の政策　176
キャピタル・ゲイン　94
救済措置　51, 54, 62
共通農業政策　175, 186
共同実施　160
京都議定書　158, 163
　　──目標達成計画　165
京都メカニズム　160
金融緩和政策　135
金融収支　86
近隣窮乏化政策　126, 131
クリーン開発メカニズム　160
グリーン・ボックス　195
グローバリゼーション　3, 4, 99
グローバル・ヴァリュー・チェーン　8, 30
経営所得安定対策　199
経済統合　4, 11
経常収支　85, 86, 90
原油価格連動型　206
広域 FTA　16, 19, 20, 185
構造調整政策　177
枯渇性資源　147
国際エネルギー機関　210
国際協調　135
国際経済秩序　13
国際産業連関　8
国際収支統計　85
国際収支の発展段階説　130
国際的生産ネットワーク　4, 6
国際排出量取引　160
国際標準化　35
国内支持　197
国連食糧・農業機関　172
国境措置　56, 65, 111
戸別所得補償制度　56, 65, 186, 199
コペンハーゲン合意　163

【サ行】

最恵国待遇　117
再生可能エネルギー　165
　　──固定価格買取制度　167
再生可能資源　147
サービス収支　86
サービスの貿易に関する一般協定　114
サービス貿易　112, 121
サービス・リンク・コスト　6, 83
サプライチェーン　34
産業集積　7, 81, 83
産業連関表　102
シェールガス　203
　　──革命　202
死活的利益　23
資源の呪い　144
市場アクセス　115, 119, 197
実質実効為替レート　128
資本移転等収支　86
仕向け地条項　211
ジャパン・プレミアム　205
自由貿易協定　16, 193, 203
自由貿易試験区　26
自由貿易地域　9
証券投資　86, 96
小農礼賛　149, 152
消費爆発　147
食料安全保障　181
食糧援助　175
食糧危機　171, 173, 183
食料自給率　185, 190
食料主権論　181
所得収支　85
新経済地理学モデル　101
新サービス貿易協定　118
人的資本蓄積　146
水圧破砕法　203
生産の消費仮説　146
生産ネットワーク　73, 75, 79
政府開発援助　141
世界金融危機　75, 172
世界税関機構　31
世界貿易機関　3, 21

責任あるステークホルダー　21,23
世代間公平性　146
セーフガード　54,183
セーフティネット　51,52
早期自主的分野別自由化　18
相互認証制度　31

【タ行】

第一次所得収支　86,90
第二次所得収支　86
対外資産　87,92
対外負債　87,92
大恐慌　131
多角主義　3
多国籍企業　6
ダーバン・プラットホーム　163
多面的機能　194,196
タリフエスカレーション　177
タリフピーク　177
タリフライン　189
　──ベース　61
炭素税　165
地域経済統合　26
地域主義　3
地球温暖化対策　158
　──基本法案　165
　──推進法　164
チャイナ・ディール方式　142
中間財貿易　39,76
中国脅威論　22
中国包囲網　21
調整支援プログラム　65
直接支払い　179,185,188,197
直接投資　86,93,96
通貨切り下げ競争　125
通貨安競争　126
出口戦略　126,136
デミニマス　179
投資収益率　85,93,107
投資立国　85
独占的競争モデル　104
ドーハ開発アジェンダ　3
ドーハ・ラウンド　20,115,186,196
ドミノ効果　8,134

【ナ行】

内国民待遇　115,117,119
内生成長モデル　154
二国間クレジット制度　167
日中韓FTA　19
人間の安全保障　142,145
ネガティブ・リスト方式　121
農業補助金　180,183,198

【ハ行】

バイオエネルギー　172
排出権　168
排出量取引制度　165
ハートウィック・ルール　147
バブル　136
バリ・パッケージ　3,180
パワー・トランジッション　22
比較優位　155
　──産業　52,65
　──の理論　178
比較劣位　155
　──産業　52,65,149
東アジアサミット　17
東アジア地域包括的経済連携　3
東日本大震災　166
非関税障壁　31,32
非関税措置　83
非在来型資源　202
ビジネス・援助ミックス　143
非貿易的関心事項　180
ピボット　21
貧困削減　141,153
付加価値貿易　8
フードレジーム論　174
フラグメンテーション　7
　──理論　6
ブレア・ハウス合意　176,188
米韓FTA　189
米中戦略・経済対話　23
ヘクシャー＝オリーン・モデル　5,100
ベスト・プラクティス　122
偏向スコア法　105
貿易赤字　205

貿易円滑化　34, 36, 45, 84
貿易コスト　32, 38, 42, 44
貿易自由化　9, 48, 51, 54
貿易収支　85, 86, 90
貿易調整支援　50
ポジティブ・リスト方式　114, 118
ホテリング・ルール　147

【マ行】

マキラドーラ　78
マクシャリー改革　176
緑の革命　177
緑の政策　176
ミレニアム開発目標　145
メガ FTA　3, 8, 48, 64
メタンハイドレート　207
モダリティ合意　179
モード　114

モラルハザード　62

【ヤ行】

約束表　115
輸出加工区　7
輸出競争　197
輸出の学習効果　105
輸出補助金　176
輸入代替型工業化戦略　7
要素価格均等化定理　5
幼稚産業保護　7
予防原則　151

【ラ行】

利子平価条件　127
リーマン・ショック　125, 128
ロシアのくびき　203
ロスネフチ　209

執筆者紹介 （執筆順）

木村　福成	慶應義塾大学経済学部教授		第 1 章
三浦　秀之	杏林大学総合政策学部専任講師		第 2 章
前野　高章	日本大学経済学部助手		第 3 章
久野　新	杏林大学総合政策学部准教授		第 4 章
安藤　光代	慶應義塾大学商学部准教授		第 5 章
遠藤　正寛	慶應義塾大学商学部教授		第 6 章
松浦　寿幸	慶應義塾大学産業研究所准教授		第 7 章
渥美　利弘	明治学院大学経済学部准教授		第 8 章
西　孝	杏林大学総合政策学部教授		第 9 章
大東　一郎	慶應義塾大学商学部教授		第 10 章
小野田欣也	杏林大学総合政策学部教授		第 11 章
吉竹　広次	共立女子大学国際学部教授		第 12 章
岩田　伸人	青山学院大学経営学部教授		第 13 章
馬田　啓一	杏林大学総合政策学部教授		第 14 章

編著者紹介

馬田　啓一（うまだ　けいいち）
　1949 年生まれ。慶應義塾大学大学院経済学研究科博士課程修了。現在，杏林大学総合政策学部／大学院国際協力研究科教授。国際貿易投資研究所客員研究員。主要著書に，『グローバリゼーションと日本経済』（共編著，文眞堂，2010 年），『グローバル金融危機と世界経済の新秩序』（共編著，日本評論社，2010 年），『日本通商政策論』（共編著，文眞堂，2011 年），『通商政策の潮流と日本』（共編著，勁草書房，2012 年），『アジア太平洋の新通商秩序』（共編著，勁草書房，2013 年）など。

木村　福成（きむら　ふくなり）
　1958 年生まれ。東京大学法学部卒業。ウィスコンシン大学経済学 Ph.D.取得。現在，慶應義塾大学経済学部教授。ERIA（東アジア・ASEAN 経済研究センター）チーフエコノミスト。主要著書に，『日本の新通商戦略』（共編著，文眞堂，2005 年），『検証・東アジアの地域主義と日本』（共編著，文眞堂，2008 年），『日本の TPP 戦略』（共編著，文眞堂，2012 年），『国際経済の論点』（共編著，文眞堂，2012 年），『TPP と日本の決断』（共編著，文眞堂，2013 年）など。

通商戦略の論点
―世界貿易の潮流を読む―

2014 年 6 月 1 日　第 1 版第 1 刷発行　　　　　　　　　検印省略

編著者　馬　田　啓　一
　　　　木　村　福　成

発行者　前　野　　　弘

発行所　株式会社　文　眞　堂
　　　　東京都新宿区早稲田鶴巻町 533
　　　　電　話 03（3202）8480
　　　　ＦＡＸ 03（3203）2638
　　　　http://www.bunshin-do.co.jp/
　　　　〒162-0041　振替 00120-2-96437

製作・モリモト印刷
©2014
定価はカバー裏に表示してあります
ISBN978-4-8309-4822-0　C3033